F. A. HAYEK
E A INGENUIDADE DA MENTE SOCIALISTA

BREVES LIÇÕES | **DENNYS GARCIA XAVIER**

Conselho Acadêmico da LVM

Adriano de Carvalho Paranaiba
Instituto Federal de Educação, Ciência e Tecnologia de Goiás (IFG)

Alberto Oliva
Universidade Federal do Rio de Janeiro (UFRJ)

André Luiz Santa Cruz Ramos
Centro Universitário IESB

Dennys Garcia Xavier
Universidade Federal de Uberlândia (UFU)

Fabio Barbieri
Universidade de São Paulo (USP)

Marcus Paulo Rycembel Boeira
Universidade Federal do Rio Grande do Sul (UFRGS)

Mariana Piaia Abreu
Universidade Presbiteriana Mackenzie

Paulo Emílio Vauthier Borges de Macedo
Universidade do Estado do Rio de Janeiro (UERJ)

Ubiratan Jorge Iorio
Universidade do Estado do Rio de Janeiro (UERJ)

Vladimir Fernandes Maciel
Universidade Presbiteriana Mackenzie

F. A. HAYEK
E A INGENUIDADE DA MENTE SOCIALISTA

BREVES LIÇÕES | DENNYS GARCIA XAVIER

LVM
EDITORA

São Paulo | 2019

Impresso no Brasil, 2019

Copyright © 2019 Dennys Garcia Xavier

Os direitos desta edição pertencem à
LVM Editora
Rua Leopoldo Couto de Magalhães Júnior, 1098, Cj. 46
04.542-001. São Paulo, SP, Brasil
Telefax: 55 (11) 3704-3782
contato@lvmeditora.com.br · www.lvmeditora.com.br

Editor Responsável | Alex Catharino
Coordenador da Coleção | Dennys Garcia Xavier
Revisão ortográfica e gramatical | Moacyr Francisco & Márcio Scansani / Armada
Preparação dos originais | Dennys Garcia Xavier & Alex Catharino
Índice remissivo e onomástico | Márcio Scansani / Armada
Produção editorial | Alex Catharino
Capa | Rafael Sanzio França Silva de Carvalho & Carolina Butler
Projeto gráfico, diagramação e editoração | Carolina Butler
Pré-impressão e impressão | Rettec

Dados Internacionais de Catalogação na Publicação (CIP)
Angélica Ilacqua CRB-8/7057

```
F144
       F. A. Hayek e a ingenuidade da mente socialista / coordenado por
    Dennys Garcia Xavier. — São Paulo : LVM Editora, 2019.
       352 p. (Coleção Breves Lições)

       Vários autores
       Bibliografia
       ISBN: 978-85-93751-71-4

       1. Ciências sociais 2. Ciência política 3. Ciência econômica
    4. Filosofia 5. Liberalismo 6. Socialismo 7. Hayek, F. A. (Friedrich
    August von), 1899-1992 I. Xavier, Dennys Garcia

19-0705                                                          CDD 300
```

Índices para catálogo sistemático:

1. Ciências sociais

Reservados todos os direitos desta obra.
Proibida toda e qualquer reprodução integral desta edição por qualquer meio ou forma, seja eletrônica ou mecânica, fotocopia, gravação ou qualquer outro meio de reprodução sem permissão expressa do editor.
A reprodução parcial e permitida, desde que citada a fonte.

Esta editora empenhou-se em contatar os responsáveis pelos direitos autorais de todas as imagens e de outros materiais utilizados neste livro. Se porventura for constatada a omissão involuntária na identificação de algum deles, dispomo-nos a efetuar, futuramente, os possíveis acertos.

SUMÁRIO

Exórdio
A LIBERDADE COMO PRESSUPOSTO DE VIDA ILUSTRADA.. 9
    Dennys Garcia Xavier

Apresentação
HAYEK, LIBERALISMO, CONSERVADORISMO E ORDEM ESPONTÂNEA 21
    Alex Catharino

Capítulo 1
FRIEDRICH AUGUST VON HAYEK: UMA BIOGRAFIA 35
    Gustavo Henrique de Freitas Coelho

Capítulo 2
O CONTEXTO HISTÓRICO DO PENSAMENTO DE HAYEK 113
    Lucas Berlanza Corrêa

Capítulo 3
APONTAMENTOS SOBRE LIBERDADE, SERVIDÃO E O PAPEL DO ESTADO DE DIREITO NO PENSAMENTO DE F. A. HAYEK 131
    José Luiz de Moura Faleiros Júnior

Capítulo 4
A PRESUNÇÃO FATAL, EVOLUÇÃO E JUSTIÇA 145
    Dennys Garcia Xavier
    Nilce Alves Gomes

Capítulo 5
PROPRIEDADE SEPARADA: ELEMENTO FUNDAMENTAL PARA A LIBERDADE E A JUSTIÇA 165
    Lucas Guerrezi Derze Marques
    Rodrigo do Prado Zago
    Tayná Santiago

Capítulo 6
A ECONOMIA FALIBILISTA DE HAYEK 175
    Fabio Barbieri

Capítulo 7
TENTATIVA E ERRO: A EVOLUÇÃO SOCIOECONÔMICA 205
    Rosane Viola Siquieroli
    Silvia Carolina Lebrón
    Dennys Garcia Xavier

Capítulo 8
ENTRE AS PALAVRAS E A REALIDADE: UMA QUESTÃO LINGUÍSTICA 215
    Djalma Pizarro
    Luciene Gomes dos Santos
    Gilda Ribeiro Quintela

Capítulo 9
A TRANSFIGURAÇÃO DO LEGADO DA CRENÇA RELIGIOSA: PRESERVAÇÃO DA ORDEM AMPLIADA 233
    Reginaldo Jacinto Alves
    José Carlos Marra
    Marco Felipe dos Santos

Capítulo 10
POR QUE ACABAR COM O DINHEIRO ESTATAL? 245
    Gabriel Mendes

Capítulo 11
JUSTIÇA SOCIAL: O CAMINHO PARA A SERVIDÃO................ 255
    Anamaria Camargo

Capítulo 12
COMENTÁRIO AOS APÊNDICES D'OS ERROS FATAIS DO SOCIALISMO, DE FRIEDRICH A. VON HAYEK....................... 375
    Gabriel Oliveira de Aguiar Borges
    Dennys Garcia Xavier

Epílogo
***EXULTAVIT UT GIGAS* (ERGUEU-SE COMO UM GIGANTE)!** 291
    Ubiratan Jorge Iorio

SOBRE OS AUTORES.. 323

ÍNDICE REMISSIVO E ONOMÁSTICO 331

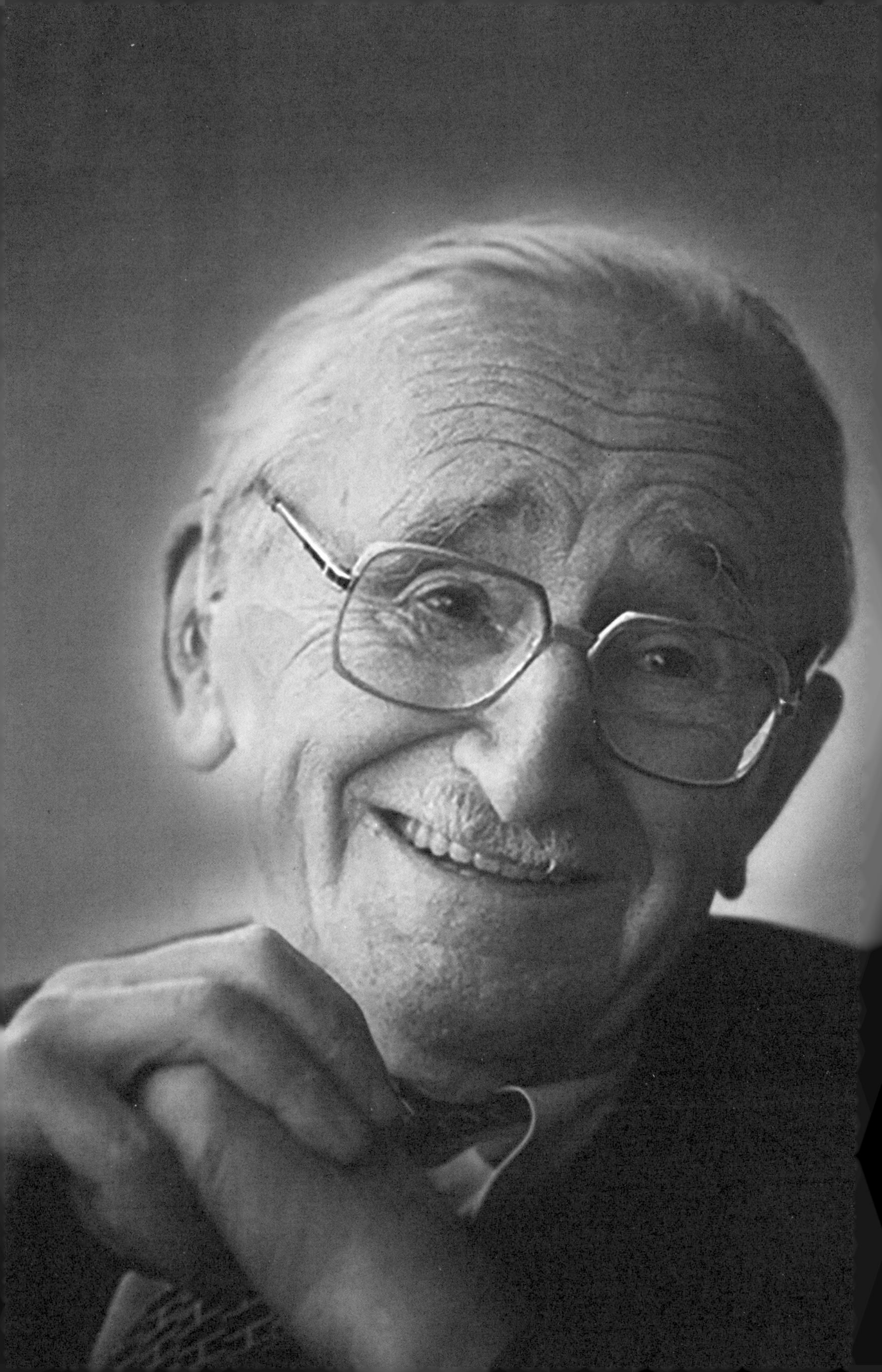

EXÓRDIO

A LIBERDADE COMO PRESSUPOSTO DE VIDA ILUSTRADA

Dennys Garcia Xavier

A razão de ser deste livro

Há tempos a Universidade brasileira virou as costas para a sociedade que a mantém. Há uma série de fatores que explicam tal fato, sem, entretanto, justificá-lo minimamente. Talvez seja o caso de elencar, mesmo que em termos sinópticos, alguns deles, para que o nosso escopo reste devidamente esclarecido.

    Em primeiro lugar, a estrutura pensada para as Instituições Públicas de Ensino Superior (IPES) é o que poderíamos denominar "entrópica". Com isso quero dizer que passam mais tempo a consumir energia para se manter em operação do que a fornecer, como contrapartida pensada para a sua existência, efetivo aperfeiçoamento na vida das pessoas comuns, coagidas a bancá-las por força de imposição estatal. Talvez fosse desnecessário dizer, mas o faço para evitar mal-entendidos: não desconsidero as contribuições pontuais e louváveis que, aqui e ali, conseguimos divisar no interior das IPES. No entanto, não é esse o seu arcabouço procedimental de sustentação. Os exemplos de desprezo pelo espírito republicano e pelo real interesse da nação se multiplicam quase que ao infinito: universidades e cursos abertos sem critério objetivo de retorno, bolsas e benefícios distribuídos segundo regras pouco claras – muitas vezes contaminadas por jogos internos de poder político –, concursos e processos seletivos pensados "*ad hoc*" para contemplar interesses dificilmente confessáveis, entre outros. Em texto que contou com grande repercussão nacional, o Prof. Paulo Roberto de Almeida esclarece o que aqui alego:

> Não é segredo para ninguém que as IPES funcionam em bases razoavelmente "privadas" – isto é, são reservadas essencialmente para uma clientela relativamente rica (classes A, B+, BB, e um pouco B-, com alguns merecedores representantes da classe C), que se apropria dos impostos daqueles que nunca terão seus filhos nesses templos da benemerência pública. Na verdade, essa clientela é a parte menos importante do grande *show* da universidade pública, que vive basicamente para si mesma, numa confirmação plena do velho adágio da "torre de marfim". Não se trata exatamente de marfim, e sim de uma redoma auto e retroalimentada pela sua própria transpiração, com alguma inspiração (mas não exatamente nas humanidades e ciências sociais). A Capes e o CNPq, ademais do próprio MEC, asseguram uma confortável manutenção dos aparelhos que mantém esse corpo quase inerme em respiração assistida, ainda que com falhas de assistência técnica, por carência eventual de soro financeiro.
>
> Nessa estrutura relativamente autista, a definição das matérias, disciplinas e linhas de pesquisa a serem oferecidas a essa distinta clientela não depende do que essa clientela pensa ou deseja, e sim da vontade unilateral dos próprios guardiães do templo, ou seja, os professores, inamovíveis desde o concurso inicial, independentemente da produção subsequente. A UNE, os diretórios estudantis, os avaliadores do Estado, os financiadores intermediários (planejamento, Congresso, órgãos de controle) e últimos de toda essa arquitetura educacional (isto é, toda a sociedade) e, sobretudo os alunos, não possuem nenhum poder na definição da grade curricular, no

estabelecimento dos horários, na determinação dos conteúdos, na escolha da bibliografia, no seguimento do curso, enfim, no desenvolvimento do aprendizado, na empregabilidade futura da "clientela", que fica entregue à sua própria sorte. Sucessos e fracasso são mero detalhe nesse itinerário autocentrado, que não cabe aos professores, às IPES, ao MEC responder pelos resultados obtidos (ou não), que de resto são, também, uma parte relativamente desimportante de todo o processo (ALMEIDA, 2017).

Jamais questione, portanto, pelos motivos expostos, os tantos "gênios" produzidos e alimentados pela academia brasileira. No geral, pensam ser nada mais do que uma obviedade ter alguém para sustentar as suas aventuras autoproclamadas científicas, os seus exercícios retóricos de subsistência e o seu esforço em fazer parecer importante aquilo que, de fato, especialmente num país pobre e desvalido, não tem qualquer importância (e me refiro com ênfase distintiva aos profissionais das áreas de Humanidades). Tem razão, portanto, Raymond Aron quando diz:

> Quando se trata de seus interesses profissionais, os sindicatos de médicos, professores ou escritores não reivindicam em estilo muito diferente do dos sindicatos operários. Os quadros defendem a hierarquia, os diretores executivos da indústria frequentemente se opõem aos capitalistas e aos banqueiros. Os intelectuais que trabalham no setor público consideram excessivos os recursos dados a outras categorias sociais. Empregados do Estado, com salários prefixados, eles tendem a condenar a ambição do lucro (ARON, 2016, pp. 224-225).

Estamos evidentemente diante do renascimento do acadêmico *egghead* ou "cabeça de ovo", segundo roupagem brasileira, naturalmente[1]. Indivíduo com equivocadas pretensões intelectuais, frequentemente professor ou protegido de um professor, marcado por indisfarçável superficialidade. Arrogante e afetado, cheio de vaidade e

---

[1] O termo *"egghead"* se espalhou rapidamente nos Estados Unidos da América com a publicação dos trabalhos apresentados em um simpósio de 1953 denominado *"America and the Intellectuals"*. Houve ali a evisceração de uma hostilidade latente contra os intelectuais – frequentemente representados por professores universitários – por grande parte da opinião pública.

de desprezo pela experiência daqueles mais sensatos e mais capazes, essencialmente confuso na sua maneira de pensar, mergulhado em uma mistura de sentimentalismo e evangelismo violento (CROSSMAN, 1952, *passim*). O quadro, realmente, não é dos mais animadores.

Depois, vale ressaltar outro elemento que configura o desprezo do mundo das IPES pela sociedade. A promiscuidade das relações de poder que se formam dentro dela, sem critério de competência, eficiência ou inteligência, o que a tornam problema a ser resolvido, em vez de elemento de resolução de problemas:

> A despeito de certos progressos, a universidade pública continua resistindo à meritocracia, à competição e à eficiência. Ela concede estabilidade no ponto de entrada, não como retribuição por serviços prestados ao longo do tempo, aferidos de modo objetivo. Ela premia a dedicação exclusiva, como se esta fosse o critério definidor da excelência na pesquisa, ou como se ela fosse de fato exclusiva. Ela tende a coibir a "osmose" com o setor privado, mas parece fechar os olhos à promiscuidade com grupos político-partidários ou com movimentos ditos sociais. Ela pretende à autonomia operacional, mas gostaria de dispor de orçamentos elásticos, cujo aprovisionamento fosse assegurado de maneira automática pelos poderes públicos. Ela aspira à eficiência na gestão, mas insiste em escolher os seus próprios dirigentes, numa espécie de conluio "democratista" que conspira contra a própria ideia de eficiência e de administração por resultados. Ela diz privilegiar o mérito e a competência individual, mas acaba deslizando para um socialismo de guilda, quando não resvalando num corporativismo exacerbado, que funciona em circuito fechado.
>
> Tudo isso aparece, de uma forma mais do que exacerbada, na "eleição", e depois na "escolha", dos seus respectivos "reitores", que não deveriam merecer esse nome, pois regem pouca coisa, preferindo seguir, por um lado, o que recomenda o Conselho Universitário – totalmente fechado sobre si mesmo – e, por outro, o que "mandam as ruas", no caso, os sindicatos de professores e funcionários. Algumas IPES chegaram inclusive a conceder o direito de voto igualitário a professores, alunos e funcionários, uma espécie de assembleísmo que é o contrário da própria noção de democracia, se aplicada a uma instituição não igualitária, como deve ser a universidade (ALMEIDA, 2017).

Talvez esse seja um dos mais graves entraves a ser enfrentado no âmbito da educação brasileira de nível superior: o seu compromisso ideológico com o erro, com o que evidentemente não funciona, com uma cegueira volitiva autoimposta que a impede de enxergar o fundamento de tudo o que é: a realidade, concreta, dura, muitas vezes injusta, mas... a realidade. Trata-se de uma máquina que se retroalimenta com a sua própria falência e que, por isso mesmo, atingiu estágio no qual pensar a si mesma, se reinventar, é quase um exercício criativo de ficção. Fui, eu mesmo, vítima/fautor complacente da realidade que aqui descrevo. Seduzido pelo que julgava ser a minha superior condição intelectual num país de analfabetos funcionais, promovi eventos, obras e diversas doutas iniciativas sem necessariamente pensar em como ajudá-los, mas em como ventilar alta ciência para poucos eleitos, poliglotas, frequentadores de conselhos, grupos e sociedades assim consideradas prestigiosas. O caminho não é esse: ao menos não apenas esse.

Certo, não podemos abrir mão de ciência de alto nível, de vanguarda, de um olhar ousado para o futuro. Isso seria reduzir a Universidade a uma existência "utilitária" no pior sentido do termo: e não é disso que estou falando nesta sede. Digo mais simplesmente que é passado o momento de darmos resposta a anseios legítimos da população, à necessidade de instruirmos com ferramentas sérias e comprometidas uma massa humana completamente alijada de conteúdos muitas vezes basilares, elementares, que permeiam a sua existência. A ideia que sustenta o nascimento deste livro se alimenta dessa convicção, ancorada num olhar mais cuidadoso com o outro, especialmente alheio às coisas da ciência, num país como o nosso, usualmente reservadas a meia dúzia de privilegiados.

Não busquem aqui, portanto, contribuição original ou revolucionária ao pensamento de Hayek. Esta obra não se confronta contínua e rigorosamente – o que devia ter feito, fosse outro o seu propósito – com a fortuna crítica/técnica que o precede, com os múltiplos especialistas em temas específicos ou transversais que contempla ou com textos que, sincrônica ou diacronicamente, se referem ao nosso autor. Ela deseja enfatizar, isso sim, a importância capital de um pensador para a compreensão da crise pela qual passamos, e sublinhar algumas das soluções e alternativas apontadas por ele, um mestre do espírito humano quase que absolutamente posto de parte pela *intelligentsia* brasileira, sem qualquer pudor ou constrangimento. A obra é o resultado de um esforço conjunto de pesquisadores brasileiros que, sob minha direção, assumiram a tarefa não só de estudar Hayek mais a fundo, de compreender as articulações compositivas da sua linha argumentativa, mas de dar a conhecer a um público leitor mais amplo a sua estratégica importância. Adotamos como regra geral evitar tanto quanto possível a linguagem hermética, pedante ou desnecessariamente tecnicista. Queremos falar a homens letrados, não exclusivamente a círculos especializados. Não obstante isso, fomos intransigentes na ajustada apropriação e na interpretação dos conceitos do nosso autor. Longe de nós, ademais, o intuito de operar leitura teorética do texto, vale dizer, usar a arquitetônica doutrinária de Hayek para propósitos outros que não o da sua estrita compreensão. É isso: avançamos aqui com leitura eminentemente histórica, sem nuances subjetivas ou julgamentos aprioristicos, para oferecer ao leitor uma visão geral e calibrada de alguns elementos fundantes da filosofia de Hayek. O passo seguinte, caso seja dado, cabe ao leitor, não a quem oferece o texto... ao menos este texto.

O momento é propício. Parte da Universidade brasileira, não obstante tudo, parece querer acordar do "sono dogmático" que a deixou inerte diante do diferente nas últimas décadas. Seria mesmo inevitável. Esta é nossa modesta (mas criteriosa) contribuição a esse movimento de saída de uma condição de hibernação ideológica crônica. O reexame proposto aqui, ainda que não desenhe qualquer revolução hermenêutica, pode ser útil não só para alinhar os termos do debate hodierno, mas também para publicizar a doutrina de um pensador de primeira grandeza, portanto. A importância do que propomos é referenciada por ele mesmo:

> Os acontecimentos contemporâneos diferem dos históricos porque desconhecemos os resultados que irão produzir. Olhando para trás, podemos avaliar a significação dos fatos passados e acompanhar as consequências que tiveram. Mas enquanto a história se desenrola, ainda não é história para nós.
>
> [...]
>
> Contudo, embora a história nunca se repita em condições idênticas, e exatamente porque o seu desenrolar nunca é inevitável, podemos de certo modo aprender do passado a evitar a repetição de um mesmo processo. Não é preciso ser profeta para dar-se conta de perigos iminentes. Uma combinação acidental de vivência e interesse muitas vezes revelará a um

homem certos aspectos dos acontecimentos que poucos terão visto (HAYEK, 2010, p. 29).

Pois avancemos. Não se trata mais de mero capricho intelectual, mas de proposição mesma de novos tempos para o país.

Permitam-me ainda, antes de irmos diretamente ao nosso autor, algumas linhas propedêuticas/preparatórias: são esclarecimentos metodológicos que devem ilustrar o nosso *modus operandi* não só aqui, mas também nos demais livros desta série de Breves Lições.

I. Ciência acessível como forma de combater o discurso ideologizante e a "pós-verdade"

> *Uma das mais evidentes características da nossa cultura é o fato de nela se dizer muita merda (bullshit). Todos sabemos disso. Cada um contribui com a sua parcela. Mas tendemos a considerar a situação como resolvida. A maior parte das pessoas está segura de sua habilidade em reconhecer as merdas ditas e, então, de evitar ser colhido por elas. Então, o fenômeno não fomentou muita precaução deliberativa ou atraiu investigação sustentável. Consequentemente, não temos conhecimento suficientemente claro do que seja o dizer merda, o porquê de haver tanto disso, ou qual a sua função.*
>
> *[...]*
>
> *Em outras palavras, não temos uma teoria a respeito*
>
> (FRANKFURT, 2005, p, 1).

A abertura do opúsculo de Harry G. Frankfurt, com a força irônica que lhe é própria, dá bem a medida da dificuldade que se nos impõe: vivemos período histórico particularmente afetado pelo *bullshit*. E, na condição de estudiosos, nos cabe mínima compreensão articulada do fenômeno de proporções evidentemente brutais. Certo, não é o caso aqui de recuperar os termos resolutivos da obra de Frankfurt, e isso por basicamente dois motivos: 1) sua análise resta circunscrita, em boa medida, à etimologia da palavra *"bullshit"*, acompanhada de eventuais variações semânticas e composição prefixo-sufixo; 2) o seu referencial teórico é essencialmente moderno/contemporâneo, algo evidentemente válido, mas, a meu ver, ainda insuficiente por não evocar as razões que, pelos motivos abaixo expostos, compõem, para mim, o arcabouço histórico-filosófico do fenômeno que promoveu um *tsunami* de besteiras ditos a respeito de quase tudo, sem qualquer limite ou acribia.

Então, há, ao que parece, fundamentalmente dois motivos essenciais para a existência do fenômeno *bullshit* na contemporaneidade: ambos necessários e, ao que tudo indica, suficientes para explicá-lo, ao menos em larga medida. Vamos a eles.

1) vivemos na época da assim denominada "pós-verdade" (*post-truth*). O termo foi escolhido em 2016 pelo Departamento *Oxford Dictionaries* daquela universidade como a palavra do ano, em referência a substantivo que relaciona ou denota circunstâncias nas quais fatos objetivos têm menos influência em moldar a opinião pública do que apelos à emoção e a crenças pessoais. Segundo a *Oxford Dictionaries*, o termo "*post-truth*" foi usado com aquela inflexão semântica pela primeira vez em 1992, pelo dramaturgo sérvio-americano Steve Tesich. Apesar de uso razoavelmente corrente desde a sua criação, o termo registrou um pico de uso em tempos recentes, algo em torno dos 2.000% de aumento em 2016. A informação dá bem a medida do drama que enfrentamos atualmente. Para aquele Departamento, *post-truth* deixou de ser termo periférico para se tornar central no comentário político, agora frequentemente usado por grandes publicações sem ulterior necessidade de esclarecimento ou definição: um fenômeno que por certo não se verifica apenas em âmbito de macroesfera, mas também em microesfera, vale dizer, em relações pessoais e profissionais subjetivas e de menor visibilidade, igualmente importantes na composição geral do fenômeno *bullshit* no mundo de hoje. Eis que as consequências dessa nova forma de ideologismo – que evidenciam o quão pouco aprendemos com os antigos gregos –, se mostram nefastas enquanto transformam praticamente todas as expressões do espírito humano em formas diversas de ideologias, quase sempre contaminadas pelo desprezo diante da busca pela verdade, ao menos enquanto pode ser alcançada/desejada pelo homem, e, então, pelas causas que subjazem as coisas e os fenômenos (*aitiologia*). Com efeito, o amplo espectro da *dynamis* ideológica explora com eficácia os componentes alógicos do humano, tornando-se, aqui e ali, dominante, subvertendo fatos e violentando a realidade. A esse propósito, diz Edgar Morin:

> As ideologias têm uma expectativa de vida superior à dos homens. Elas são mais biodegradáveis do que os deuses, mas algumas podem viver até por vários séculos. As que se definem "científicas" e garantem que sabem realizar na Terra sua promessa de Salvação (...) mostram-se em toda a sua fragilidade após a vitória, que assinala, ao mesmo tempo, sua falência (MORIN, 1993, p. 126).

Se os fatos são obstinados, as ideias os esmagam com mais frequência do que o contrário. Estamos diante de uma forma de fé latente, abraçada por alguns como reflexo inequívoco da verdade e apresentada por outros (pelos ideólogos) como aquilo que se deve aceitar como verdadeiro, acreditem eles ou não no que convidam a conhecer.

2) temos que combater os nefastos efeitos da *pós-verdade* e da desconsideração sistemática dos fatos. Hayek, já a seu tempo, sabia ser este um dos nossos principais obstáculos à realização da boa ciência e, então, da vida conduzida segundo preceitos razoavelmente bem-estabelecidos. A adoção cega de pacotes doutrinários fechados ou pouco articulados internamente é um risco a ser evitado, e isso para qualquer dos lados envolvidos na discussão:

> Os princípios básicos do liberalismo não contêm nenhum elemento que o faça um credo estacionário, nenhuma regra fixa e imutável. O princípio fundamental segundo o qual devemos utilizar ao máximo as forças espontâneas da sociedade e recorrer o menos possível à coerção pode ter uma infinita variedade de aplicações. Há, em particular, enorme diferença entre criar deliberadamente um sistema no qual a concorrência produza os maiores benefícios possíveis, e aceitar passivamente as instituições tais como são. Talvez nada tenha sido mais prejudicial à causa liberal do que a obstinada insistência de alguns liberais em certas regras gerais primitivas (HAYEK, 2010, p. 42).

Essa é uma lição da qual simplesmente não devemos nos esquecer. A realidade não é um bloco monolítico, cujos problemas podem ser resolvidos com receita ingênua e engessada. A velha estrutura argumentativa *aut... aut...* (ou isso... ou aquilo...) – cuja gênese remonta à lógica aristotélica, mas que foi erroneamente aplicada a quase tudo no mundo da ciência pós-cartesiano – deve ser substituída por aquela *et... et...* (e isso... e aquilo...), mais rica, não redutiva e nada ingênua, se bem aplicada. Não nos enganemos: aquela estrutura é sedutora também porque é detentora de forte tom messiânico. Mesmo homens inteligentes foram seduzidos por ela e a abraçaram sem qualquer restrição:

> Visto de perto, o marxismo não é uma hipótese qualquer, que pode amanhã ser trocada por outra; é o simples enunciado das condições sem as quais não haverá humanidade, no sentido de relação recíproca entre os homens, nem racionalidade na história. Em certo sentido, não é uma filosofia da história, é a filosofia da história, e desistir dela significa abandonar a razão histórica. Sem o que, restam apenas sonhos e aventura (MERLEAU-PONTY, 1947, p. 165).

Você não encontrará tamanhos dogmatismo e ingenuidade em muitos textos religiosos, escritos por homens medíocres. O adversário – e mesmo alguns dos nossos colegas associados à causa, seduzidos por inebriante convicção – se considera portador de verdade messiânica e há poucas coisas mais complexas do que tentar diálogo com portadores de dogmas inquestionáveis. O texto revela a condição de tantos intelectuais, professores e estudiosos ainda hoje. Se o marxismo se confunde com a filosofia da história, vale dizer, se ele diz a história tal qual é, como contrariá-lo? Hayek é uma dose de ceticismo saudável, filho da boa investigação. Deixemos o sebastianismo a quem com ele se sente confortável e dele depende. Aqui, com nosso autor, falaremos de realidade e de ciência.

Esclarecidos esses pontos, à guisa de introdução, passemos à doutrina de Hayek, segundo o que foi estabelecido.

Bibliografia

ALMEIDA, P. R. DE. *5 coisas que aprendi dando aula numa universidade pública brasileira*. Disponível em: <https://spotniks.com/5-coisas-que-aprendi-dando-aula-numa-universidade-publica-brasileira/>. Acesso em: 22 fev. 2018.

ARON, Raymond. *O ópio dos intelectuais*. Tradução de Jorge Bastos. São Paulo: Três Estrelas, 2016.

CROSSMAN, Richard H.S. *New Fabian Essays*. Londres: Turnstile Press, 1952.

FRANKFURT, Harry G. *On bullshit*. New Jersey: Princeton University Press, 2005.

HAYEK, F.A. *O Caminho da Servidão*. São Paulo: Instituto Ludwig von Mises Brasil, 2010.

HAYEK, F. A. *Os erros fatais do socialismo: por que a teoria não funciona na prática*. Tradução Eduardo Levy. 1º ed. Barueri, SP: Faro Editorial, 2017.

MERLEAU-PONTY, M. *Humanisme et terreur, essais sur le problème communiste*. Paris: Gallimard, 1947.

MORIN, E. *Le idee: habitat, vita, organizzazione, usi e costumi*. Milão: Feltrinelli, 1993.

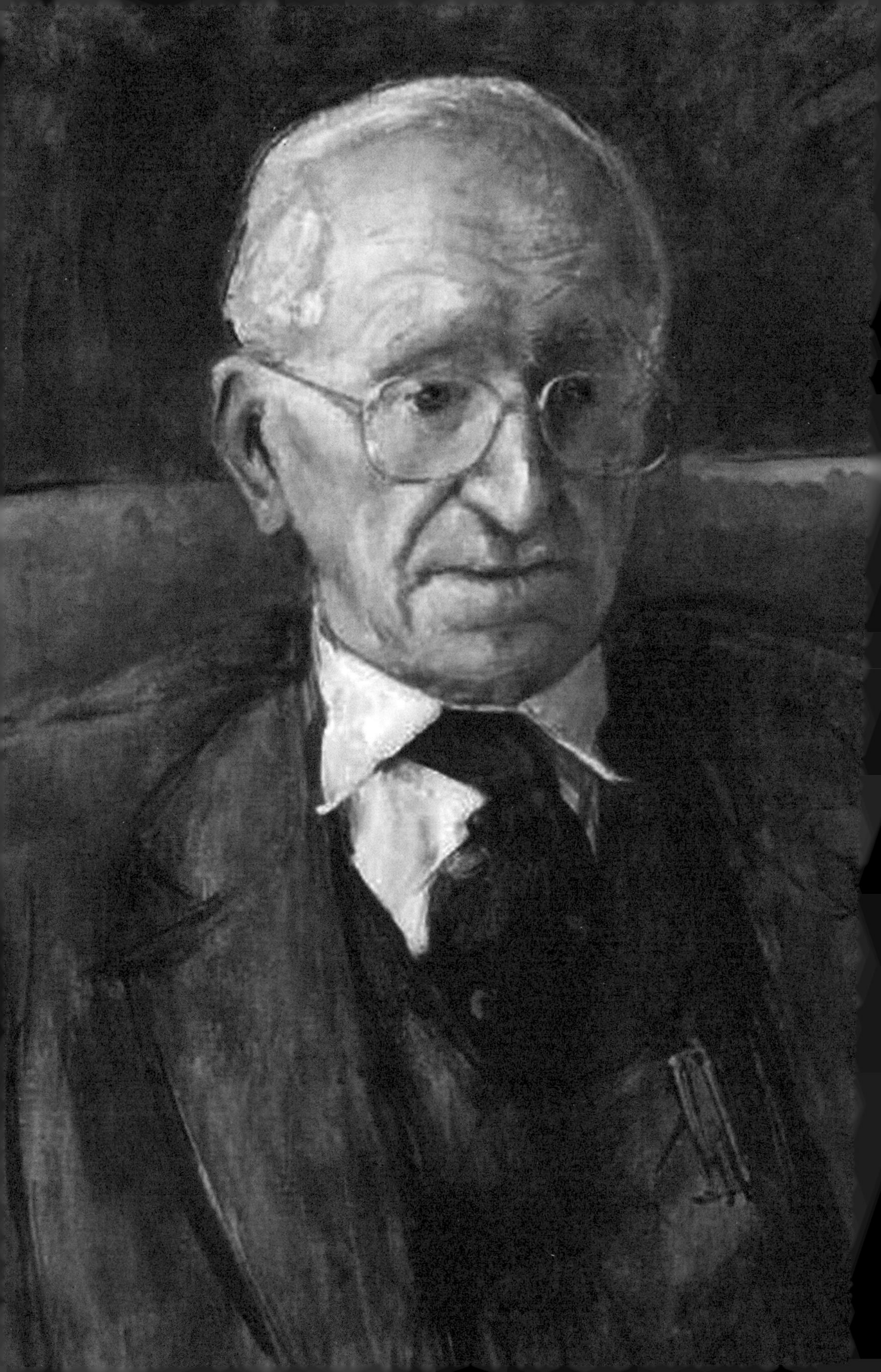

APRESENTAÇÃO

HAYEK, LIBERALISMO, CONSERVADORISMO E ORDEM ESPONTÂNEA

Alex Catharino

Mudanças, tanto na mentalidade de uma parcela significativa da população quanto na própria vida política, fizeram com que nos últimos anos ocorresse uma redescoberta das ideias liberais no Brasil. Utilizo aqui o termo "redescoberta" porque, como demonstrou Antonio Paim em *História do Liberalismo Brasileiro*, sempre existiu uma tradição liberal em nosso país, mesmo que incipiente em determinadas épocas, desde o Período Colonial, atingindo o seu ápice durante o Império e influenciando diversos momentos da história da República, para chegar ainda mais forte em nossos dias. Neste contínuo processo, é possível constatar que, a partir da segunda metade da década de 1940, gradativamente, as obras do filósofo e economista austro-britânico Friedrich August von Hayek (1899-1992) desempenharam um papel relevante ao influenciar liberais e conservadores em nosso ambiente intelectual. Dentre os autores nacionais que dialogaram com pensamento hayekiano se destacam os nomes de Eugênio Gudin

(1886-1986), Roberto Campos (1917-2001), José Osvaldo de Meira Penna (1917-2017), Og Francisco Leme (1922-2004), Roque Spencer Maciel de Barros (1927-1999), Henry Maksoud (1929-2014), Donald Stewart Jr. (1931-1999), Ubiratan Borges de Macedo (1937-2007), José Guilherme Merquior (1941-1991), Antonio Paim, Francisco de Araújo Santos, Ricardo Vélez Rodríguez, Ubiratan Jorge Iorio, Mário A. L. Guerreiro, Alberto Oliva e Fabio Barbieri.

As ideias filosóficas e as teorias econômicas hayekianas ainda não receberam o tratamento devido no ambiente acadêmico brasileiro, além de não ocuparem um papel de maior relevância na política partidária de nosso país. Mesmo sendo uma influência significativa para os autores listados no parágrafo anterior, bem como tendo sido citadas recentemente por alguns políticos, as ideias de F. A. Hayek ainda estão distantes das salas de aulas ou da maioria dos discursos e, principalmente, dos projetos de lei de nossos parlamentares. Acredito que esta pequena influência do pensador no Brasil, em especial se compararmos com o relativo sucesso de seu mestre Ludwig von Mises (1881-1973) ou de seu colega Milton Friedman (1912-2006), se deva, parcialmente, ao fato de termos, em nossos dias, poucas obras de Hayek disponíveis em português. Encontram-se esgotadas em nosso idioma as edições do livro *Os Fundamentos da Liberdade*, da trilogia *Direito, Legislação e Liberdade* e da coletânea *Hayek no Brasil*, esta última organizada por Cândido Mendes Prunes, na qual são reunidos os textos publicados durante as três visitas do economista austríaco ao nosso país, feitas em 1977, 1979 e 1981, a convite de Henry Maksoud. Dentre a vasta produção intelectual de Hayek, atualmente estão disponíveis no mercado editorial brasileiro os livros *O Caminho da Servidão*, *Desemprego e Política Monetária* e *Desestatização do Dinheiro*, publicados pelo Instituto Mises Brasil (IMB), e *Os Erros Fatais do Socialismo*, lançado pela Faro Editorial, que também lançou *Menos Estado Mais Liberdade: O Essencial do Pensamento de F. A. Hayek* de Donald J. Boudreaux. Na condição de gerente editorial do periódico acadêmico *MISES: Revista Interdisciplinar de Filosofia, Direito e Economia*, publiquei, entre os anos de 2013 e 2017, diversas traduções deste autor, principalmente devido ao estímulo dos amigos Ubiratan Jorge Iorio e Fabio Barbieri. Vale mencionar que a Editora Record lançou *Keynes x Hayek* de Nicholas Wapshott. Editado em português pelo Instituto Liberal no final da década de 1980, o livro *A Contribuição de Hayek às Ideias Políticas de Nosso Tempo*, de Eamonn

Butler também está fora de catálogo. Deste modo, a publicação de *F. A. Hayek e a Ingenuidade da Mente Socialista*, organizado por Dennys Garcia Xavier, poderá ajudar a popularizar mais as ideias hayekianas em nosso país.

Indubitavelmente, o clássico trabalho *O Caminho da Servidão*, lançado originalmente em inglês no ano de 1944, foi uma das obras mais influentes do século XX, tendo sido o mais bem-sucedido escrito liberal do período, além de constituir um dos alicerces intelectuais tanto do movimento conservador norte-americano quanto do conservadorismo britânico contemporâneo. A tese central desse livro é que as forças coletivistas que destruíram a liberdade individual na Alemanha eram as mesmas que, na época, estavam agindo em outros países, principalmente na Grã-Bretanha. O autor demonstra, de forma clara e distinta, que o abandono dos valores liberais em favor de utopias coletivistas foi o principal fator que permitiu a expansão do totalitarismo. Nesta perspectiva, as tentativas de planejamento econômico conduzem necessariamente à servidão política, pois tais políticas intervencionistas só podem ser aplicadas por intermédio da coerção de um Estado autoritário e arrogante que não respeita a liberdade individual de seus cidadãos. O ilustre pensador liberal expõe de forma esclarecedora as raízes socialistas do nazismo, além de advertir que as mesmas ideias totalitárias se tornaram uma espécie de modismo entre boa parte dos pensadores ocidentais, cujas noções errôneas contagiaram as massas com suas falácias distributivistas e dirigistas, desviando o Ocidente de sua verdadeira tradição liberal. Esta famosa obra de F. A. Hayek foi uma inspiração para Winston Churchill (1874-1965) na luta contra o processo de estatização implementado no Reino Unido no pós-guerra pelo Partido Trabalhista, bem como um dos fundamentos teóricos do processo que levou às vitórias de Margaret Thatcher (1925-2013) e de Ronald Reagan (1911-2004).

Segundo o historiador George H. Nash, no livro *The Conservative Intellectual Movement in America: Since 1945* [*O Movimento Intelectual Conservador nos Estados Unidos: Desde 1945*], o renascimento do conservadorismo norte-americano, após o término da Segunda Guerra Mundial, encontra suas origens em uma coalizão de três grupos distintos que lutavam contra a agenda progressista dominante. A consciência de cada uma dessas forças antiprogressistas foi incrementada, respectivamente, por três livros específicos. Acrescentando mais alguns elementos, resumi a narrativa apresentada por Nash no texto que escrevi como apresentação à edição brasileira do livro *A Política da Prudência de Russell Kirk* (1918-1994), de modo que não aprofundarei a temática aqui, mas apenas destacarei alguns pontos fundamentais sobre o tema. A primeira vertente foi a dos libertários, herdeiros das críticas elaboradas por escritores individualistas da chamada *Old Right* [Velha Direita], como Albert Jay Nock (1870-1945) e Isabel Paterson (1886-1961), aos programas governamentais do *New Deal* [Novo Acordo], implementados pelo presidente Franklin Delano Roosevelt (1882-1945) como políticas públicas visando a solução dos problemas sociais e econômicos oriundos na Grande Depressão. O grupo dos libertários no pós-guerra congregou-se, inicialmente, em torno das ideias expressas em *O Caminho da Servidão*, que ofereceu a base teórica para a luta contra o avanço dos poderes estatais e a defesa do livre mercado promovidos, cujo impulso prático se deu com a criação, em 1946, da *Foundation for Economic Education* (FEE) por Leonard Read (1898-1983) e pela fundação, em 1950, do periódico *The Freeman: Ideas on Liberty* pelos jornalistas John Chamberlain (1903-1995), Henry Hazlitt (1894-1993) e Suzanne La Follette (1893-1983), ambas as iniciativas tiveram Ludwig von Mises e F. A. Hayek como importantes colaboradores. No contexto da Guerra Fria, emergiu o segundo grupo, formado pelos anticomunistas, cuja inspiração principal foi a autobiografia *Witness* [*Testemunha*] de Whittaker Chambers (1901-1961), publicada em 1952, na qual o autor narra, dentre outros fatos, o próprio envolvimento com as ideias marxistas, sua conversão ao cristianismo e a luta que iniciou contra a ideologia esquerdista, denunciando a infiltração de agentes comunistas no governo norte-americano e na imprensa, bem como nos meios educacionais e culturais. Estas duas correntes do movimento conservador norte-americano, em suas lutas contra o coletivismo, estiveram mais preocupadas com questões políticas e econômicas, ao passo que a terceira vertente, ao se estruturar a partir do tradicionalismo defendido pelo já mencionado Russell Kirk no livro *The Conservative Mind* [*A Mentalidade Conservadora*], enfatizou mais a importância das tradições moral e cultural clássica e judaico-cristã como fundamento da economia e da política, o que levou a serem denominados conservadores culturais ou tradicionalistas, recebendo, posteriormente, o epíteto de paleoconservadores no embate com os chamados neoconservadores, mas, preferindo, vale dizer, o simples rótulo de conservadores, sem acréscimo de nenhum prefixo ou adjetivo.

Muitos autoproclamados liberais ou conservadores brasileiros, no atual contexto da denominada "Nova Direita", tendem a enfatizar as divisões entre liberalismo e conservadorismo, muitas vezes em atitudes que podem ser simplesmente classificadas como ignorância ou mesmo mau-caratismo. Tanto no ensaio de apresentação que elaborei para a edição brasileira do livro *Edmund Burke: Redescobrindo um Gênio* de Russell Kirk, quanto no meu posfácio para a edição da Coleção von Mises, da obra *As Seis Lições* de Ludwig von Mises, bem como no editorial "A Escola Austríaca entre a Tradição e a Inovação", publicado no segundo número do periódico acadêmico *MISES: Revista Interdisciplinar de Filosofia, Direito e Economia*, tive a oportunidade de analisar com maior profundidade os pontos de convergência e as tensões existentes entre o liberalismo e o conservadorismo, além de demonstrar que esta última tradição de política, tal como se manifestou historicamente no Reino Unido, nos Estados Unidos e no Brasil, deve ser entendida como uma vertente da primeira. Nos próximos parágrafos tentarei esclarecer essas questões, especialmente ao buscar apontar o núcleo comum entre o conservadorismo kirkiano e o liberalismo hayekiano.

Infelizmente, muitas pessoas são levadas à defesa de falácias quando discutem este assunto devido a uma interpretação equivocada do conservadorismo expressa pelo próprio F. A. Hayek no famoso ensaio "Por Que Não Sou um Conservador", apresentado no encontro da Sociedade Mont Pèlerin realizado, entre 2 e 8 de setembro de 1957, na cidade de St. Moritz, na Suíça, e publicado em 1960 como posfácio do livro *Os Fundamentos da Liberdade*. Um dos maiores problemas no entendimento hayekiano acerca da temática é que o pensador austro-britânico parece não compreender de maneira adequada as diferenças sutis entre o conservadorismo europeu continental e a tradição conservadora britânica e norte-americana. A postura reacionária, contrária aos princípios doutrinários e às instituições liberais, adotada pelos movimentos contrarrevolucionários da Europa continental é embasada no plano teórico pelo tradicionalismo político, defendido por autores como Justus Möser (1720-1794), Joseph De Maistre (1753-1821), Louis De Bonald (1754-1840), Adam Müller (1779-1829), Gioacchino Ventura di Raulica (1792-1861), Juan Donoso Cortés (1809-1853), Charles Maurras (1868-1952), René Guénon (1886-1951), Carl Schmitt (1888-1985) e Julius Evola (1898-1974), dentre outros. Por outro lado, o conservadorismo anglo-saxão, desde o final do século XVIII até os nossos dias, deve ser caracterizado, em essência, como uma vertente antiprogressista do liberalismo clássico, que, na defesa das tradições da Civilização Ocidental, compreende que os princípios e as instituições liberais já fazem parte desta, tal como expresso nas reflexões de Edmund Burke (1729-1797), de François Guizot (1787-1874), de Thomas Babington Macaulay (1800-1859), de Alexis de Tocqueville (1805-1859) e de John Emerich Edward Dalberg-Acton (1834-1902), o Lorde Acton. Provavelmente esta falha no pensamento hayekiano se deva ao fato de F. A. Hayek ter adotado uma percepção do conservadorismo semelhante à do sociólogo marxista húngaro Karl Mannheim (1893-1947), em sua tese de doutorado, apresentada em 1925 e publicada em 1936 na forma do livro *Das Konservative Denken* [*O Pensamento Conservador*], lançado em inglês com o título *Conservatism: A Contribution to the Sociology of Knowledge*, [*Conservadorismo: Uma Contribuição para a Sociologia do Conhecimento*], na qual propõe que o pensamento é caudatário da existência e, a partir de um estudo de caso das ideias contrarrevolucionárias na Alemanha da primeira metade do século XIX, defende ser o conservadorismo, ao mesmo tempo, um conceito e uma prática ligada à estrutura do sistema de classes. De acordo com esta perspectiva, da chamada sociologia do conhecimento, o pensamento conservador seria uma reação das classes agrárias feudal-aristocráticas à Revolução Francesa, ao passo que o liberalismo representaria os interesses da ascensão da burguesia no final do século XVIII e início do século XIX, enquanto o socialismo e o marxismo seriam as ideologias do proletariado.

Segundo o cientista político norte-americano Samuel P. Huntington (1927-2008), em um artigo acadêmico lançado em 1957, além da interpretação oferecida pela chamada *teoria aristocrática* de Karl Mannheim, o conservadorismo pode ser entendido de duas outras maneiras distintas. Por conta de caracterizar-se como uma defesa "*de princípios universais, tais como justiça, ordem, equilíbrio, moderação*", o tipo estabelecido por Russell Kirk foi enquadrado pelo cientista político na categoria de definição *autônoma* do conservadorismo, por estabelecer que "*este não está necessariamente ligado aos interesses de nenhum grupo em particular*", de modo que sua aparição independe de "*qualquer configuração histórica e específica das forças sociais*" (HUNTINGTON, 1957, p. 454-55). A terceira e última definição, estabelecida pelo próprio Samuel Huntington, entende o conservadorismo como uma ideologia situacional, compreendida como "*o sistema de ideias empregado para justificar qualquer ordem social estabelecida*" (HUNTINGTON, 1957, p. 455). Confrontado às realidades históricas concretas tanto britânica e norte-americana quanto brasileira, a definição de Mannheim acerca da temática se mostra inapropriada, assim como as críticas feitas por Hayek no texto "Por Que Não Sou um Conservador", sendo melhor entender o conservadorismo a partir da definição *situacional* de Huntington ou da *autônoma* de Kirk. Fundamentado na perspectiva kirkiana, ao buscar definir a postura conservadora no livro *Os Construtores do Império: Ideais e Lutas do Partido Conservador Brasileiro*, lançado originalmente em 1968, o filósofo e historiador católico mineiro João Camilo de Oliveira Torres (1916-1973) apresentou três pontos de vista distintos que se contrapõem ao reformismo prudente defendido pelo conservadorismo. O primeiro deles seria o *imobilismo*, definido como "*uma posição que não aceita qualquer espécie de mudança, que pretende que a situação atual se mantenha sem qualquer modificação*". A segunda expressão seria o *reacionarismo*, mais radical do que a pretensão imobilista de paralisar o tempo ao tentar impedir que ocorra qualquer tipo de mudança progressista ou de reforma conservadora, pois, ao condenar "*as transformações ocorridas numa determinada época recente*", deseja um retrocesso ao passado que restaure as condições históricas anteriores, em uma visão idílica semelhante às fracassadas tentativas "*que o rio volte à fonte, que a árvore retorne à condição de semente*". Por fim, a terceira mentalidade é o progressismo, fundado na crença que a história da humanidade "*é sempre um campo em que se realiza, automaticamente, um progresso continuado*". Sem constituir um tipo autônomo, a forma mais radical de progressismo "*é o revolucionarismo, que quer destruir tudo e começar de novo*" (TORRES, 1968, p. 3-4). Fundado nessa análise teórica, bem como nos escritos dos principais expoentes do pensamento conservador anglo-saxão, é possível afirmar que a percepção hayekiana acerca da temática não corresponde à realidade histórica concreta da tradição de conservadorismo britânico, norte-americano ou, até mesmo, brasileiro, visto que estes são mais próximos das vertentes moderadas do liberalismo clássico que do tradicionalismo reacionário da Europa continental. De acordo com as análises apresentadas nos ensaios "The Liberalism/Conservatism of Edmund Burke and F. A. Hayek: A Critical Comparison" [O Liberalismo/Conservadorismo de Edmund Burke e F. A. Hayek:

Uma Comparação Crítica] de Linda C. Raeder, "Hayek on Tradition" [Hayek sobre a Tradição] de Edward Feser, e "Hayek and Conservatism" [Hayek e Conservadorismo] de Roger Scruton, o próprio autor de *O Caminho da Servidão* pode ser considerado um tipo de conservador, na mesma linhagem burkeana de Russell Kirk.

É um fato inegável que tanto a maioria dos liberais clássicos e parcela significativa dos libertários individualistas quanto os defensores da mentalidade conservadora burkeana, cuja influência se estende desde o século XIX até o conservadorismo kirkiano, diferentemente dos reacionários, aceitam as necessárias mudanças culturais ou sociais inerentes à dinâmica da história, além de tentar, de diferentes modos, colaborar com o surgimento de inovações culturais e institucionais salutares, mas, por intermédio de reformas gradativas, rejeitando, assim, as posturas revolucionárias, pois compreendem a importância de se preservar os princípios fundamentais descobertos pela razão ou apreendidos pela experiência histórica, que podem ser chamados de "tradição" ou de "ordem espontânea". Conforme foi destacado, no livro *A Era de T. S. Eliot: A Imaginação Moral do Século XX*, por Russell Kirk, "*a tradição tem vida; contribuímos com ela e somos por ela alimentados*" (KIRK, 2011, p. 199). Ecoando, ao mesmo tempo, a máxima política burkeana –"*um Estado sem os meios de alguma mudança é um Estado sem os meios de sua conservação*" (BURKE, 2012, p. 170) – e a percepção cultural eliotiana –"*se a única forma de tradição, de transmissão, consistir em seguir os caminhos da geração imediatamente anterior à nossa numa adesão cega ou tímida nos sucessos a 'tradição' deve ser categoricamente desestimulada*" (ELIOT, 1950, p. 48) – o pensamento kirkiano advoga, como décimo princípio do conservadorismo em *A Política da Prudência*, que "*o conservador razoável entende que a permanência e a mudança devem ser reconhecidas e reconciliadas em uma sociedade vigorosa*" (KIRK, 2013, p. 111). Neste particular, não há conflito entre o conservadorismo razoável de Russell Kirk e o liberalismo tal como proposto por Ludwig von Mises, por F. A. Hayek e por outros expoentes da Escola Austríaca de Economia. No livro *Liberalismo*, publicado originalmente em alemão no ano de 1927, Mises expressa uma posição antirrevolucionária ao defender que a constituição liberal da autoridade estatal deva ser "*de tal forma que o curso suave e pacífico de seu desenvolvimento nunca seja interrompido por guerras civis, revoluções ou insurreições*" (MISES, 2010, p. 66), pois o progresso econômico duradouro almejado pelos defensores dessa doutrina não será alcançado "*se o curso pacífico dos negócios for continuamente interrompido por lutas internas*" (MISES, 2010, p. 68). Ainda na mesma obra, o eminente economista austríaco reconhece que, felizmente, a vida "*nunca é estacionária*", não ocorrendo pausas nas relações econômicas, no ambiente cultural e nas instituições sociais, "*mas constantes mudanças, movimentos, inovações, e o surgimento continuo de ações inéditas*" (MISES, 2010, p. 102). Ao sustentar tanto em The Conservative Mind, lançado originalmente em 1953, como primeiro cânone do conservadorismo "*a crença em uma ordem transcendente, ou corpo de leis naturais que rege a sociedade, bem como a consciência*" (KIRK, 1986, p. 8) quanto em *A Política da Prudência*, publicado em inglês no ano de 1993, como primeiro princípio conservador, a existência de "*uma ordem moral duradora*", (KIRK, 2013, p. 105), o conservadorismo kirkiano muitas vezes recebe acusações de alguns libertários e dos progressistas de ser contrários às inovações, não passando de uma defesa do *status quo*, o que não é verdadeiro. O próprio F. A. Hayek ressalta, na trilogia *Direito, Legislação e Liberdade*, que "*ordem é um conceito indispensável ao exame de todos os fenômenos complexos*", pois tal noção representa, basicamente, "*o mesmo papel que o conceito de lei desempenha na análise de fenômenos mais simples*". As ideias hayekiana e kirkiana de ordem social não devem ser entendidas como uma ação deliberada imposta pelos governantes sobre a sociedade, mas como uma condição em que múltiplos elementos de tipos distintos se relacionam entre si, possibilitando que, a partir do contato com uma parte espacial ou temporal do todo, seja possível formar expectativas corretas, ou que tenham probabilidade de se revelarem corretas, acerca da totalidade. Na perspectiva de Hayek "*é claro que toda sociedade deve ter uma ordem, nesse sentido, e que tal ordem existirá sem ter sido intencionalmente criada*" (HAYEK, 1985, Vol. I, p. 35-36).

    Somente por intermédio de uma compreensão mais profunda da intercambialidade entre o conceito hayekiano de "ordem espontânea" e a ideia de "tradição", tal como definida por T. S. Eliot (1888-1965) e apropriada pelo conservadorismo kirkiano, é que será possível compreender melhor os pontos convergentes entre o liberalismo de F. A. Hayek e o tipo de conservadorismo propostos desde Edmund Burke até Russell Kirk. No terceiro capítulo de meu livro *Russell Kirk: O Peregrino na Terra Desolada*, ao analisar a influência de Eliot no conservadorismo kirkiano, discuti sistematicamente o que foi denominado pelo autor, no livro *A Program for Conservatives*

[*Um Programa para Conservadores*], como o "problema da tradição", cuja objetivo é tentar solucionar como "*a continuidade poderá unir geração a geração*" (KIRK, 1962, p. 17). Este problema da tradição está diretamente relacionado às máximas que em *A Política da Prudência* foram apresentadas no segundo e no terceiro princípios conservadores, respectivamente, como a adesão "*aos costumes, à convenção e à continuidade*" (KIRK, 2013, p. 105) e como a crença "*no que se pode chamar de princípio da consagração pelo uso*" (KIRK, 2013, p. 106), que, por sua vez, se reconciliam com a dinâmica histórica, negando as posturas imobilista e reacionária, por intermédio do décimo princípio, de acordo com o qual "*a permanência e a mudança devem ser reconhecidas e reconciliadas em uma sociedade vigorosa*". (KIRK, 2013, p. 111). Em última instância, o tradicionalismo moral e cultural de Kirk busca alertar para os riscos do que Hayek denominou de "*fatal conceit*", traduzido para o português como "arrogância fatal" ou "erros fatais", que, ao desconsiderar totalmente os princípios e costumes testados historicamente, busca erigir uma nova ordem moral, cultural ou social fundada em caprichos humanos justificados num arrogante racionalismo travestido de verdade científica. Tal percepção se assemelha à ideia defendida por C. S. Lewis (1898-1963), em *A Abolição do Homem*, segundo a qual "*cada geração exerce um poder sobre os seus sucessores e cada uma, na medida em que se rebela contra a tradição, limita o poder de seus predecessores e resiste a ele*". (LEWIS, 2005, p. 54). Ao discutir a noção de tradição em diferentes escritos, Russell Kirk utilizou com muita frequência tanto a metáfora de Edmund Burke do "*grande contrato primitivo da sociedade eterna*" (BURKE, 2012, p. 272) quanto as imagens de T. S. Eliot das "*coisas permanentes*" (ELIOT, 1939, p. 21) e da "*comunicação dos mortos*" (ELIOT, 2018, p. 279), além de se referir algumas vezes à noção de G. K. Chesterton (1874-1936) da "*democracia dos mortos*" (CHESTERTON, 2001, p. 69.). Outra alegoria empregada com bastante regularidade no pensamento kirkiano foi a dos "*anões nos ombros de gigantes*", atribuída ao filósofo francês Bernardo de Chartres (fl. 1114-1130) pelo filósofo inglês John de Salisbury (1120-1180) em 1159, utilizada, também, por autores modernos, como o teólogo espanhol frei Diego de Estella, O.F.M. (1524-1578) em 1578, o matemático e físico inglês *Sir* Isaac Newton (1642-1727) em 1676, e o poeta romântico inglês Samuel Taylor Coleridge (1772-1834) em 1828. Como apresentei exaustivamente no editorial "A Escola Austríaca entre a Tradição e a

Inovação" (CATHARINO, 2013, p. 308-16) e de modo sintético no livro *Russell Kirk: O Peregrino na Terra Desolada* (CATHARINO, 2015, p. 68-72), estas figuras de linguagem adotadas pelo conservadorismo kirkiano para explicar o conceito eliotiano de "tradição" são em essência análogas à inúmeras noções distintas, dentre as quais ressalto a definição hayekiana de "ordem espontânea". Além da fundamentação no conservadorismo ilustrado burkeano, a noção liberal de "ordem espontânea" de F. A. Hayek encontra os seus principais sustentáculos na filosofia moral de David Hume (1711-1776), nas reflexões morais e econômicas de Adam Smith (1723-1790) e nos ensinamentos filosóficos e históricos de Adam Ferguson (1723-1816), os três mais famosos representantes do iluminismo escocês. Amparado nestas bases teóricas, o pensador austro-britânico, no primeiro volume da trilogia *Direito, Legislação e Liberdade*, denomina tal forma de ordem com a palavra grega κόσμος (*kósmos*), que, no pensamento hayekiano, assume o mesmo significado originário adotado pelo filólogo alemão Werner Jaeger (1888-1961), que a define como "*uma ordem correta num Estado ou comunidade*" (HAYEK, 1985, Vol. I, p. 38, n. 9). De acordo com esta análise, o conceito de "ordem espontânea" ou *kósmos* é contraposto à noção de "ordem feita" ou "ordenação", representada pela palavra grega τάξις (*táxis*) e entendida "*como uma construção, como uma ordem artificial*", no sentido de "*uma ordem social dirigida, como uma organização*" (HAYEK, 1985, Vol. I, p. 38). Mesmo não sendo necessariamente complexas, as ordens espontâneas, diferentemente das ordenações intencionais, podem alcançar qualquer grau de complexidade. Tal constatação leva Hayek apresentar uma de suas teses principais ao afirmar que por abranger "*um maior número de fatos particulares do que qualquer cérebro humano poderia apurar ou manipular*" as organizações sociais muito complexas "*só podem ser produzidas por meio de forças que induzam a formação de ordens espontâneas*" (HAYEK, 1985, Vol. I, p. 40). Nas similitudes entre o conceito hayekiano de "ordem espontânea" e a noção kirkiana de "tradição" os liberais e os conservadores brasileiros poderão encontrar um denominador comum para a luta contra o planejamento social e o intervencionismo propostos pelos socialistas. Neste sentido, para concluir o presente ensaio achamos válido enfatizar a lição oferecida pelo professor F. A. Hayek, nas palavras finais de *O Caminho da Servidão*, quando alerta que:

É mais importante remover os obstáculos com que a insensatez humana obstruiu o nosso caminho e liberar a energia criadora dos indivíduos, do que inventar novos mecanismos para "guiá-los" e "dirigi-los" – criar condições favoráveis ao progresso, ao invés de "planejar o progresso". A primeira necessidade é de libertarmo-nos da pior forma de obscurantismo contemporâneo: aquela que procura persuadir-nos de que nossa conduta no passado recente foi, ou acertada ou inevitável. Não nos tornaremos mais sábios enquanto não aprendermos que muito do que fizemos era pura tolice (HAYEK, 2010, p. 221).

REFERÊNCIAS BIBLIOGRÁFICAS

BOUDREAUX, Donald J. *Menos Estado Mais Liberdade: O Essencial do Pensamento de F. A. Hayek*. Trad. Leonardo Castilhone. Barueri: Faro Editorial. 2018.

BURKE, Edmund. *Reflexões sobre a Revolução na França*. Pref. Francis Canavan; intr. E. J. Payne; trad. Eduardo Francisco Alves. Rio de Janeiro: Topbooks, 2012.

BUTLER, Eamonn. *A Contribuição de Hayek às Ideias Políticas de Nosso Tempo*. Trad. Carlos dos Santos Abreu. Rio de Janeiro: Instituto Liberal, 1987.

CATHARINO, Alex. "A Escola Austríaca entre a Tradição e a Inovação". *MISES: Revista Interdisciplinar de Filosofia, Direito e Economia*, Volume I, Número 2 (Julho-Dezembro 2013): 305-23.

CATHARINO, Alex. *Russell Kirk: O Peregrino na Terra Desolada*. Pref. Luiz Felipe Pondé. São Paulo: É Realizações, 2015.

CHAMBERS, Whittaker. *Witness*. Pref. William F. Buckley Jr.; intr. Robert D. Novak. Washington D.C.: Gateway, 2001.

CHESTERTON, G. K. *Ortodoxia*. Apres., notas e anexo Ives Gandra da Silva Martins Filho; trad. Cláudia Albuquerque Tavares. São Paulo, Editora LTr, 2001.

ELIOT, T. S. *Quatro Quartetos*. In: *Poemas*. Org., trad. e posf. Caetano W. Galindo. São Paulo: Companhia das Letras, 2018.

ELIOT, T. S. *The Idea of a Christian Society*. London: Faber and Faber, 1939.

ELIOT, T. S. "Tradition and Individual Talent". In: *The Sacred Wood: Essays on Poetry and Criticism*. London: Methuen & Co. Ltd., 1950.

FESER, Edward. "Hayek on Tradition". *Journal of Libertarian Studies*, Volume 17, Number 1 (Winter 2003): 17-56.

HAYEK, F. A. "A Pretensão do Conhecimento". *MISES: Revista Interdisciplinar de Filosofia, Direito e Economia*, Volume II, Número 2 (Julho-Dezembro 2014): 595-603.

HAYEK, F. A. *Desemprego e Política Monetária*. Preâmbulo de Gerald P. O'Driscoll Jr.; nota introdutória de Sudha R. Shenoy; trad. Og Francisco Leme. São Paulo: Instituto Ludwig von Mises Brasil, 2ª Ed., 2011.

HAYEK, F. A. *Desestatização do Dinheiro: Uma Análise da Teoria e Prática das Moedas Simultâneas*. Pref. Arthur Seldon; trad. Heloisa Gonçalves Barbosa. São Paulo: Instituto Ludwig von Mises Brasil, 2ª Ed., 2011.

HAYEK, F. A. *Direito, Legislação e Liberdade: Uma Nova Formulação dos Princípios Liberais de Justiça e Economia Política*. Apres. Henry Maksoud; trad. Anna Maria Copovilla, José Ítalo Stelle, Manuel Paulo Ferreira e Maria Luiza X. de A. Borges. São Paulo: Visão, 1985. 3v.

HAYEK, F. A. "Discurso no Banquete de Gala". *MISES: Revista Interdisciplinar de Filosofia, Direito e Economia*, Volume II, Número 2 (Jul.-Dez. 2014): 593-94.

HAYEK, F. A. "Economia e Conhecimento". *MISES: Revista Interdisciplinar de Filosofia, Direito e Economia*, Volume III, Número 1 (Janeiro-Junho 2015): 55-70.

HAYEK, F. A. "O Cálculo Socialista I: A Natureza Histórica do Problema". *MISES: Revista Interdisciplinar de Filosofia, Direito e Economia*, Volume III, Número 2 (Julho-Dezembro 2015): 367-85.

HAYEK, F. A. "O Cálculo Socialista II: O Estado do Debate". *MISES: Revista Interdisciplinar de Filosofia, Direito e Economia*, Volume IV, Número 1 (Janeiro-Junho 2016): 83-103.

HAYEK, F. A. "O Cálculo Socialista III: A Natureza Histórica do Problema". *MISES: Revista Interdisciplinar de Filosofia, Direito e Economia*, Volume III, Número 2 (Julho-Dezembro 2016): 391-409.

HAYEK, F. A. *O Caminho da Servidão*. Trad. Ana Maria Copovilla, José Ítalo Stelle e Liane de Morais Ribeiro. São Paulo: Instituto Ludwig von Mises Brasil, 6ª ed. 2010.

HAYEK, F. A. "O Uso do Conhecimento na Sociedade". *MISES: Revista Interdisciplinar de Filosofia, Direito e Economia*, Volume I, Número 1 (Janeiro-Junho 2013): 153-62.

HAYEK, F. A. *Os Erros Fatais do Socialismo*. Trad. Eduardo Levy. Barueri: Faro Editorial. 2017.

HAYEK, F. A. *Os Fundamentos da Liberdade*. Intr. Henry Maksoud; trad. Anna Maria Capovilla e José Ítalo Stelle. Brasília / São Paulo: Editora Universidade de Brasília / Visão, 1983.

HAYEK, F. A. "Os Intelectuais e o Socialismo". *Revista Interdisciplinar de Filosofia, Direito e Economia*, Volume V, Número 1 (Janeiro-Junho 2017): 109-123.

HUNTINGTON, Samuel. "Conservatism as Ideology". *American Political Sciency Review*, Volume 51, Number 2 (June 1957): 454-73.

KIRK, Russell. *A Era de T. S. Eliot: A Imaginação Moral do Século XX*. Apr. Alex Catharino; intr. Benjamin G. Lockerd Jr.; trad. Márcia Xavier de Brito. São Paulo: É Realizações, 2011.

KIRK, Russell. *A Política da Prudência*. Apres. Alex Catharino; intr. Mark C. Henrie; trad. Gustavo Santos e Márcia Xavier de Brito. São Paulo: É Realizações, 2013.

KIRK, Russell. *A Program for Conservatives*. Chicago: Regnery Publishing, 2a ed. 1962.

KIRK, Russell. *Edmund Burke: Redescobrindo um Gênio*. Apr. Alex Catharino; pref. Roger Scruton; trad. Márcia Xavier de Brito. São Paulo: É Realizações, 2016.

KIRK, Russell. *The Conservative Mind: From Burke to Eliot*. Intr. Henry Regnery. Washington D.C.: Regnery Publishing, 7a ed. rev., 1986.

LEWIS, C. S. *A Abolição do Homem*. Trad. Remo Mannarino Filho. São Paulo: Martins Fontes, 2005.

MANNHEIM, Karl. *Conservatism: A Contribution to the Sociology of Knowledge*. Ed. David Kettler, Volker Meja & Nico Stehr. London: Routledge & Kegan Paul, 1982.

MISES, Ludwig von. *As Seis Lições: Reflexões sobre Política Econômica para Hoje e Amanhã*. Apres. Murray N. Rothbard; pref. Ubiratan Jorge Iorio; intr. Bettina Bien Greaves; pref. Margit von Mises; posf. Alex Catharino; trad. Maria Luiza X. de A. Borges. São Paulo: LVM Editora, 8ª ed. rev. e ampl., 2017.

MISES, Ludwig von. *Liberalismo: Segundo a Tradição Clássica*. Apres. Louis M. Spadaro; pref. Thomas Woods; trad. Haydn Coutinho Pimenta. São Paulo: Instituto Ludwig von Mises Brasil, 2ª ed., 2010.

NASH, George H. *The Conservative Intellectual Movement in America: Since 1945*. Wilmington: ISI Books, 2ª ed. rev., 1996.

PAIM, Antônio. *História do Liberalismo Brasileiro*. Pref. Alex Catharino; posf. Marcel van Hattem. São Paulo: LVM Editora, 2ª ed. rev. e ampl., 2018.

RAEDER, Linda C. "The Liberalism/Conservatism of Edmund Burke and F. A. Hayek: A Critical Comparison". *Humanitas*, Volume X, Number 1 (1997): 70-88.

SCRUTON, Roger. "Hayek and Conservatism". *In*: FESER, Edward (Ed.) Cambridge Companion to Hayek. Cambridge: Cambridge University Press, 2007. p. 208-31.

TORRES, João Camilo de Oliveira. *Os Construtores do Império: Ideais e Lutas do Partido Conservador Brasileiro*. São Paulo: Companhia Editora Nacional, 1968.

WAPSHOTT, Nicholas. *Keynes x Hayek: As Origens e a Herança do Maior Duelo Econômico da História*. Trad. Ana Maria Mandim. Rio de Janeiro: Record, 2016.

CAPÍTULO 1

FRIEDRICH AUGUST VON HAYEK: UMA BIOGRAFIA[1]

Gustavo Henrique de Freitas Coelho

TRADIÇÃO FAMILIAR: OS *"VON HAYEK"* E OS *"VON JURASHEK"*

Friedrich August von Hayek nasceu em 8 de maio de 1899, em Viena, Áustria, descendente de uma longa geração de intelectuais vienenses. Herdou o título de pequena nobreza (*von*) de seu tataravô, por parte de pai, Josef Longinus Laurentius

---

[1] Oferecemos ao leitor uma biografia ampliada e ilustrada sobre Hayek. No entanto, cabe destacar que não empreendemos, aqui, nenhum esforço no sentido de apresentar documento sistemático e completo sobre a história de sua vida. Tal tarefa deixamos a cargo de mãos mais qualificadas. Tampouco pretendemos realizar uma exposição aprofundada a respeito do pensamento teórico de Hayek, visto que o leitor encontrará esse material nos demais capítulos que compõem esse livro. Apesar das lacunas nos eventos biográficos de sua vida particular, e em sua trajetória acadêmica, esperamos que esse trabalho seja útil a você, leitor, como introdução à vida e a obra desse notável defensor das liberdades. Boa leitura!

Hayek (1750-1830). Josef foi administrador das propriedades de um senhorio aristocrata na região da Moravia . Como administrador, ele montou duas novas fábricas têxteis, em Moravia[2] e na Baixa Áustria, que, por sua vez, deram origem a formação de duas novas cidades – posteriormente, ele se tornou sócio nessas fábricas, adquirindo uma fortuna substancial. Na Áustria daquele período, o que Josef conseguiu foi um ato notável, o que levou o kaiser José II a conceder a ele o título de nobreza em 1789, tendo apenas 39 anos de idade na época.

  Heinrich Franz Xaver von Hayek (1799-1878), filho de Josef Longinus Laurentius von Hayek, aproveitou a fortuna herdada para estudar direito, ocupando o cargo de funcionário público em um dos ministérios de Viena. Seu filho (avô de Friedrich August von Hayek), Gustav Wenzeslaus Vincentius von Hayek (1836-1911), nasceu em Brünn e, embora tivesse acesso a uma educação reservada aos membros da nobreza, optou por abandonar os estudos logo após concluir o ensino médio, seguindo carreira como oficial da marinha até os trinta anos de idade. Já antes da grande crise de 1873[3], a fortuna da família *von Hayek* havia se deteriorado, de modo que a herança recebida por Gustav foi muito pequena. Após sua saída da marinha, retomou os estudos e especializou-se em história natural e biologia, trabalhando, após sua formatura em 1869, como professor de ciências naturais e química em Viena, até o ano de 1901. Também foi secretário do Comitê Internacional Permanente de Ornitologia.

  Se, por um lado, as últimas gerações de sua linhagem paterna viveram em circunstâncias relativamente modestas, tendo como maior herança o título obtido em 1789, por outro lado, a sua família por parte materna, os *von Jurashek*, embora fossem uma família menos "antiga", e tivessem conseguido o título uma geração depois dos *von Hayek*, faziam parte da alta burguesia, sendo notavelmente mais ricos.

---

[2] Região da Europa central – atual República Tcheca – recebeu esse nome por conta do rio Morava, às margens do qual um grupo de eslavos se estabeleceu por volta de 500 d.C.

[3] Em 8 de maio de 1873 a Bolsa de Valores de Viena entrou em colapso. Na época, havia uma crescente especulação e uma desproporcional quantidade de investimentos feitos por bancos em setores da construção civil e em linhas férreas. Com os bancos falidos, as empresas que sobreviviam com esse tipo de investimento também faliram, provocando uma onda de desemprego e retorno dos operários para o campo. A crise se espalhou por toda a Europa, afetando também os EUA, com uma sucessão de falências e agitações sociais.

Família de Hayek reunida em ocasião do aniversário de 60 anos de sua avó materna, em 1909. Hayek é o segundo garoto da esquerda para a direita. Fonte: Instituto Friedrich Hayek Brasil.

Franz von Jurashek (1854-1914), avô de Hayek por parte materna, foi professor universitário e, posteriormente, tornou-se funcionário público do alto escalão, alcançando reputação internacional como estatístico. Hayek lembra que seus avós maternos viviam em um apartamento de dez cômodos, no último andar de um dos mais belos edifícios de Viena, e que mantinham ao menos três funcionários domésticos. Além disso, comenta que:

> O apartamento dos meus avós foi uma segunda casa para mim. Lá, eu passei, além das tardes de domingos, em semanas alternadas, períodos mais longos, enquanto meus pais estavam fora em viagens ocasionais ou após a grave doença que afligiu meu pai por volta do outono de 1912. Visto que o mais novo dos filhos do segundo casamento de meu avô, meu tio Franz, era apenas quatro ou cinco anos mais velho que eu, a família presente nessas reuniões de domingo era bastante, e compreendia uma faixa de idades que variava desde meus avós até meus primos mais novos (HAYEK, [s.d.], p. 38/39).

Seu pai, August Gustav Joseph von Hayek, nasceu em Viena, no ano de 1871. Formado na Universidade de Viena em 1895, ele foi contratado pelo ministério municipal de saúde como um *Armenarzt*, um médico municipal para os pobres, considerada a posição mais baixa no Departamento Médico de Saúde. Obteve seu PhD no ano de 1905 e em 1922 começou a lecionar na *Hochschule für Bodenkultur* (Universidade de Recursos Naturais e Ciências da Vida) em Viena e, a partir de 1926, tornou-se professor associado na Universidade de Viena, onde lecionava botânica. Ele faleceu no ano de 1928. Hayek lembra que, apesar de seguir carreira como médico, a verdadeira paixão de seu pai sempre foi a botânica:

> Assim que o ingresso de algum dinheiro adicional deixou de ser assunto urgente, parece que meu pai renunciou a qualquer tentativa séria de formar uma clientela privada e, contente com sua ascensão gradual na hierarquia do Ministério da Saúde, dedicou todo seu tempo livre a sua amada botânica. Ele sempre esperou poder deixar por completo a medicina algum dia e ocupar uma vaga de professor de botânica em tempo integral na universidade, porém esse dia nunca chegou, e "Professor" nunca foi mais que um título honorário usualmente conferido ao *Privatdozent* que ele foi durante vários anos.
>
> Mesmo que essa ambição fracassada significasse uma grande aflição para ele (e provavelmente muito me influenciou a considerar uma cátedra universitária como a mais desejável das posições que se poderia ocupar), sua produção científica foi considerável, e no seu campo específico, geografia botânica (o que hoje seria chamado ecologia), foi altamente respeitado entre seus colegas. Sua memória incrível lhe permitiu adquirir um conhecimento excepcional das plantas, e ele mesmo costumava dizer, com pesar, que certamente ele seria o último botânico a considerar que sua profissão consistia em reconhecer a maioria das plantas por mera inspeção.
>
> Nos últimos anos de sua vida, meu pai havia se tornado uma espécie de centro social para os botânicos de Viena, que costumavam se reunir regularmente em nosso apartamento. Ele morreu em uma idade relativamente jovem, aos cinquenta e sete anos, de uma doença renal causada por um grave envenenamento do sangue (consequência de uma bolha causada pelas botas durante uma excursão botânica em Oststeiermarkt), que quase o havia matado quinze anos antes (HAYEK, [s.d.], p. 39).

A mãe de Hayek, Felicitas Johanna Valerie von Hayek (von Juraschek, quando solteira), nasceu em 13 de março de 1875, falecendo em 17 de setembro de 1967, aos 92 anos de idade. Descendente de uma família rica, conservadora e proprietária de terras, Felicitas herdou de sua mãe, que faleceu alguns anos antes do nascimento de Hayek, uma herança considerável, o que permitiu a Hayek e a seus dois irmãos terem uma infância tranquila e confortável em Viena, então capital do Império Austro-Húngaro.

Friedrich Hayek com seu irmão mais novo, Heinrich, em 1903.

Hayek, à esquerda, com seu irmão Heinrich, prestes a sair da aula de dança, em 1911. Fonte: Instituto Friedrich Hayek Brasil.

JUVENTUDE E FORMAÇÃO ACADÊMICA

O interesse pelas ciências naturais foi herdado pelo pai de Hayek, August Gustav Joseph von Hayek (1871-1928), e transmitido para as demais gerações. Os dois irmãos de Hayek, ambos mais novos, Heinrich Franz Felix von Hayek (1900-1969) e Erich Beatus Gustav von Hayek (1904-1986), tornaram-se professores, um de anatomia em

Viena, e o outro, de química em Innsbruck. Além disso, os dois filhos de Hayek também seguiram carreira nessa área: Christine Maria Felicitas Von Hayek (1929-) se tornou entomologista, e Lorenz Josef Heinrich von Hayek (1934-2004), bacteriologista.

Hayek lembra que ele próprio, durante a juventude, esteve inclinado a se dedicar ao estudo na área das ciências biológicas, mudando de opinião apenas no final do colegial, por conta das agitações sociais da Primeira Guerra Mundial.

> Tive a sorte de nascer em uma boa família de classe média, de tradições intelectuais. E, no que se refere às minhas ligações com a ciência, meus interesses, no início, influenciado pelos meus ancestrais, se situavam inteiramente no campo das ciências biológicas. Meu avô e meu pai foram zoólogo e botânico, respectivamente, e as discussões, em minha juventude, eram dominadas pelo interesse em relação à teoria da evolução. Foi justamente a época em que foi descoberto o complemento essencial à teoria evolucionária de Darwin – a genética de Mendel. E quase todas as discussões científicas – lembro-me bem – giravam em torno disso, na medida em que a teoria darwiniana estava finalmente se tornando inteligível através das teorias de Mendel. Mas – e aí também foi acidental – um dos redescobridores de Mendel, que, como todos sabem, antes não era levado muito a sério, era um amigo muito íntimo de minha família. E quando eu era jovem e começava a me envolver com a comunidade científica da área da Zoologia e da Botânica em Viena, um dos assuntos mais populares era contar a história deste homem extraordinário, Mendel, que havia descoberto a moderna teoria genética. Eu estava, portanto, praticamente convencido de que me transformaria em alguma espécie de biólogo.
>
> Mas, então, começaram os distúrbios da época da Primeira Guerra Mundial, com a evidente ameaça de dissolução do Império Austro-Húngaro, problemas que cada vez mais desviavam minha atenção das ciências biológicas para as questões ligadas aos governos e à própria vida. Curiosamente, eu quase que posso precisar exatamente o momento em que decidi mudar. Quando atingi o penúltimo ano do *Gymnasium*, em 1916, estávamos no curso introdutório à Filosofia, e nosso professor nos ensinava que o grande pensador Aristóteles havia dividido a Ética em três tópicos: Moral, Política e Economia.

De repente, me veio a inspiração: "É isto que desejo estudar". E fui para casa e disse ao meu pai, o botânico: "Vou estudar Ética". Ele ficou chocado com a ideia de que o filho de uma família de cientistas desejasse estudar Ética, e alguns dias mais tarde me presenteou com algumas cópias de um trabalho de um filósofo positivista do século XIX, para me demover daquela ideia absurda e me levar de volta ao verdadeiro estudo da ciência.

Bem, mas aquele autor, Feuerbach – talvez este nome seja conhecido de alguns de vocês – não me impressionou muito, e continuei insistindo naquela minha ideia (HAYEK, 1981b, p. 31/32).

01. Fotografia formal de Hayek como soldado do exército austríaco, em 1918. 02. Hayek no *front* italiano do rio *Piave*, durante a Primeira Guerra Mundial, onde serviu como observador de artilharia, 1918. Fonte: Instituto Friedrich Hayek Brasil.

Não demorou muito para que essas "agitações" da guerra se tornassem parte da vida de Hayek. Em março de 1917, Hayek se alistou em um regimento de artilharia de campo, em Viena. Após um período de treinamento que durou pouco mais de sete meses, ele foi premiado com o posto de sargento major – oficial de cadetes e, em outubro, foi enviado para o *front* italiano no Rio Piave, norte da Itália, durante a Primeira Guerra Mundial. Ferido em combate, ficou surdo do ouvido esquerdo por toda a vida.

Com o fim da guerra, ele retornou a Viena em novembro de 1918, e no mesmo mês iniciou seus estudos na Universidade de Viena, aos dezenove anos de idade. Na época, a Universidade de Viena era considerada um dos três melhores lugares do mundo para se estudar Economia – os outros eram Estocolmo, na Suécia, e Cambridge, na Inglaterra.

É desse período a lembrança narrada por Hayek de seu encontro com Ludwig Wittgenstein (1889-1951), seu primo por parte materna. Por conta de seu aniversário de dezoito anos de idade, Hayek ganhou do exército o direito a uma breve licença. Foi assim, durante uma viagem de trem, ao retornar a Viena, que os dois acabaram se encontrando, conforme Hayek descreve na entrevista a seguir:

Você pode nos dizer algo sobre seu relacionamento com seu primo Ludwig Wittgenstein?

HAYEK: Não posso dizer que eu o conhecia bem, mas é claro que eu o conheci por um período mais longo do que qualquer um ainda (em 1983) vivo. Minha primeira lembrança remonta a um dia de licença, com permissão para deixar a frente [de batalha], na estação de trem de Bad Ischl (Áustria); dois jovens tenentes do corpo de artilharia, de uniforme, olham um para o outro, e um deles diz: "Seu rosto me parece familiar". Então, eu disse a ele: "Você não é um Wittgenstein?", e ele para mim: "Você não é um Hayek?". Eu sei agora, mas não sabia então, que naquele momento, retornando do front, Wittgenstein devia carregar o manuscrito do Tractatus *em sua mochila. Muitas das características mentais do homem estavam presentes, como pude perceber nessa viagem noturna de Bad Ischl a Innsbruck, pelo seu descontentamento com a multidão barulhenta de jovens oficiais meio bêbados que estavam retornando: ele sentia um certo desprezo pelo mundo.*

Levei muito tempo para vê-lo novamente, mas ouvi falar dele por meio de sua irmã mais velha, que era muito próxima da minha mãe. Elas eram primas de segundo grau, e ela costumava vir para casa com frequência.

Havia rumores constantes sobre esse jovem maluco, mas sua irmã sempre o defendia com energia, e foi assim que eu tive notícias sobre ele.

Eu o conheceria muito mais tarde em Cambridge. Lá nos encontramos antes da guerra, e lá o vi no período final da guerra, quando ele retornou, sem nunca falar sobre filosofia. Fiquei muito impressionado com a personalidade dele. A última discussão que tivemos foi sobre política (HAYEK, [s.d.], p. 55).

A família Wittgenstein em Viena, 1917. Da esquerda para a direita: Kurt, pai de Ludwig; Paul; Hermine; Max Salzer (marido de Helene); Leopoldina, mãe de Ludwig; Helene; e Ludwig Wittgenstein.

Embora Hayek tenha se matriculado na Universidade de Viena como estudante de Direito, seus principais interesses eram em Economia e Psicologia, esta última devido à influência da teoria da percepção de Ernst Mach (1838-1916), enquanto o interesse em Economia era resultado da vontade de melhorar as condições sociais e políticas, sobretudo por conta da pobreza na Viena pós-guerra. Assim, formou-se em direito em 1921 e em ciências políticas em 1923. Entre seus colegas de classe, vários se tornariam economistas proeminentes, incluindo Fritz Machlup, Gottfried von Haberler e Oskar Morgenstern.

A respeito desse conflito de interesses entre direito, psicologia e economia, comenta Hayek:

> Inclusive, durante os dois anos em que servi ao Exército, no fim da Primeira Guerra Mundial, comecei a ler sobre Economia. Os primeiros dois livros que caíram em minhas mãos eram tão ruins que, hoje, fico surpreso ao pensar como eles não foram capazes de me fazer desistir daquilo. Mas, para estudar Economia tinha-se que, naquele tempo, estudar Direito. Era o único modo de se estudar Economia em Viena. Quando a guerra acabou, as circunstâncias daquele momento só fizeram aumentar meu fascínio pelos problemas econômicos e políticos; e eu me tornei estudante de Direito na Universidade de Viena. Minha visão política era, então, moderadamente reformista. Eu havia sido grandemente influenciado por um homem, na época, muito influente, mas que agora está inteiramente esquecido, um grande industrial alemão, que administrava a utilização das matérias-primas austríacas durante a Primeira Guerra, a exemplo do que fez Galbraith nos Estados Unidos, durante a Segunda Guerra Mundial, e que havia descoberto um tipo de planejamento análogo ao preconizado pelo *socialismo fabiano* inglês.
> E aquilo me pareceu realmente digno de estudos. Mas, de fato, durante certo tempo, embora formalmente eu estivesse disposto a estudar Economia, meus interesses, de certo modo, ainda se encontravam divididos. Talvez como resultado de meu envolvimento inicial na área da Biologia, o interesse pela Economia competia com o interesse pela Psicologia. E, enquanto eu terminava meu curso de Direito com bastante sucesso, dividia meu tempo entre a Psicologia e a Economia. Bem, mas quando terminei e tive que escolher uma ocupação, penso que foi muito mais o fato de saber que a Economia oferecia um campo de trabalho, e que o mesmo não ocorria com a Psicologia, que me fez procurar definitivamente na Economia um meio de vida (HAYEK, 1981b, p. 32).

Apesar de sua formação inicial em Direito, seu primeiro projeto acadêmico foi na área da Psicologia, o qual foi publicado apenas no ano de 1952, sob o título de *The Sensory Order*: "Tratava-se de uma tentativa de explicar como as diferenças entre as percepções sensoriais, o que se costuma chamar de *a qualidade da experiência*, podem ser fisiologicamente explicadas." (HAYEK, 1981b, p. 33).

HAYEK, DISCÍPULO DE MISES

Poucas semanas antes de completar sua graduação em Direito, em 1921, recomendado por Friedrich von Wieser, seu professor na Universidade de Viena, Hayek começou a trabalhar em um escritório provisório governamental criado no período pós-guerra – para controlar a aplicação de certas normas e detalhes jurídicos e econômicos estabelecidos no *Tratado de Saint Germain*[4]–, onde ficou em contato direto com Ludwig von Mises. Com exceção do tempo em que esteve nos Estados Unidos, Hayek se manteve no cargo até 1926.

Em nome da Câmara de Comércio de Viena, da qual era conselheiro econômico, Ludwig von Mises foi um dos diretores do escritório. Nessa época, Mises também lecionava na Universidade de Viena como conferencista, na qualidade de *Senior Lecturer*, tendo já publicado a obra *Theorie des Geldes und der Umlaufsmittel* (Teoria da Moeda e do Crédito), no ano de 1912, e sua famosa crítica ao socialismo, *Wirtschaftsrechnung im sozialistichen Gemeneinwesen* (Cálculo econômico na comunidade socialista), no ano de 1920, seguida, no ano de 1922, pela obra *Die Gemeinwirtschaft: Untersuchungen über den Sozialismus* (Socialismo: Uma Análise Econômica e Sociológica).

Embora Hayek não seja um "fanático seguidor" da doutrina econômica de Mises, a leitura de suas obras, sobretudo a obra de 1922 e a crítica realizada ao socialismo, modificou profundamente seu pensamento, influenciando toda a sua carreira. Sobre esse momento tão significativo em sua vida, lembra Hayek que:

> Para nenhum de nós, homens jovens que leram o livro quando apareceu, o mundo voltou a ser o mesmo [...]. Não foi fácil. O ensino do professor Mises parecia direcionado contra tudo o que havíamos sido educados para acreditar. Foi uma época em que todos os argumentos intelectuais da moda pareciam apontar

---

[4] Celebrado em 10 de setembro de 1919, o Tratado de Saint-Germain-en-Laye, em seus 381 artigos, promoveu o fim dos impérios Austro-Húngaro e Turco Otomano. A nova República da Áustria, que incluía a maior parte dos territórios de língua alemã do antigo Império Austríaco, deveria reconhecer a soberania e ceder territórios à Itália, à Romênia, à Polônia, à Tchecoslováquia, além dos reinos eslovenos, croatas e sérvios. Houve ainda o estabelecimento de compensações econômicas em decorrência dos prejuízos que foram causados pela guerra, mas elas nunca foram efetivamente pagas.

para o socialismo, e quando quase todos os "bons homens" entre os intelectuais eram socialistas (HAYEK, 1956, p. 189/190).

Mises rapidamente se tornou o mentor de Hayek, que passou a integrar o seu *Privatseminar*. Durante vários anos, o *Privatseminar* de Mises foi o centro da comunidade acadêmica de Viena, até que seus membros, incluindo o próprio Mises, deixaram a cidade, por motivos pessoais e políticos[5].

A respeito de seu contato com Mises por conta do trabalho no governo, e suas divergências teóricas, explica Hayek:

> [Eu] Tinha que começar a trabalhar, o que se verificou em uma função não muito importante, de caráter temporário, na área governamental, em um dos organismos criados como resultado do primeiro tratado de paz e que cuidava dos débitos anteriores à guerra existentes entre os países beligerantes. Trabalhei naquela repartição, como funcionário civil, por cerca de cinco anos, dos quais, entretanto, despendi um ano e meio [...] como estudante de pós-graduação nos Estados Unidos.
>
> Mas o mais importante foi o fato de que nessa ocasião entrei em contato com um homem que se tornou muito influente no desenvolvimento do meu pensamento posterior.
>
> [...]
>
> Mas Mises era de tal maneira anti-socialista, que, quando pela primeira vez eu analisei suas conferências, ele me repeliu como radical extremado. Mas, quando Wieser me recomendou a ele como chefe provisório do escritório governamental, eu me tornei intimamente ligado a ele e passei, então, a dever-lhe muito. Penso que, de certo modo, foi uma grande vantagem o fato de eu ter chegado a ele como economista já bem treinado. Há um certo perigo em nos tornarmos um discípulo demasiado entusiasmado de alguém, e eu conheço muitas pessoas que mais tarde se tornaram discípulos de Mises e se transformaram em fanáticos seguidores de suas doutrinas. Quanto a mim, no entanto, muito bem treinado à época em que o encontrei, embora ele me convencesse sobre vários pontos importantes, sempre absorvi suas ideias de modo crítico. E durante aqueles dez anos em que estive em contato estreito com ele, suas obras,

---

[5] Mises deixou Viena em 1934, indo para Genebra, e, posteriormente, para Nova York, onde continuou a trabalhar isoladamente.

particularmente seu importante trabalho sobre o socialismo, publicado em 1922, exerceram uma grande influência em mim. Aprendi a acreditar que, de maneira geral, ele estava certo em suas conclusões, embora eu jamais tenha ficado inteiramente satisfeito com seus argumentos. E eu sei por quê. Mises era, ele próprio, um produto ainda daquela tradição racionalista, construtivista, da qual emergiu o socialismo. Ele havia contestado muitas das conclusões socialistas, mas jamais conseguiu destruir, de forma completa, a filosofia da qual emergiu o socialismo. E meu trabalho, em sua maior parte, destinou-se exatamente a expor as ideias de Mises, libertando-as daquele *background* filosófico, o mesmo racionalismo francês e do utilitarismo inglês, e reformulando-as em termos de um *background* de caráter evolucionista (HAYEK, 1981b, p. 33/34).

O jovem Hayek, 1921.

A PRIMEIRA VIAGEM DE HAYEK AOS EUA

Embora tivesse conseguido um emprego como servidor público, o cargo era provisório e, além disso, Hayek nutria desde a infância o desejo de obter uma cátedra na Universidade. Com esse objetivo, em 1923, com o auxílio de Mises – que lhe concedeu a possibilidade de uma licença e também lhe ajudou financeiramente – Hayek viajou aos EUA para cursar uma pós-graduação, buscando qualificar-se como economista. Embora tenha ficado no país por um ano e meio, por pouco, sua viagem não foi frustrada por conta da falta de recursos financeiros. Nos Estados Unidos, Hayek trabalhou como assistente de pesquisa do professor Jeremiah Whipple Jenks[6] e obteve uma pequena bolsa de estudos pela Universidade de Nova York. Lembra Hayek que:

> Tendo decidido, de forma definitiva, que eu utilizaria os anos que passei a serviço do governo para me qualificar, no sentido de obter um trabalho na área universitária – o que na época se tornava possível escrevendo-se uma tese importante, a fim de se obter o título de conferencista, e, talvez, mais tarde, ter a chance de conseguir uma cátedra – cheguei à conclusão de que para me tornar um economista teria de conhecer melhor o mundo. E isto significava, já então, conhecer os Estados Unidos. Tinha-se razoável ideia do mundo europeu, vivendo-se no centro da Europa, mas as novidades, os grandes desenvolvimentos, naquele início do período entre guerras, estavam certamente ocorrendo nos Estados Unidos. Assim, eu estava ansioso por permanecer um ano ou mais como estudante naquele país. Foi antes das bolsas de estudo da Fundação Rockefeller, ou melhor, quando a concessão delas não havia sido estendida aos países considerados ex-inimigos. Assim, embora as bolsas já existissem, eu, na condição de austríaco, ainda não podia

---

[6] Jeremiah Whipple Jenks (1856-1929), com quem Hayek trabalhou como assistente na Universidade de Nova York, foi um economista americano que, além de exercer a docência, também ocupou vários cargos no governo dos EUA ao longo de sua carreira. Jenks foi um dos pioneiros, e estabeleceu precedente para a inclusão de professores e especialistas acadêmicos na administração federal. Considerado pelo governo americano como um dos principais acadêmicos de ciências sociais de sua época, Jenks se destacou por ser um dos primeiros a propor que o governo federal tivesse o poder de restringir a imigração.

pleitear uma delas. Decidi, portanto, ir para os Estados Unidos às minhas próprias custas e por meus próprios riscos.

Eu havia obtido como que uma promessa de um professor visitante americano, que, como quase todos os professores americanos, tendo visitado a Europa, decidira escrever um livro sobre a Europa e, assim, utilizar-me como seu assistente, por eu estar familiarizado com as condições europeias. Deste modo, prometeu-me ele que, se eu fosse para os Estados Unidos, ele me empregaria por algum tempo e, assim, eu poderia viver com certa tranquilidade. Bem, tendo conseguido juntar algumas economias no pequeno intervalo de seis meses, decorrido entre o fim de nossa inflação e o dia em que parti, cheguei a Nova York com vinte e cinco dólares no bolso, sendo informado de que o tal professor – não mencionarei seu nome – havia viajado de férias e deixado instruções para não ser perturbado. Mas eu havia também levado comigo algumas cartas de apresentação de Joseph Schumpeter, que em 1914 havia estado na América do Norte como professor visitante e que, por conseguinte, era o único economista austríaco em contato com economistas americanos. E eu comecei a entregar essas cartas, com cada uma das quais eu conseguia um jantar... e nada mais.

Minhas ambições e esperanças começaram, portanto, gradualmente, a se reduzir. Era possível ainda viver-se, então, em Nova York, por duas semanas, como um imigrante visitante, com vinte e cinco dólares e mais cinco dólares, que alguém havia colocado sorrateiramente em um pacote de cigarros que me havia dado. Mas, ao fim de quinze dias, eu havia chegado ao fim de meus recursos e estava a ponto de, em desespero, conseguir um trabalho como lavador de pratos em um restaurante da Sexta Avenida, em Nova York. Aí, para grande alívio meu – mais tarde, um arrependimento sem fim – antes que eu começasse a lavar pratos em Nova York, recebi um telefonema de alguém que me dizia que o Professor "X" havia regressado das férias e que desejava ver-me. No momento, foi um grande alívio o fato de eu não ter que lavar pratos, mas como teria sido interessante, para o resto de minha vida, eu contar que havia começado minha vida em Nova York como lavador de pratos!... Não posso fazê-lo!... Nunca o fiz!...

Bem, trabalhei então durante seis meses, como assistente de Jenks e outros onze ou doze meses como estudante bolsista na Universidade de Nova York. Mas eu me sentia enormemente desapontado em relação ao estágio em que então se encontrava a economia americana. Em termos de teoria económica, descobri ou acreditava haver descoberto que, em Viena, nós sabíamos mais que os americanos. Mas os americanos haviam inovado grandemente em determinada direção. Foi durante o período da Primeira Guerra, e imediatamente após iniciou-se o moderno desenvolvimento das estatísticas económicas e, em particular, algo que era completamente desconhecido antes, ou seja, a análise das teorias dos ciclos de tempo – *time's cycles the ories* – que tornava possível detalhar as flutuações ocorridas na área econômica. Assim, gastei a maior parte do tempo, na América, aprendendo estatísticas econômicas, que mais tarde me ajudaram grandemente. Isto, porque na América é que surgiu a moda da análise estatística de prognósticos sobre o caráter cíclico dos negócios (HAYEK, 1981b, p. 34/35).

CASAMENTO E CARREIRA ACADÊMICA

Ao retornar dos EUA, Hayek se casou com Helen Berta Maria von Fritsch (1901-1960), em 4 de agosto de 1926, com quem viria a ter seus dois filhos: no ano de 1929, nasceu Christine Maria Felicitas Von Hayek, e, em 1934, Lorenz Josef Heinrich von Hayek. Na época de seu casamento, Helen trabalhava como secretária no mesmo escritório de serviço civil do governo da Áustria que Hayek trabalhava desde 1921. Mais tarde, Hayek alegou que nunca foi feliz com ela, e que estava verdadeiramente apaixonado por sua prima, Helene Bitterlich – quando Helene se casou com outra pessoa, ele optou por também se casar logo em seguida.

Hayek não estava feliz com seu emprego no escritório provisório do governo, tanto por conta do salário como pela falta de perspectiva de possíveis promoções. Além disso, o trabalho demandava boa parte do seu dia, não deixando tempo livre para os estudos. Mises então intervém, fundando, no ano de 1927, o *Instituto Austríaco de Pesquisas Econômicas*. Aproveitando o conhecimento adquirido por Hayek nos EUA, Mises concede a ele o cargo de diretor do recém-fundado Instituto (cargo que ocupou de janeiro de 1927 até sua partida para Londres, no outono de 1931), com o objetivo de difundir a técnica de análise estatística de prognósticos americana.

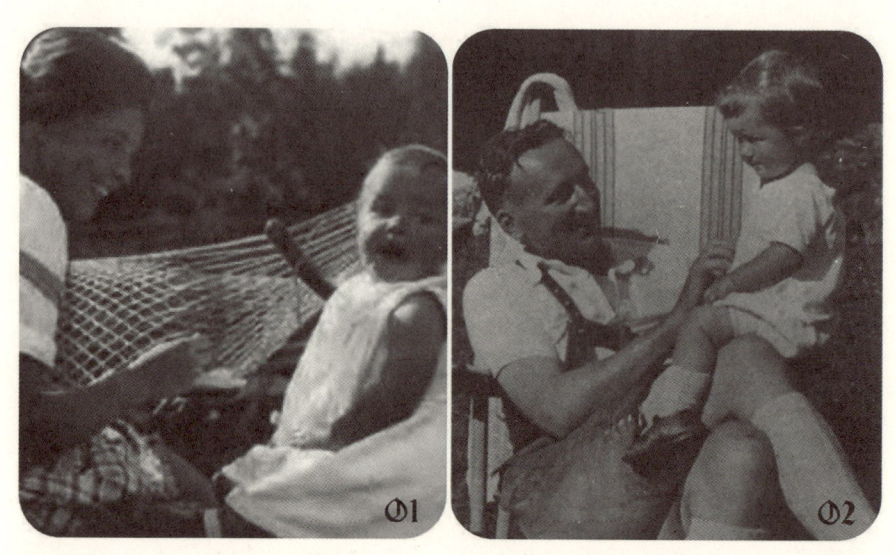

01. Helen com a primeira filha do casal, Christine Maria Felicitas Von Hayek.
02. Hayek e Christine, 1932. Fonte: Instituto Friedrich Hayek Brasil.

Em uma biografia a respeito dos anos em que esteve casada com Ludwig Heinrich von Mises ("Lu"), Margit Serény von Mises (1890–1993) escreveu que:

> Em janeiro de 1927, quando Lu fundou o *Austrian Institute for Business Research* em Viena (*Das Oesterreichische Konjunkturinstitut*), ele o fez não apenas porque achava que era imperativamente necessário para a Áustria, mas, segundo a Sra. Wolf-Thieberger, secretária de Lu, "porque ele tinha que ajudar Hayek a encontrar o começo certo na vida". (MISES, 1976, p. 48).

De modo geral, os registros documentais da organização mostram que Hayek administrava o *Instituto* segundo uma "ordem espontânea", isto é, de uma forma bastante caótica, com pouco método e cuidado com a papelada e registros. Apenas a partir da nomeação de Oskar Morgenstern como diretor do instituto, que ocorreu quando Hayek se mudou para Londres, que passou a haver uma cuidadosa ordenação no registro e manutenção de toda a correspondência, pesquisa e demonstrações financeiras. Atualmente, com um grupo de 40 economistas, o *Instituto Austríaco de Pesquisas Econômicas* é o maior instituto de pesquisa da Áustria.

A respeito de sua posse como diretor do Instituto, comenta Hayek:

> E é claro que os austríacos desejavam criar seu próprio instituto local. E, considerando-se que eu era o único que havia permanecido na América e apreendido as novas técnicas, fui afinal designado diretor desse novo Instituto, onde deveria realizar estudos ligados a tais prognósticos. Eu jamais me havia entusiasmado muito com isso na verdade, as análises que eu havia feito me tornaram extremamente descrente em relação ao assunto, embora esse tipo de *approach* estatístico realmente facilitasse a elaboração de previsões.
>
> Bem, de modo bastante curioso, obtive certa reputação naquilo que eu agora chamaria de um tipo de previsão bastante fraudulenta (HAYEK, 1981b, p. 35).

Ludwig Heinrich von Mises e Friedrich August von Hayek.

Mises também aprovou a "Habilitação" de Hayek – um exame obrigatório para se exercer carreira como professor universitário. No ano de 1929, Hayek publicou seu primeiro livro, *Theory Monetary and the Trade Cycle*, mesmo ano em que estreou sua carreira como docente, dando aulas de economia na Universidade de Viena, onde seguiu a tradição de Menger, Wiser, Bhone-Bawe e Mises. Contudo, Hayek alcançou certa fama por conta de sua previsão do colapso da bolsa de valores de Nova York, em 1929, conforme comenta na passagem a seguir:

> Algumas vezes, sou considerado como tendo sido o único a prever o *crash* da economia americana em 1929. E, indiretamente, isto é fato. Como eu editava um informativo mensal sobre a situação dos negócios, eu tinha que falar sobre o projeto em que a Áustria se engajara, de recuperar-se da grave depressão por que estava passando. E, por acaso, eu mencionara que havia pouca esperança do sucesso desse projeto, já que as taxas de juros se mantinham tão altas, com todo o capital sendo atraído para a Bolsa de Nova York, e isto fazia com que o capital se tornasse bastante escasso no resto do mundo, já que estava indo diretamente para os bolsos dos especuladores de Nova York. Eu disse, então: "A recuperação terá que esperar até que a Bolsa de Nova York entre em colapso..." E acrescentei: "... o que não demorará muito a acontecer".
>
> Estas declarações, feitas em fevereiro de 1929, me fizeram ganhar a reputação de haver prognosticado o *crash* da Bolsa de Nova York.
>
> De fato, apesar de que minha ocupação principal se situava no terreno das estatísticas, eu estava muito mais interessado na explicação teórica de tudo isto. Tanto que a maior parte do meu trabalho no Instituto era dedicada à elaboração de um estudo mais aprofundado das causas das flutuações verificadas no setor industrial. Por volta de 1929, eu havia completado um esboço de uma teoria sobre o caráter cíclico dos negócios, novamente baseada naquilo que Mises havia sugerido em seu importante livro sobre a moeda, publicado em 1912. De fato, eu pensara, primeiramente, que eu estava meramente repetindo o que Mises havia dito, mas o que me fez transformá-lo em livro foi o fato de Harbeler (?) me dizer: "Você não pode pretender que isto seja amplamente entendido. Você se refere à teoria de Mises, mas tal teoria não é encontrada em lugar nenhum. Assim, seria melhor se você a reproduzisse". Achei que reproduzi-la não seria tarefa muito fácil, e, assim, em 1929, produzi meu primeiro livro sobre teoria monetarista e caráter cíclico dos negócios. E isto me conduziu na direção de dois principais conjuntos de

problemas: a teoria da moeda e a teoria do capital (HAYEK, 1981b, p. 35/36).

A ideia central, já desenvolvida por Hayek em 1929, era de que os preços contêm informações que auto regulamentam o mercado, de modo harmonioso e espontâneo, dentro de uma sociedade de livre mercado. A intervenção governamental na economia, ao interferir nos preços, pode causar falhas e equívocos na transmissão dessas informações, levando a economia a entrar em um colapso circular – a intervenção do Estado causa uma crise econômica, que leva o Estado a intervir ainda mais na economia, que leva a outra crise, e assim sucessivamente. Desse modo, já no início de sua carreira Hayek se opôs às duas tendências econômicas dominantes em sua época: o socialismo e o keynesianismo.

No início de 1931, Hayek foi convidado por Lionel Robbins para apresentar quatro palestras sobre economia monetária na *London School of Economics and Political Science*, na Inglaterra.

Difíceis, mas ao mesmo tempo empolgantes, as palestras ministradas por Hayek revelaram um aspecto da teoria monetária clássica que havia sido esquecido por muitos anos. Seu sucesso foi tão grande, que Hayek recebeu um convite, aprovado por unanimidade, para lecionar naquela universidade. Sua nomeação ocorreu no ano seguinte, como Professor de Ciências e Estatísticas Econômicas. Hayek permaneceria como docente na *London School of Economics and Political Science* até 1950. Pouco disposto a retornar à Áustria após sua anexação à Alemanha nazista, Hayek tornou-se cidadão britânico em 1938.

A respeito das circunstâncias que levaram à sua nomeação, comenta Hayek:

> Os alemães ou, mais especificamente, o grande sociólogo Max Weber, haviam iniciado, antes da guerra, um importante trabalho enciclopédico de cerca de vinte volumes, *A Teoria da Moeda* e a *Teoria da Economia e da Sociedade*, para a qual Weber contribuiu com sua própria vida. Estava praticamente completo, exceto quanto ao volume sobre moeda, cujos autores que dele sucessivamente se encarregaram haviam morrido um após o outro. Assim, aquele volume ainda estava por ser escrito. E o editor, desesperado, ansioso por encontrar alguém que pudesse prepará-lo rapidamente, voltou-se para o jovem

conferencista-assistente de Viena, para saber se ele poderia fazê-lo. Aceitei o encargo, mas, por motivos que presumo serem bons, me convenci de que o que geralmente faltava aos economistas era um bom levantamento, tanto sobre a história da teoria monetarista, quanto da política monetária. Comecei, portanto, a escrever grande parte do livro sobre a história da moeda. E me encontrava justamente começando a trabalhar sobre o desenvolvimento da política e da teoria monetarista na Inglaterra dos séculos XVIII e XIX, quando, inesperadamente, recebi um convite de Londres para fazer uma série de conferências sobre a teoria do caráter cíclico dos negócios.

Posso dizer que este foi o grande golpe de sorte em minha vida. Primeiramente, o simples fato de que, em Londres, um jovem professor ligado à área empresarial, pudesse ler alemão suficientemente bem para considerar importantes os estudos alemães; em segundo lugar, o fato de eu haver passado quase dois anos na América e ser capaz de fazer conferências em inglês; em terceiro lugar, o fato de eu ter acabado em conceber o esboço de uma teoria sobre as flutuações do mercado de negócios, apesar de não conhecer todas as dificuldades a ela inerentes, tais fatores, na ocasião em que fui convidado a falar sobre tudo isso em quatro conferências, me encorajaram a completar rapidamente aquele estudo. Se eu tivesse sentado para escrever algo ponderável sobre o assunto, muito provavelmente eu teria produzido um volume que me teria feito trabalhar durante uns dez anos para completá-lo e, no final, ninguém jamais iria lê-lo. Assim, o fato de ter sido solicitado a falar sobre todo o assunto, em quatro conferências, me ajudou extraordinariamente. Aí vem a última parte desse golpe de sorte: o fato de eu haver preparado aqueles capítulos introdutórios de meu livro sobre teoria monetarista, e haver dedicado três meses ao estudo da teoria monetarista e da política monetária da Inglaterra dos séculos XVIII e XIX, me fez chegar lá, sabendo mais do que qualquer outra pessoa que por acaso estivesse presente naquele auditório em Londres. Como resultado desse conjunto de circunstâncias, foi-me ofertada uma cátedra na London School of Economics. Recordo-me de que isso, na época, se constituiu em um acontecimento excepcional. Ou seja, o fato de um jovem professor, de 32 anos, ser chamado da Áustria para a Inglaterra, a fim de assumir uma cátedra na Universidade de Londres, causou certo sensacionalismo e surpresa.

F. A. Hayek e a Ingenuidade da Mente Socialista

Eu tinha certas ideias novas que chamavam a atenção de meus colegas em Londres, e passei os vinte anos seguintes lecionando na London School of Economics, na maior parte do tempo em Londres, embora, durante o período da guerra, em 1939/1945, a London School tenha sido transferida para Cambridge, atuando, portanto, em conjunto com a Universidade de Cambridge. Por conseguinte, por cerca de cinco anos, ao longo desses vinte anos, ministrei aulas numa espécie de *joint-enterprise* entre Cambridge e Londres (HAYEK, 1981b, p. 36/37).

Friedrich Hayek durante uma de suas aulas na *London School of Economics*, 1948.
Foto: Paul Popper.

Em setembro de 1931, sua série de palestras na London School of Economics foi publicada sob o título de *Prices and Production* (Preços e Produção) – esse foi o primeiro livro de Hayek publicado em inglês. Alguns meses depois, com pequenas modificações e novas referências bibliográficas, o texto também foi publicado em alemão, como *Preise und Produktion*.

HAYEK VS KEYNES[7]

Logo que chegou à Inglaterra, Hayek envolveu-se em um debate com John Maynard Keynes, economista da Universidade de Cambridge, a respeito de sua teoria sobre o papel e o efeito do dinheiro dentro de uma economia desenvolvida. Hayek e Keynes trabalhavam simultaneamente no desenvolvimento de suas teses de explicação do sistema econômico no mundo, de modo que estavam familiarizados com as visões do outro e lutavam por suas diferenças.

Poucos meses antes da chegada de Hayek a Londres, Keynes havia publicado o livro *A Treatise on Money* (Um Tratado sobre a Moeda), em 1930. Em 11 de agosto de 1931, nas páginas do *Economic Journal*, Hayek escreveu uma longa revisão crítica dessa obra, chamada *Reflections on the Pure Theory of Money of Mr. J. M. Keynes, parte 1*. A publicação dessa crítica gerou uma reação imediata de Keynes que, em novembro de 1931, também no *Economic Journal*, publicou sua resposta a Hayek. A segunda parte da revisão crítica realizada por Hayek da obra de Keynes, *Reflections on the Pure Theory of Money of Mr. J. M. Keynes, parte 2*, foi publicada em fevereiro de 1932.

Como diretor do *Economic Journal*, Keynes não respondeu diretamente a essa segunda publicação, mas, no entanto, delegou a Piero Sraffa a tarefa de revisar a obra mais recente publicada por Hayek, *Prices and Production* (Preços e Produção), de 1931. Sraffa publicou sua crítica em março de 1932, e Hayek publicou sua resposta, pormenorizada, em junho do mesmo ano.

---

[7] As correspondências e bilhetes trocados entre Hayek e Keynes, assim como os artigos publicados pela imprensa inglesa, foram publicados na obra *The Collected Works of F. A. Hayek*, v.9. *Contra Keynes and Cambridge. Essays, Correspondence*. Chicago: University of Chicago Press, 1995. Obra editada por Bruce Caldwell.

John Maynard Keynes (1883-1946)[8]

A maior parte dos trabalhos de Hayek na década de 1930 foram dedicados à teoria austríaca dos ciclos econômicos, teoria do capital e teoria monetária. Hayek via uma conexão entre as três, argumentando que o grande problema para qualquer economista é compreender como as ações das pessoas são coordenadas.

No ano de 1935, ele publicou *Collectivist Economic Planning*. A obra tem como cerne o ensaio escrito por Mises em 1920, chamado *Economic Calculation In the Socialist Commonwealth*, apresentando também artigos de N. G. Pierson, Georg Halm e Enrico Barone. Além de editar a obra, Hayek escreveu o prefácio e posfácio.

Ainda em meados da década de 1930, Hayek participou de um debate entre economistas sobre os méritos do socialismo. Essas discussões ajudaram a moldar suas ideias posteriores sobre economia e conhecimento, eventualmente apresentadas em seu discurso presidencial perante o *London Economic Club*, em 10 de novembro de 1936. O discurso de Hayek foi publicado como um ensaio em fevereiro do ano seguinte, também pelo *Economic Journal*, sob o título de *Economics and Knowledge* (Economia e Conhecimento). Mais tarde, Hayek afirmaria que considera esse ensaio sua contribuição mais original à teoria econômica, tido como o evento decisivo de sua biografia intelectual.

---

[8] John Maynard Keynes foi um dos mais influentes economistas do século XX. Nascido na Inglaterra, suas ideias mudaram substancialmente as políticas econômicas de diversos governos. Considerado o fundador da macroeconomia moderna, defendeu o intervencionismo político na economia, por meio de políticas fiscais e monetárias como meio de mitigar os efeitos adversos de recessões econômicas. Sua principal obra foi publicada no ano de 1936, com o título de *Teoria Geral do Emprego, do Juro e da Moeda*.

Nesse artigo, Hayek explica que a economia é, em sua essência, uma ciência que investiga como o conhecimento disperso na sociedade é adquirido e comunicado. Hayek descreve um sistema econômico que se baseia não apenas na divisão do trabalho, como apresentado por Adam Smith, mas também (ou sobretudo) na divisão do conhecimento. Sua teoria a respeito da dispersão do conhecimento faz com que ele rejeite qualquer equilíbrio econômico baseado em um núcleo centralizador, pressupondo que os operadores sejam capazes de deter ou unificar esse conhecimento que está disperso.

Segundo Hayek, a capacidade de mobilizar o conhecimento, da melhor maneira possível, é uma virtude apenas da economia de livre mercado, que transmite as informações necessárias à organização econômica e social por meio dos preços. Apenas a competição seria capaz de mobilizar, e extrair o que há de melhor, do conhecimento diferenciado dos vários atores da sociedade. Isso faz com que ele alcance resultados importantes não apenas no campo específico da teoria econômica, mas também no campo das ciências sociais. A respeito do desenvolvimento de sua tese, lembra Hayek:

> Recentemente, eu estivera sobremaneira preocupado com a explicação das flutuações que ocorriam no setor industrial, as quais comecei a considerar cada vez mais claramente como o ponto central de toda a teoria econômica: a função dos preços orientando a produção, ou, como às vezes costumo chamar, a *signal function of prices*. E aconteceu de eu me deparar com o mesmo problema relacionado com dois fatos. Um, quando descobri que aquele trabalho extremamente importante de Mises sobre o socialismo permanecera amplamente desconhecido nos países de língua inglesa. Assim, publiquei seu ensaio original, bem como todas as demais discussões, em um único volume, intitulado *Collectivist Economic Planning* [1935], no qual a introdução e a conclusão reiteravam o estágio em que então se encontrava o debate, o que novamente me conduziu à mesma questão: como, numa sociedade de mercado, os preços determinam às pessoas o que fazer e como, sem um mercado de preços determinados, o que eu agora denomino *extended ordem society*, isto é, um tipo de ordem que está além da capacidade de compreensão de qualquer indivíduo, tornou-se possível apenas pelo fato de o mercado se utilizar de um tipo de informação extremamente disperso?

E eu obtive confirmação disso por uma experiência que, de fato, havia ocorrido um pouco antes de eu deixar Viena. Descobri que um dos mais urgentes problemas da política econômica era não ter qualquer fundamento de análise teórica. Viena já se encontrava, então, sofrendo os efeitos de uma legislação restritiva em termos de aluguéis, combinada com uma inflação de grande porte. Na verdade, os aluguéis urbanos não mais correspondiam ao nível de mercado e a construção civil havia parado completamente. Toda a atividade construtora era exercida pelo governo, algo que ninguém havia tido o trabalho de analisar. Voltei-me, então, para o assunto, e novamente descobri que, sem a função orientadora dos preços, que determinavam às pessoas quanto ao que produzir, como produzir e onde suprir, o mercado falhava completamente. Descobri, por conseguinte, em meados da década de 30, que essa ideia da função orientadora dos preços, ou seja, a produção direta da economia de mercado, tinha que ser lançada muito mais claramente. E, assim, em 1936, publiquei um pequeno ensaio, sob o título *Economics and Knowledge*, que resume o que eu pessoalmente considero como uma verdadeira descoberta que fiz no campo da Economia.

Tal descoberta significava que tínhamos de encarar o mercado como um mecanismo de orientação, o único a permitir ao indivíduo adaptar-se a circunstâncias, que não tem condições de conhecer, e aproveitar outras circunstâncias que ele também não conhece, e que transformam todo esse conjunto em uma única ordem de coisas. Penso que todo o trabalho teórico que, posteriormente, levei a efeito na área da Economia, se constituiu, realmente, no aperfeiçoamento desta simples ideia.

[...]

Mas tal fato não atraiu imediatamente a atenção geral. A ideia foi compreendida no meu círculo mais imediato de amizades. Muitas pessoas me disseram, depois, haverem se inspirado nesse estudo, mas somente quando, quase dez anos mais tarde, em 1945, eu reafirmei meus pontos de vista, desta vez numa publicação americana, não inglesa, é que a ideia foi de fato entendida, sendo que a maior parte das pessoas consideram este último ensaio, cujo título não me recordo agora, mas publicado em 1945, minha contribuição mais importante (HAYEK, 1981b, p.37/38)[9].

Em fevereiro de 1936, Keynes publicou o que se tornaria o livro econômico mais famoso do século, *Teoria Geral do Emprego, do Juro e da Moeda*. Com adeptos na Grã-Bretanha e nos EUA, a tese proposta por Keynes se tornou a principal teoria para explicar a Grande Depressão[10]. Embora Hayek fosse um dos principais adversários profissionais de Keynes e estivesse bem situado para refutar sua *Teoria Geral*, ele nunca o fez. Conforme comenta Hayek, como Keynes havia mudado sua estrutura teórica algumas vezes entre a publicação de 1930 e a Teoria Geral em 1936, ele se absteve do trabalho de elaborar uma refutação, imaginando que Keynes poderia vir a mudar de opinião novamente.

> [...] *Teoria Geral da Moeda - General Theory of Money* - de Keynes, [...] surgiu no mesmo ano, 1936, em que eu havia publicado aquele ensaio. Um pouco antes – na verdade, imediatamente após minha chegada a Londres – eu tinha dedicado mais de dois anos à análise daquela grande obra de Keynes. E, quando terminei a análise do segundo volume de seu trabalho, Keynes, de quem eu me havia tornado amigo, me disse: "Ora, não tem importância. Eu também não acredito mais nisso". Bem, foi um tanto desconcertante para um jovem o fato de um grande homem, cujos pontos de vista ele pensara ter refutado, dizer-lhe que ele próprio não acreditava mais neles. Isto, infelizmente, teve o efeito de, ao surgir seu segundo livro, ainda em 1936, fazer com que eu não mais desejasse voltar a dedicar-lhe o mesmo estudo cuidadoso. Seria desencorajante o próprio autor dizer-me novamente que havia mudado de ideia. Na verdade, agora eu considero isto, de minha parte, um grave abandono do cumprimento de um dever. Creio que o que eu deveria ter feito, na época, era realmente voltar a criticar Keynes (HAYEK, 1981b, p.38/39).

Em maio de 1940, Hayek publicou no *Economic Journal* um ensaio com o nome de *Socialist Calculation: The Competitive "Solution"*.

---

[9] O ensaio a que Hayek se refere foi publicado em 1945 por *The American Economic Review*, com o título *The Use of Knowledge in Society* (*O Uso do Conhecimento na Sociedade*).

[10] Recessão econômica mundial – embora tenha se originado nos Estado Unidos da América –, que começou no ano de 1929 e durou até meados de 1939.

Em setembro do mesmo ano ele começou a transformar as ideias desse artigo em um livro, mas, como consequência da Segunda Guerra Mundial, esse projeto demorou quase quatro anos, sendo publicado apenas em 1944, com o título de *The Road to Serfdom*.

Por conta da Segunda Guerra Mundial, a London School of Economics foi transferida de Londres para Cambridge. Por um certo período inicial, Hayek tentou continuar morando em Londres, permanecendo em Cambridge apenas três dias por semana. Mas a partir de setembro de 1940, devido aos bombardeios em Londres, Hayek e sua família foram forçados a também se mudarem para Cambridge, onde permaneceram até o ano de 1945[11].

Graças à intervenção de Keynes, eles conseguiram uma acomodação no King's College. Porém, os quartos eram frios, e eles se mudaram para um celeiro semi-convertido em residência que ficava nas proximidades do campus. Essa mudança, fez com que as relações entre Hayek e Keynes se intensificassem.

No ano de 1941, Hayek publicou *The Pure Theory of Capital*. Porém, além da Segunda Guerra Mundial, a aceitação da *Teoria Geral* de Keynes fez com que a obra escrita por Hayek passasse quase que despercebida. A teoria de Keynes já havia se estabelecido firmemente, dominando o pensamento de economistas e respaldando a necessidade de intervenção generalizada do governo na economia, tese universalmente aceita nas democracias ocidentais.

> O pensamento keynesiano tomou conta dos livros de economia, da imprensa, dos especialistas assessores dos governos, dos servidores públicos, dos políticos, dos tributaristas, enfim de todos aqueles que de forma direta ou indireta tinham algo a ver ou podiam influenciar a administração pública, principalmente em seus aspectos econômicos (MAKSOUD, 1983, p. XVII).

Na passagem a seguir, Hayek descreve de forma concisa sua opinião em relação a Keynes, e como foi seu relacionamento com ele durante os anos em que trabalharam na London School of Economics:

---

[11] Embora também tenham atingido outras cidades na Inglaterra, o bombardeamento de Londres foi um dos mais destrutivos, se estendendo por 57 noites consecutivas. No final de 1941, mais de 43.000 civis, metade deles em Londres, foram vitimados pelas bombas, e mais de um milhão de casas destruídas ou danificadas apenas na região londrina.

O senhor lecionou com Lord Keynes na mesma universidade, não?

HAYEK: Bem, não ao mesmo tempo. Quando lecionei com ele, já estava entregue à tarefa de assessoramento do governo. O fato é que, durante a Segunda Guerra, nós lecionávamos na London School of Economics, fomos transferidos para Cambridge. Keynes providenciou-me alojamento no seu College. Eu dava aulas e ele dava assistência ao governo, de forma que só nos avistávamos nos fins de semana. Éramos excelentes amigos.

Keynes alimentava a ilusão de que um pouco de inflação é bom, sendo que só o excesso seria prejudicial. Foi um dos homens mais brilhantes que conheci. Mas não se pode dizer que tenha sido um economista competente. Tinha, às vezes, intuições interessantes, algumas das quais se revelaram acertadas. Acreditava ser capaz de justificar com teorias as recomendações de ordem prática que formulava. Sem dúvida, foi um grande homem – mas não um economista (HAYEK, 1985, p. 272/273).

THE ROAD TO SERFDOM E A DIVULGAÇÃO DO LIBERALISMO ECONÔMICO

A partir do ensaio de 1940, *Socialist Calculation: The Competitive "Solution"*, Hayek desenvolveu sua teoria e, como resultado desse trabalho, em 10 de março de 1944 foi publicada na Inglaterra a obra *The Road to Serfdom* – mesmo ano em que Hayek foi eleito como membro da Academia Britânica.

Por conta da Segunda Guerra Mundial, impulsionado pelas ideias de Keynes, havia um entusiasmo crescente por um planejamento central, tanto econômico como social, promovido pela intervenção do Estado. A partir desse cenário, Hayek observou os riscos à liberdade ao se aplicar os princípios do planejamento centralizado necessário em tempos de guerra também aos problemas em tempos de paz. Um aspecto central em *The Road to Serfdom* consiste na constatação de que, segundo Hayek, o debate entre economia planejada e livre mercado não se fundamenta apenas em questões meramente econômicas, mas também ideológicas. Além disso, aponta Hayek, o planejamento centralizado no Estado, na prática, corresponde ao total controle da vida dos indivíduos. Assim, Hayek aponta que todas as formas de coletivismo, sejam de esquerda ou de direita, levam invariavelmente à restrição das liberdades, culminando em um processo de tirania, a exemplo da Alemanha nazista e da União Soviética. Desse modo, decorre sua conclusão de que a ascensão do nazismo foi uma consequência das ideias socialistas propagadas na Alemanha em décadas anteriores, e não uma reação ao socialismo.

Hayek identifica que essas mesmas ideias estariam se tornando similarmente aceitas na Inglaterra. Por isso, ele destina a obra *The Road to Serfdom*[12] ao público britânico, embora o livro encontre sucesso ainda maior nos EUA, tornado Hayek o mais notório representante do liberalismo no século XX. Essa obra marca a passagem de Hayek, dos trabalhos de economia estrita, técnica, movendo-se em direção ao campo mais amplo das ciências sociais, conforme atesta na passagem a seguir:

> Mas outra razão me fez afastar-me da então tendência que se verificava na área da Economia e que se ligava totalmente ao que Keynes vinha fazendo. Era a época da transição do que se costumava chamar microeconomia para o que se considerava macroeconomia, ou seja, passava-se a tratar os problemas econômicos não em termos de ação individual, mas, sim, em termos da relação existente entre magnitudes estatisticamente mensuráveis, tendência que dominou a Economia durante grande parte da geração passada e da qual, por acaso, Keynes também participou. Agora, isto me conscientizou no sentido de que muitas de minhas diferenças em relação aos meus colegas na área da Economia realmente se baseavam, em última análise, em diferenças de caráter filosófico e metodológico. Deste modo, fui levado a dedicar mais e mais tempo tanto à análise da base filosófica implícita no método científico, na área das Ciências Sociais, quanto ao estudo da história da difusão dos tipos de visão anti-individualista. E, justamente quando começou a guerra, eu havia imaginado e começado a escrever um livro que eu pretendia chamar de *The Abuse and Decline of Reason*. Tudo que consegui concluir, no entanto, naquela época, foi a introdução teórica, sob o título *Scientism (?) and the Study of Society*. Nele eu tentava mostrar como uma errônea imitação de certos métodos considerados essenciais ao estudo das ciências físicas conduzia a equívocos quando aplicados a fenômenos

---

[12] Primeira obra de Hayek traduzida no Brasil, *The Road to Serfdom* atualmente conta com duas traduções em português: *O Caminho da Servidão* – 1946, Editora Globo, atualmente reimpressa pelo Instituto Liberal; e *O caminho para a servidão* – 2009, Edições 70.

altamente complexos. Jamais concluí esse livro, que eu imaginava publicar em dois grandes volumes, e que intitularia *The Abuse and Decline of Reason*, mas o trabalho que eu então iniciara desviou permanentemente o centro de meu interesse dos limites entre Economia e Filosofia.

A segunda parte do livro, aquela que teria o título *The Decline of Reason*, parecia-me de extrema importância na época, quando as pessoas ainda não compreendiam o fascismo, considerando-o não uma versão do socialismo, mas uma reação contra o socialismo. Assim, antes de eclodir a guerra, eu já começara a fazer um esforço no sentido de explicar aos meus amigos ingleses, em sua grande maioria influenciados por tendências esquerdistas, que sua crença de que Hitler era um inimigo do socialismo estava errada. Eu tentava convencê-los de que o socialismo de Hitler era simplesmente outro tipo de socialismo que igualmente preconizava restrições à democracia, a exemplo do que pretendia a doutrina socialista, caso os socialistas levassem a sério seu programa.

Isto me fez escrever um livro intitulado *The Road to Serfdom – O Caminho para a Servidão* – que constituiu a minha primeira incursão na área da literatura mais popular e que, para minha total surpresa, obteve grande sucesso na Inglaterra e ainda mais nos Estados Unidos, mas que me levou a incursionar também, amplamente, na área da Ciência Política, da Sociologia e da História das Ideias. E determinou, ainda, a evolução futura de minha linha de pensamento no que tange ao campo das ideias (HAYEK, 1981b, p. 39/40).

Devido à polêmica introduzida pela obra, a tiragem das 2.000 cópias impressas pela Routledge na Inglaterra se esgotou rapidamente, de tal modo que a editora não conseguiu acompanhar a demanda, devido ao racionamento de papel durante a guerra. Por isso, em contato com editores americanos, Hayek conseguiu publicar nos EUA mais 2.000 cópias, pela *University of Chicago Press*. Em 24 de setembro de 1944 o jornalista Henry Hazlitt publicou uma crítica de 1.500 palavras na primeira página do *Book Review*, do jornal *The New York Times*, na qual afirmava que Hayek havia escrito um dos livros mais importante daquela geração. Isso fez com que a *University of Chicago Press* encomendasse mais 10 mil cópias, além de surgirem pedidos de licença de direitos autorais para a tradução da obra para o alemão, espanhol e holandês. No ano de 1945, DeWitt Wallace, editor-chefe da revista *Reader's Digest*, dedicou as 20 primeiras páginas da edição de abril a uma condensação de *The Road to Serfdom*, o que difundiu imensamente a obra[13]. Na época, a revista tinha uma circulação em torno de oito milhões de exemplares. Desde seu lançamento, em 1944, já foram publicadas traduções de *The Road to Serfdom* em mais de 20 idiomas.

Em 1º de fevereiro de 1945, Mises recebeu uma carta de Hayek, na qual ele informava que discursaria em abril nas universidades de Columbia, Chicago, Wisconsin, Oklahoma e Stanford. Em resposta, em 23 de fevereiro de 1945 Mises escreveu a Hayek: "A notícia do seu iminente ciclo de palestras é muito gratificante. É quase uma sensação pública. Você provavelmente não faz ideia de como é grande o sucesso do seu livro (*The Road to Serfdom*), e quão popular você é neste país..." (MISES, 1976, p. 107).

Ainda em 1945, Hayek publicou nos Estados Unidos o ensaio *The Use of Knowledge in Society* (O Uso do Conhecimento na Sociedade), no qual reafirma a tese originalmente desenvolvida no artigo *Economics and Knowledge*, publicado apenas na Inglaterra no ano de 1936. Esse tornar-se-ia um dos artigos mais famosos escritos por Hayek, sendo, em 2011, selecionado como um dos 20 principais artigos publicados pela *The American Economic Review* durante seus primeiros 100 anos.

A CRIAÇÃO DA *MONT PÈLERIN SOCIETY*

No ano de 1947, Hayek organizou e liderou um encontro com 39 estudiosos de 10 países, considerados os principais expoentes internacionais da cultura liberal, no Mont Pèlerin, Alpes suíços. Esse foi o começo da *Mont Pèlerin Society*[14], uma organização dedicada a articular os princípios que levariam ao estabelecimento e a preservação

---

[13] Esta edição condensada foi republicada pelo Instituto de Assuntos Econômicos (Londres, Reino Unido) em 1999. Desde então, tem sido reimpressa com frequência e a versão eletrônica foi baixada mais de 100.000 vezes. Segundo o instituto, "existe uma demanda duradoura pela mensagem relevante e acessível de Hayek".

[14] Atualmente, "as reuniões da *Mont Pèlerin Society* são geralmente realizadas em setembro e duram uma semana. As discussões concentram-se nos assuntos atuais sobre economia e políticas governamentais. Como um grupo seleto de pessoas que pensam da mesma maneira, a *Society* sempre desencorajou a publicidade. A *Society*

de sociedades livres. Após a Segunda Guerra Mundial, a economia planejada, a intervenção estatal e as nacionalizações estavam obtendo grande visibilidade. Vários políticos e intelectuais estavam convencidos de que o progresso seria alcançado pela intervenção do Estado. A *Mont Pèlerin Society* surgiu com o objetivo de combater essas ideias, julgando-as incompatíveis com a liberdade individual e uma economia de livre mercado. Seu único objetivo é, ainda hoje, o de facilitar a troca de ideias entre acadêmicos e intelectuais notórios que compartilham a mesma opinião, na esperança de fortalecer os princípios e a prática de uma sociedade livre.

 Estiveram presentes na conferência inaugural da *Mont Pèlerin Society*, realizada em 01 de abril de 1947, 39 pessoas, das quais 36 são membros fundadores e três integrantes que participaram das reuniões na condição de observadores (BUTLER, 2014, p. 26/28):

1. Aaron Director (1901-2004), University of Chicago
2. Albert Hunold (1889-1981), Fédération des Associations de Fabricants d'Horlogerie, Geneva
3. Bertrand de Jouvenel (1903-1987), Paris
4. Carl Iversen (1899-1978), University of Copenhagen
5. Carlo Antoni (1896-1959), Istituto Nazionale per le Relazioni Cultural com l'Estero, Rome
6. Erich Eyck (1878-1964), Oxford
7. Felix M Morley (1894-1982), Washington DC
8. Floyd A Harper (1905-1973), Foundation for Economic Education, Nova York
9. François Trévoux, University of Lyon
10. Frank D Graham (1890-1949), Princeton University
11. Frank H Knight (1885-1972), University of Chicago

---

quer se dirigir a uma elite de intelectuais. Seus membros, antes de sua aceitação, são selecionados pelo comitê executivo e convidados para uma das reuniões anuais. A *Mont Pèlerin Society* não publica seus procedimentos. Os autores, naturalmente, são livres para publicar seus trabalhos em outro lugar. A *Society* apenas dispõe de um boletim informativo para seus membros. Reuniões globais são organizadas a cada dois anos, alternadas com reuniões regionais" (LIBERAAL ARCHIEF, 2004, p. 5).

Primeira reunião da *Mont Pèlerin Society*, 01 de abril de 1947.

12. Friedrich A Hayek (1899-1992), *London School of Economics and Political Science*
13. Fritz Machlup (1902-1983), University of Buffalo
14. George J Stigler (1911-1991), Brown University, Providence
15. George Révay, *Reader's Digest*, Paris [observador]
16. Hans Barth (1904-1964), University of Zurich
17. Harry D Gideonse (1901-1985), Brooklyn College, Nova York
18. Henri de Lovinfosse (-1977), Waasmunster, Belgium [observador]
19. Henry Hazlitt (1894-1993), *Newsweek*, Nova York
20. Herbert C Cornuelle (1920-1996), Foundation for Economic Education, Nova York [observador]
21. Herbert Tingsten (1896-1973), University of Stockholm
22. John A Davenport (1905-1987), *Fortune Magazine*, Nova York

23. John Jewkes (1902-1988), University of Manchester
24. Karl Brandt (1899-1975), Stanford University, Palo Alto
25. Leonard E Read (1898-1983), Foundation for Economic Education, Nova York
26. Lionel Robbins (1898-1984), London School of Economics and Political Science
27. Loren B Miller (1906-1958), Citizen's Research Council, Detroit
28. Ludwig von Mises (1881-1973), New York University
29. Maurice Allais (1911-2010), École Nationale Supérieure des Mines, Paris.
30. Michael Polanyi (1891-1976), University of Manchester
31. Milton Friedman (1912-2006), University of Chicago
32. Stanley Dennison (1912-1992), Gonville & Caius College, Cambridge
33. Trygve Hoff (1895-1982), Oslo
34. V Orval Watts (1889-1993), Foundation for Economic Education, Nova York.
35. Veronica Wedgwood (1910-1997), *Time and Tide*, London.
36. Walter Eucken (1891-1950), University of Freiburg
37. Wilhelm Röpke (1899-1966), Institut Univeritaire des Hautes Études Internationales, Geneva
38. William E. Rappard (1883-1958), Institut Universitaire des Hautes Études Internationales, Geneva
39. Karl Popper (1902-1994), London School of Economics and Political Science[15]

Durante aquele que seria o primeiro encontro da *Mont Pèlerin Society*, no dia 8 de abril de 1947 foi redigida a *Declaração de Objetivos* da recém-criada organização:

---

[15] Hayek foi de fundamental importância para a mudança de Popper, da Nova Zelândia para a Inglaterra, em janeiro de 1946. Na *London School of Economics*, Popper trabalhou com lógica e método científico. Hayek também foi responsável por conseguir uma editora para o livro de Popper, *The Open Society and Its Enemies* (1945). Eles permaneceram amigos por toda a vida.

F. A. Hayek e a Ingenuidade da Mente Socialista

Karl Raimund Popper e Friedrich A. Hayek.

Declaração de objetivos

Um grupo de economistas, historiadores, filósofos e outros estudantes de assuntos públicos da Europa e dos Estados Unidos se reuniram em Mont Pèlerin, Suíça, de 1º a 10 de abril de 1947, para discutir as crises de nosso tempo. Este grupo, desejoso de perpetuar a sua existência para promover mais relações e por convidar a colaboração de outras pessoas com ideias afins, concordou com a seguinte declaração de objetivos.

Os valores centrais da civilização estão em perigo. Em grandes extensões da superfície da Terra, as condições essenciais da dignidade humana e da liberdade já desapareceram. Em outros, estão sob constante ameaça por conta do desenvolvimento das atuais tendências na política. A posição voluntária do indivíduo e do grupo é progressivamente minada por extensões de poder arbitrário. Mesmo a posse mais preciosa do homem ocidental, a liberdade de pensamento e expressão, é ameaçada pela disseminação de credos que, reivindicando o privilégio da tolerância quando na posição de minoria, procuram apenas estabelecer uma posição de poder na qual possam suprimir e obliterar todas as visões, exceto as suas.

O grupo sustenta que esses desenvolvimentos foram fomentados pelo crescimento de uma visão da história que nega todos os padrões morais absolutos e pelo crescimento de teorias que questionam a conveniência da regra da lei. Além disso, sustenta que foram fomentados pelo declínio da crença na propriedade privada e no mercado competitivo; pois sem o poder difuso e iniciativa associada a essas instituições é difícil imaginar uma sociedade em que a liberdade possa ser efetivamente preservada.

Acreditando que o que é essencialmente um movimento ideológico deve ser enfrentado por argumentos intelectuais e pela reafirmação de ideais válidos, o grupo, tendo feito uma exploração preliminar do terreno, é da opinião de que um estudo mais aprofundado é desejável, nomeadamente, no que diz respeito às seguintes matérias:

A análise e exploração da natureza da crise atual de modo a evidenciar outras origens morais e econômicas essenciais.

A redefinição das funções do Estado de modo a distinguir mais claramente entre a ordem totalitária e a liberal.

Métodos de restabelecer o Estado de Direito e de assegurar seu desenvolvimento de tal maneira que indivíduos e grupos não estejam em posição de usurpar a liberdade de outros, e os direitos privados não permitam se tornar uma base de poder predatório.

A possibilidade de estabelecer padrões mínimos por meios que não sejam prejudiciais à iniciativa e ao funcionamento do mercado.

Métodos de combater o mau uso da história para a promoção de credos hostis à liberdade.

O problema da criação de uma ordem internacional conducente à salvaguarda da paz e da liberdade, permitindo o estabelecimento de relações econômicas internacionais harmoniosas.

O grupo não aspira a propaganda. Procura não estabelecer uma ortodoxia meticulosa e difícil. Ele não se alinha a nenhum partido em particular. Seu objetivo é unicamente, ao facilitar a troca de visões entre mentes inspiradas por certos ideais e concepções amplas em comum, contribuir para a preservação e melhoria da sociedade livre.

Mont Pèlerin (Vaud), Suíça, 8 de abril de 1947. (THE MONT PÈLERIN SOCIETY, 1947).

Um memorando posterior da *Mont Pèlerin Society* descreve como a Society foi criada a partir de uma preocupação em comum – com a restrição do livre mercado e da liberdade individual – por parte de estudiosos de diversas áreas.

> A Sociedade Mont Pèlerin foi organizada em 1947 em uma reunião informal de um grupo de estudiosos europeus e americanos que ficaram seriamente alarmados com as ameaças iminentes à preservação de uma sociedade livre. O grupo original consistia de cerca de 40 economistas, historiadores, filósofos e jornalistas, convidados, por sugestão de F. A. Hayek e W. Roepke, por um grupo de homens na Suíça que compartilhavam a preocupação com esses problemas. A participação de dezesseis americanos foi possível graças a uma doação de um grupo americano similar. Após dez dias de discussão sobre os temas mais urgentes, em um lugar perto de Vevey, chamado Mont Pèlerin, o grupo decidiu se constituir em uma associação permanente para o estudo desses problemas e adicionar gradualmente a seus números, por eleição, outras pessoas com as mesmas crenças básicas (MISES, 1976, p. 144).

Hayek ocupou o cargo de presidente da *Mont Pèlerin Society* de 1947 até 1961, quando se tornou presidente honorário até sua morte. Na passagem a seguir, Mises comenta a respeito da criação da *Society*, e da importância de Hayek para o pensamento liberal:

> Doutor Hayek publicou muitos livros e ensaios importantes e seu nome será lembrado como um dos grandes economistas. Mas o que o tornou conhecido da noite para o dia entre todas as pessoas na esfera ocidental, foi um pequeno livro publicado em 1944, *The Road to Serfdom*.
>
> As nações do Ocidente estavam lutando contra as ditaduras da Alemanha e Itália, os nazistas e os fascistas, em nome da liberdade e dos direitos do homem. Como eles viam, seus adversários eram escravos, enquanto eles mesmos estavam

resolutamente dedicados à preservação dos grandes ideais do individualismo. Mas Hayek descobriu a natureza ilusória dessa interpretação. Ele mostrou que todas as características do sistema econômico nazista que pareciam represensíveis aos olhos dos britânicos e, aliás, de seus aliados ocidentais, eram precisamente o resultado necessário das políticas que os "esquerdistas" autoproclamados progressistas, planejadores, socialistas e, nos EUA, *New Dealers*, visavam. Enquanto lutavam contra o totalitarismo, os britânicos e seus aliados, entusiasmados, elaboravam planos para transformar seus próprios países em grupos totalitários e avançavam cada vez mais nesse caminho para a servidão.

Dentro de algumas semanas, o pequeno livro tornou-se um *best-seller* e foi traduzido para todas as línguas civilizadas. Muitas pessoas são bastante amáveis ao me chamar de um dos pais do renascimento das ideias clássicas de liberdade no século XIX. Eu me pergunto se eles estão certos. Mas não há dúvida de que o professor Hayek, com seu *Road to Serfdom*, abriu caminho para uma organização internacional de amigos da liberdade. Foi sua iniciativa que levou, em 1947, ao estabelecimento da Sociedade Mont Pèlerin, em que eminentes libertários de todos os países deste lado da Cortina de Ferro cooperam (MISES, 1962, p. 184/185)[16].

Desde sua criação, em 1947, já foram realizadas 32 reuniões gerais e 27 regionais, principalmente na Europa, mas também nos Estados Unidos, Japão, Austrália e América do Sul. A afiliação subiu de menos de 40 pessoas no primeiro encontro para mais de 500, englobando homens e mulheres de quase 40 países, de diferentes formações acadêmicas, idades e renome.

---

[16] Por conta da partida de Hayek de volta para a Europa, Mises escreveu um breve discurso para ser apresentado em um banquete de despedida a Hayek, promovido na cidade de Chicago, em 24 de maio de 1962. A respeito desse discurso, escreve Margit Serény von Mises, esposa de Ludwig von Mises: "Anos depois, em 1962, quando Hayek deixou a Universidade de Chicago para ir para a Universidade de Freiburg, na Alemanha, Lu [Ludwig von Mises] foi convidado para participar de um banquete em Chicago em homenagem a Hayek. Ele não pôde comparecer, mas enviou uma contribuição por escrito [...]. Este discurso, o professor Hayek me disse, nunca foi lido, nem nunca foi dado a Hayek" (MISES, 1976, p. 48).

Os membros incluem altas autoridades governamentais, ganhadores do prêmio Nobel, homens de negócios, jornalistas e acadêmicos – todos filosoficamente isolados em suas próprias comunidades e ansiosos por discutir questões fundamentais com pessoas que compartilham interesses e pontos de vista comuns.

As reuniões duram uma semana, geralmente no início de setembro. Artigos sobre assuntos de interesse comum são lidos, discutidos e criticados. A sociedade não buscou publicidade, mas também não se esforça para ser reservada ou anônima. É uma coleção de indivíduos, nenhum dos quais pode falar pelo outro.

Em resumo, a sociedade é composta de pessoas que continuam a ver os perigos para a sociedade civilizada delineados na *Declaração de Objetivos*. Eles viram o liberalismo econômico e político em ascensão por um tempo desde a Segunda Guerra Mundial em alguns países, mas também seu aparente declínio em tempos mais recentes. Embora não necessariamente compartilhando uma interpretação comum, seja de causas ou consequências, eles veem perigo na expansão do governo, não menos importante que o bem-estar do Estado, no poder dos sindicatos e no monopólio empresarial, e na ameaça e realidade contínuas da inflação.

Novamente, sem acordos detalhados, os membros veem a *Society* como um esforço para interpretar em termos modernos os princípios fundamentais da sociedade econômica expressos por economistas clássicos, cientistas políticos e filósofos que inspiraram muitos na Europa, América e em todo o mundo ocidental (THE MONT PELERIN SOCIETY, 1947).

DIVÓRCIO, SEGUNDO CASAMENTO, E RETORNO AOS ESTADOS UNIDOS

Embora tivesse se casado com Helen Berta Maria von Fritsch em 1926, Hayek nunca foi feliz em seu casamento. Já no final da década de 1930 Hayek e sua esposa não estavam conversando um com o outro, embora ainda continuassem casados. Amigo pessoal de Hayek, Ludwig M. Lachmann acreditava que a produtividade de Hayek durante esse período se deu em parte por conta de sua infeliz vida doméstica, de modo que Hayek se entregou totalmente ao trabalho. Entre outros trabalhos desse período, na primavera de 1949 Hayek publicou o ensaio *The Intellectuals and Socialism* (*Os intelectuais e o socialismo*).

Hayek se apaixonou ainda muito jovem por sua prima, Helene Bitterlich. Contudo, quando retornou à Áustria de sua primeira viagem aos EUA, em 1924, ela havia se casado com outra pessoa. Isso fez com que ele se cassasse com Helen Berta logo em seguida, no "rebote"; posteriormente, se mudaram para a Inglaterra e Hayek tornou-se pai.

Com o término da Segunda Guerra Mundial, Hayek visitou os membros de sua família que haviam sobrevivido à guerra, na Áustria. Nessa ocasião, descobriu que sua prima havia se tornado viúva e, portanto, estava livre para se casar com ele. Assim sendo, decidiu divorciar-se de sua esposa, apesar da dor e dos custos imediatos para ele e sua família. A publicação de *The Road to Serfdom* o havia distanciado de muitos economistas profissionais, enquanto o escândalo que causava um divórcio naquela época o separaria de uma grande parte da sociedade em que vivera até então, incluindo alguns de seus colaboradores mais próximos em Londres.

Inicialmente, Helen Berta recusou-se a conceder-lhe o divórcio, até que, por imposição de Hayek, eles se separaram em dezembro de 1949, com o divórcio sendo promulgado apenas em 13 de julho de 1950, no tribunal de chancelaria do condado de Washington, Arkansas. A seguir, reproduzimos um dos poucos trechos em que Hayek comenta a respeito de seu divórcio, e o casamento com sua prima:

> Eu sei que fiz errado em impor o divórcio. Bem, é uma história curiosa. Eu me casei no rebote quando a garota que eu amava, uma prima, se casou com outra pessoa. Ela é agora minha atual esposa. Mas por vinte e cinco anos fui casado com a garota com quem me casei no rebote, que foi uma esposa muito boa para mim, mas eu não estava feliz naquele casamento. Ela se recusou a me dar o divórcio, até que eu finalmente o consegui. Tenho certeza de que eu estava errado e, ainda assim, fiz isso. Foi apenas uma necessidade interna de fazê-lo (HAYEK, 1978, p. 169).

Apenas algumas semanas após o divórcio, Hayek se casou com Helene Bitterlich. Depois da separação, Hayek raramente visitava seus filhos, que permaneceram com a mãe, na Inglaterra.

Hayek e sua esposa, Helene Bitterlich.

Em parte, por conta do divórcio, no ano de 1950 Hayek deixou a London School of Economics and Political Science, na Inglaterra, para, a convite de Robert Hutchins, presidente da Universidade de Chicago, ocupar um cargo no recém-formado Comitê de Pensamento Social da universidade.

O que inicialmente me fez aceitar a oferta de Chicago (em 1950) foi apenas a possibilidade que me ofereceu, do ponto de vista financeiro, de me divorciar e casar novamente, algo que eu queria fazer há muito tempo e que a guerra me tinha forçado a adiar por muitos anos.

Na verdade, a posição no Comitê de Pensamento Social da Universidade de Chicago me deu uma oportunidade ideal para desenvolver meus novos interesses. Como professor de ciências sociais e morais, eu poderia dedicar-me a quase tudo que eu quisesse e ensinar apenas o tempo que eu quisesse. A verdade é que eu tinha ficado um pouco estagnado como economista, e não tinha simpatia pelo curso que estava tomando a ciência econômica. Embora eu ainda considerasse meus trabalhos dos anos 1940 sobre métodos científicos, história das ideias e teoria política como excursões temporárias em outros campos, o fato é que achei difícil voltar ao ensino sistemático da teoria econômica, e senti alívio por não ser forçado a fazê-lo como parte de meus deveres docentes (HAYEK, [s.d.], p. 108/109).

Naquela época, havia um conflito entre Hutchins (presidente da Universidade de Chicago), por conta de sua inclinação ao pensamento econômico da Escola Austríaca, e o Departamento de Economia da universidade. Em virtude dessa divergência, e por ser Hayek um representante do pensamento liberal da Escola Austríaca, o nome de Hayek não foi aceito no departamento de Economia da universidade. Daí sua nomeação como professor de Ciências Sociais e Morais no Comitê de Pensamento Social. A remuneração paga a Hayek não era custeada pela Universidade de Chicago, mas por um fundo chamado *William Volker Fund*[17], fundado pelo empresário e magnata William Volker (1859-1947), e administrado, após a morte

---

[17] O *William Volker Fund* foi uma entidade de caridade fundada em 1932 por William Volker, em Kansas City, Missouri. O fundo tinha como objetivo ajudar os necessitados e reformar os sistemas de saúde e educação de Kansas City. Com a morte de William Volker em 1947, seu sobrinho, Harold W. Luhnow, passou a administrar o fundo, se afastando dos objetivos originais e usando o *William Volker Fund* como meio de promover e disseminar, nos Estados Unidos, os ideais liberais propostos pela Escola Austríaca. Desse modo, o *William Volker Fund* foi fundamental para que Hayek ficasse na Universidade de Chicago, além de ajudar outros estudiosos liberais clássicos que não conseguiam obter posições acadêmicas nas universidades americanas. Também foi responsável por distribuir livros de autoria de acadêmicos libertários e conservadores para bibliotecas universitárias nos Estados Unidos.

de William, por Harold W. Luhnow. Durante o tempo em que ali passou, Hayek escreveu artigos sobre uma série de temas, entre eles, filosofia política, história das ideias e metodologia das ciências sociais.

Merece destaque, também, sua contribuição na área da Psicologia, com a publicação da obra *The Sensory Order* no ano de 1952. Em 1956, Hayek foi convidado para fazer algumas palestras para o Banco Nacional do Egito, optando pelo tema *The Political Ideal of the Rule of Law*. Posteriormente, ele desenvolveu de maneira mais completa os temas trabalhados durante essas palestras e, como resultado, em 1960 ele publicou a obra *Constitution of Liberty* (no Brasil, traduzida com o título de *Os fundamentos da Liberdade*).

> A London School of Economics havia sido, sem dúvida, no intervalo entre as duas guerras, o melhor centro de estudos econômicos do mundo. Mas o fato de viver sempre sob o mesmo teto com outros economistas e com mais ninguém, começou a me cansar um pouco, com o passar do tempo. Eu estava ansioso por retornar a uma atmosfera universitária mais aberta. E, quando me ofereceram um cargo em Chicago, em um departamento altamente específico, que se dedicava ao estudo das linhas divisórias dos vários assuntos ligados às Ciências Sociais, aceitei avidamente, particularmente, pelo fato de a oferta ter sido muito generosa, por um detalhe que me parecia extremamente atraente, ou seja, por me haverem dito: "Se você quiser lecionar, poderá fazê-lo; mas, se, em qualquer instante, você não quiser, não terá que fazê-lo". Assim, eu me sentia completamente livre, tanto no que se refere ao que eu fazia, quanto no que dizia respeito àquilo em que eu trabalhava.
>
> Mas durante os doze anos em que lecionei em Chicago, trabalhei arduamente na análise desse campo intermediário existente entre a área técnica da Economia e a política ou a filosofia moral. Senti, primeiramente, que se tornava necessário, não – conforme eu havia feito no livro *The Road to Serfdom* – tentar refutar de forma crítica o socialismo, mas achei que a grande tradição libertária do século XIX não estava mais sendo compreendida. Passei, então, a dedicar a maior parte de meu tempo, em Chicago, à elaboração daquele que se tornou meu segundo mais popular trabalho, não especializado, intitulado *Constitution of Liberty*, uma tentativa de reafirmar, em nossa época, o que no século XIX era descrito como liberalismo, o qual, agora, de tal maneira tem sido deturpado em seu

significado, que, pelo menos neste continente, parece que o liberalismo se tornou outro nome para o socialismo, não mais um tipo de convicção libertária. Mas, quanto ao livro, admito, ele vai além da área econômica. Isto, porque, felizmente, nele pude aproveitar minha experiência no campo do Direito – e tal experiência, pelo menos, em Viena, envolvia grande dose de conhecimento sobre a história das ideias políticas em geral, bem como sobre filosofia e sobre metodologia. E, na verdade, o desfecho de meu trabalho em Chicago foi o fato de, em 1960, eu ter produzido esse volume substancial, intitulado *The Constitution of Liberty*, que foi o meu segundo livro de grande sucesso popular. Por sucesso popular eu entendo ser um livro que, em número de edições e em termos de *appeal*, extrapolou o caráter técnico da Economia. O que eu havia feito antes foi escrever para outros economistas, não para o público em geral e, neste sentido, os livros *Road to Serfdom* e *The Constitution of Liberty* foram os primeiros a atingir o público. Imediatamente após a publicação de *Road to Serfdom* – quando meus opositores me atacavam, dizendo que eu não era mais um cientista e que me havia transformado num político – tentei demonstrar que eu ainda era, principalmente, um cientista, na pura acepção do termo, voltando ao meu trabalho inicial ligado à área da Psicologia, e publicando, em 1952, completamente revisado e reescrito, aquele estudo psicológico que eu havia completado em 1920 (HAYEK, 1981b, p. 40/41).

O RETORNO PARA A EUROPA

Em abril de 1962, o *William Volker Fund* foi dissolvido. Temendo ficar sem remuneração na Universidade de Chicago, Hayek aceitou a oferta de um cargo como docente em economia política na Universidade de Freiburg, em Brisgóvia, no sudoeste da Alemanha. Hayek permaneceu nesse cargo até sua aposentadoria, no ano de 1968. Nesse mesmo ano, Hayek ingressou na Universidade da Califórnia, Los Angeles, como professor visitante por um ano. Posteriormente, em 1969, ele ingressou na Universidade de Salzburgo, na Áustria, permanecendo lá até 1977.

Durante esse período, ele realizou quatro viagens ao Japão. Também visitou Taiwan e Indonésia; ao retornar da Universidade da Califórnia, em Los Angeles, visitou Taiti, Fiji, Nova Caledônia, Sydney e Ceilão. Além disso, rejeitou a oferta para assumir a presidência do Banco Nacional da Áustria.

Em 1973 publicou o primeiro, de três volumes, da obra *Law, Legislation and Liberty*, com o título de *Rules and Order*. A respeito dessa obra, cometa Hayek:

> Eu me tornei consciente do fato de que todas as ciências físicas, pelo menos em termos teóricos, poderiam dar lugar a teorias nas quais surgiam apenas algumas poucas variáveis, na hipótese de que, para cada uma dessas variáveis, se poderia inserir uma determinada magnitude quantitativa para se chegar a conclusões precisas. Uma vez que se passe daquilo que agora eu chamo de teoria dos fenômenos simples, para os fenômenos mais complexos de organismos, de mentes e da sociedade, mesmo a potencialidade da ciência se reduz. Não se pode mais planejar pequenos modelos onde se possam inserir todos os dados concretos. Só se pode criar modelos que forneçam uma descrição de um padrão abstrato, que jamais se possa transformar em detalhe concreto.
>
> Isto se tornou muito importante para mim, para meu tipo de *approach* em relação à Economia, bem como para minha intransigente recusa em mudar da microeconomia tradicional para a macroeconomia, ou seja, para minha recusa à teoria de Keynes, para minha recusa quanto a aceitar aquilo que se chama de Economia e grande parte de suas técnicas matemáticas. Eu me tornava, assim, formalmente antimatemático. Eu estava perfeitamente ciente do fato de que determinados padrões complexos poderiam ser melhor descritos por meio de fórmulas algébricas, mas eu estava cada vez mais convencido de que nos deveríamos ater às fórmulas algébricas. Jamais se poderiam inserir aqueles dados quantitativos particulares, que nos propiciariam fazer aquele tipo de prognóstico, que se torna possível na área da Física e das ciências físicas. Este foi o tipo de coisa que serviu de orientação ao meu trabalho posterior, o qual, casualmente, envolveu, de fato, a complementação do livro *Constitution of Liberty* por um estudo igualmente abrangente e que eu intitulei *Law, Legislation and Liberty*, [...] (HAYEK, 1981b, p. 41).

Por problemas de saúde, Hayek se afastou da vida pública e reduziu suas publicações substancialmente a partir do início dos anos

1970. Depois de décadas de confronto com a opinião popular e colegas da área acadêmica, Hayek foi acometido por uma profunda depressão, imaginando que todo o seu esforço teria sido em vão. Durante esse período, ele chegou a passar dias sem nem mesmo levantar da cama. Além disso, começou a ter outros problemas de saúde, como surdez.

PRÊMIO NOBEL DE ECONOMIA

Em 9 de outubro de 1974 foi anunciado que Hayek seria premiado com o Nobel de Economia, juntamente com o economista e sociólogo sueco Karl Gunnar Myrdal (1898-1987), ainda que elaborassem opiniões políticas e econômicas muitas vezes antagônicas. Enquanto Hayek se opõe a qualquer tipo de intervencionismo estatal na economia, Myrdal defende uma teoria econômica com ênfase no planejamento e na redistribuição política da riqueza. Confira, a seguir, o comunicado oficial de premiação do Nobel em Economia de 1974:

Comunicado à imprensa

9 de outubro de 1974

PRÊMIO ECONÔMICO PARA TRABALHOS EM TEORIA ECONÔMICA E PESQUISA INTERDISCIPLINAR

A Academia Real Sueca de Ciências concedeu o Prêmio de 1974 de Ciência Econômica em Memória de Alfred Nobel para

Professor Gunnar Myrdal e Professor Friedrich von Hayek

pelo seu trabalho pioneiro na teoria das flutuações monetárias e econômicas e pela sua análise penetrante da interdependência dos fenômenos econômicos, sociais e institucionais.

A Academia de Ciências considera que Myrdal e von Hayek, além de suas contribuições à teoria econômica central, realizaram importantes pesquisas interdisciplinares com tanto sucesso que suas contribuições combinadas devem receber o Prêmio de Ciência Econômica.

Desde que o Prêmio de Economia foi inaugurado, os nomes de dois economistas, cujas pesquisas ultrapassaram a ciência econômica pura, sempre estiveram na lista de candidatos à premiação: Gunnar Myrdal e Friedrich von Hayek. Ambos começaram suas carreiras de pesquisador com trabalhos significativos no campo da teoria econômica pura. Na maior parte, seus primeiros trabalhos – nos anos vinte e trinta – estavam nos mesmos campos: teoria da flutuação econômica e teoria monetária. Desde então, ambos os economistas ampliaram seus horizontes para incluir vastos aspectos sobre fenômenos sociais e institucionais.

Ideias controversas

Dirigindo principalmente a maior parte de sua pesquisa sobre problemas econômicos no sentido mais amplo, particularmente o problema [enfrentado pelo] do negro nos EUA e a pobreza nos países em desenvolvimento, Myrdal procurou relacionar a análise econômica com as condições sociais, demográficas e institucionais. Von Hayek ampliou seu campo de estudo para abranger elementos como o arcabouço legal de sistemas econômicos e questões relativas à maneira como indivíduos, organizações e vários sistemas sociais funcionam. Ambos estão profundamente interessados em problemas de política econômica e, portanto, também estudaram possíveis mudanças nas condições organizacionais, institucionais e legais que prevalecem em nossa sociedade. Algo que Myrdal e von Hayek têm em comum é a bem documentada capacidade de encontrar maneiras novas e originais de fazer perguntas, apresentar novas ideias sobre causas e políticas, uma característica que muitas vezes as tornam um tanto controversas. Isso é natural quando o campo de pesquisa é estendido para incluir fatores e vínculos que os economistas geralmente aceitam ou negligenciam.

Myrdal - Economia e Ciências Sociais

No início de sua carreira científica, Myrdal revelou a amplitude de seus interesses em economia. Seu livro Vetenskap och politik i nationalekonomien, *1930 (Os elementos políticos no desenvolvimento da teoria econômica) foi uma crítica pioneira de como os valores políticos em muitas áreas de pesquisa estão inseridos nas análises econômicas.*

Ao tomar sua decisão, a Academia de Ciências atribuiu grande importância à obra monumental An American Dilemma: The Negro Problem and Modern Democracy *(1944). É principalmente nesse trabalho maciço de erudição que Myrdal documentou sua capacidade de combinar a análise econômica com uma perspectiva sociológica ampla.*

A extensa pesquisa de Myrdal sobre os problemas dos países em desenvolvimento é da mesma natureza que An American Dilemma. *Isto, também, é pesquisa econômica e sociológica no sentido mais amplo, onde grande importância é atribuída a fatores políticos, institucionais, demográficos, educacionais e de saúde.*

A Eficiência Funcional dos Sistemas Econômicos

As contribuições de von Hayek no campo da teoria econômica são profundas e originais. Seus livros e artigos científicos nos anos 20 e 30 suscitaram um amplo e animado debate. Particularmente, sua teoria de ciclos econômicos e sua concepção dos efeitos das políticas monetárias e de crédito atraíram a atenção e evocaram uma discussão animada. Ele tentou penetrar mais profundamente no mecanismo do ciclo econômico do que o habitual naquela época. Talvez, em parte devido a essa análise mais profunda, ele tenha sido um dos poucos economistas que avisou sobre a possibilidade de uma grande crise econômica antes do grande crash no outono de 1929.

Von Hayek mostrou como a expansão monetária, acompanhada por empréstimos que excediam a taxa de poupança voluntária, poderia levar a uma má alocação de recursos, afetando particularmente a estrutura do capital. Esse tipo de teoria dos ciclos econômicos com ligações à expansão monetária tem características fundamentais em comum com a discussão monetária do pós-guerra.

A Academia é da opinião de que a análise de von Hayek da eficiência funcional de diferentes sistemas econômicos é uma de suas contribuições mais significativas para a pesquisa econômica no sentido mais amplo. A partir de meados dos anos trinta, ele iniciou estudos penetrantes sobre os problemas do planejamento centralizado. Como em todas as áreas em que von Hayek realizou pesquisas, ele deu uma profunda exposição histórica da história das doutrinas e opiniões nesse campo. Ele apresentou novas ideias em relação às dificuldades básicas do "cálculo socialista" e investigou as possibilidades de alcançar resultados efetivos pelo "socialismo de mercado" descentralizado em várias formas. Seu princípio norteador ao comparar vários sistemas é estudar a eficiência com que todo o conhecimento e todas as informações dispersas entre indivíduos e empresas são utilizados. Sua conclusão é que somente com a descentralização de longo alcance em um sistema de mercado competitivo e de livre fixação de preços é possível fazer pleno uso do conhecimento e informação.

As ideias de von Hayek e sua análise da competência dos sistemas econômicos foram publicadas em vários trabalhos durante os anos quarenta e cinquenta e, sem dúvida, forneceram impulsos significativos a esse campo extensivo e crescente de pesquisa em "sistemas econômicos comparativos". Para ele, não se trata de uma simples defesa de um sistema liberal de sociedade, como às vezes pode surgir das versões popularizadas de seu pensamento[18].

Photo from the Nobel Foundation archive.
Gunnar Myrdal
Prize share: 1/2

Photo from the Nobel Foundation archive.
Friedrich August von Hayek
Prize share: 1/2

Na ocasião da premiação, em palestra à memória de Alfred Nobel em 11 de dezembro de 1974, Hayek proferiu o ousado discurso intitulado *The Pretence of Knowledge*, enfatizando a falibilidade do conhecimento individual sobre arranjos econômicos e sociais,

---

[18] Confira mais informações a respeito da premiação do Nobel em economia de 1974, assim como a versão oficial e em inglês do *Comunicado à imprensa* (*Press release*), de 9 de outubro de 1974, no *site*: https://www.nobelprize.org/prizes/economic-sciences/1974/press-release/, acesso em 27/fev/2019.

sobretudo a partir da percepção de que vários economistas tratam a ciência econômica como uma ciência metodologicamente comparável à física, química ou medicina. A seguir, transcrevemos o trecho inicial desse discurso:

> A ocasião especial desta palestra, combinada com o principal problema prático que os economistas têm que enfrentar hoje, tornou quase inevitável a escolha de seu tema. Por um lado, o ainda recente estabelecimento do Prêmio Nobel de Ciências Econômicas marca um passo significativo no processo pelo qual, na opinião do público em geral, a ciência econômica tem recebido a mesma dignidade e prestígio das ciências físicas. Por outro lado, os economistas são nesse momento chamados a dizer como libertar o mundo livre da séria ameaça da inflação acelerada que, deve-se admitir, foi provocada por políticas que a maioria dos economistas recomendou e até instigou os governos a procurar. Temos, de fato, no momento pouco motivo para orgulho: como profissionais, nós temos feito uma confusão de coisas.
>
> Parece-me que esse fracasso dos economistas para orientar a política com mais sucesso está intimamente ligado à propensão a imitar, tanto quanto possível, os procedimentos das ciências físicas brilhantemente bem-sucedidas – uma tentativa que, em nosso campo, pode levar a um erro total. É uma abordagem que passou a ser descrita como atitude "cientificista" – uma atitude que, como a defini há cerca de trinta anos, "é decididamente não científica no verdadeiro sentido da palavra, já que envolve uma aplicação mecânica e acrítica de hábitos de pensamento a campos diferentes daqueles em que foram formados". Quero hoje começar explicando como alguns dos mais graves erros da política econômica recente são uma consequência direta desse erro científico (HAYEK, 1974).

Por conta da premiação recebida por Hayek, Murray Rothbard publicou[19] um artigo intitulado de *The Nobel Prize*, em outubro de

---

[19] Murray Newton Rothbard (1926-1995) foi um economista americano seguidor da tradição da Escola Austríaca (embora sua metodologia estivesse em desacordo com muitos outros integrantes dessa Escola), historiador e teórico político. Figura central no movimento libertário americano do século XX, foi o fundador teórico do anarcocapitalismo e defensor do revisionismo histórico. Entre seus seguidores mais notórios, destacamos Hans-Hermann Hoppe.

Friedrich von Hayek recebe seu Prêmio Nobel de Economia pelas mãos do rei sueco Carl Gustaf XVI, em dezembro de 1974.

1974, onde elogia Hayek e descreve sua importância ao pensamento liberal:

> A concessão, em 1974, do Prêmio Nobel em Ciências Econômicas ao grande economista austríaco do livre mercado Friedrich August von Hayek (1889-1992) surge como uma agradável surpresa para seus admiradores neste país e em todo o mundo. Isso porque, desde a morte de seu distinto mestre, Ludwig von Mises (1881-1973), Hayek foi, aos 75 anos de idade, considerado o mais eminente economista liberal e um dos mais importantes defensores de uma sociedade livre.
>
> O Prêmio Nobel veio como uma surpresa por dois motivos. Não apenas porque todos os Prêmios Nobel anteriores em economia tenham ido para progressistas à esquerda e opositores do livre mercado, mas, também, porque eles foram uniformemente concedidos para economistas que têm transformado a disciplina em uma suposta "ciência" preenchida por um jargão matemático e "modelos" irrealistas que são então utilizados para criticar o sistema de livre empreendedorismo e tentar planejar a economia através de um governo central.

F. A. Hayek não é apenas o maior economista do livre mercado; ele também tem liderado ataques aos modelos matemáticos e às pretensões de planejamento dos supostos "cientistas", além de integrar a economia a uma filosofia social libertária mais ampla. Ambos os conceitos têm sido, até o momento, um anátema para a organização do Nobel (ROTHBARD, 1974, p. 606).

Na mesma data em que foi divulgado que Hayek seria honrado com um prêmio Nobel de Economia, Leonard Edward Read (1898-1983) lhe escreveu parabenizando pela conquista. Read foi o fundador da *Foundation for Economic Education - FEE* (Fundação para a Educação Econômica), uma das primeiras instituições libertárias modernas do gênero nos Estados Unidos.

```
                              October 9, 1974




Dear Fritz:

Good Lord! I mean the Lord is good.
Why this exclamation? The Nobel Prize
to one on our side of the fence! I was
a little surprised, however, that Gunnar
Myrdal shared honors with you.

Everyone here at FEE shares my pleasure
in the esteem that has been accorded
you.

You had better finish those books --
perhaps they will begin to sell like
Samuelson's.


                    Faithfully, your friend,




Dr. F. A. Hayek
Firmianstr. 17A
A 5020 Salzburg, Austria
```

Carta de Leonard Edward Read destinada a Hayek. 09 de outubro de 1974.

O inesperado Prêmio Nobel representou a consagração profissional de Hayek, revitalizando sua reputação e saúde. Do mesmo modo, também promoveu um subido (re)interesse pelo pensamento desenvolvido pela Escola Austríaca.

O pensamento liberal viria a ficar ainda mais em evidência quando, em 1979 na Inglaterra, foi eleita Margaret Thatcher como primeira-ministra. Thatcher declarava abertamente seu apoio a Hayek e aos ideais defendidos por ele. A isso se seguiu, em 1981, a eleição do presidente do Partido Republicano dos Estados Unidos, Ronald Reagan, que apontava Hayek entre as duas ou três pessoas que mais influenciaram sua filosofia.

HAYEK PELO MUNDO

Estimulado pelo Prêmio Nobel, Hayek retomou as publicações sobre economia e política nos anos seguintes. Em 1976 publicou o segundo volume da obra *Law, Legislation and Liberty: The Mirage of Social Justice*. Ainda no mesmo ano, também publicou *The Denationalization of Money*, um relatório produzido para o *Institute of Economic Affairs*, em Londres. Nesse texto, Hayek se dedica ao estudo e crítica do monopólio governamental no controle do dinheiro.

Hayek durante palestra na *Facultad de Economía*, Universidade de Costa Rica. Abril de 1965.

No ano de 1977, abandonou a Áustria novamente. Retornando permanentemente a Freiburg, publicou o terceiro volume da obra em 1979, com o título de *Law, Legislation and Liberty: The Political Order of a Free People*. Além disso, Hayek intensificou suas viagens pelo mundo, promovendo suas ideias, concedendo entrevistas, recebendo premiações e participando de palestras e seminários até meados da década de 1980, quando teve que se recolher por conta de problemas de saúde.

Conferência em Bellagio, Lago de Como, 1966.

Fritz Machlup; F.A. Harper; Milton Friedman; Henry Hazlitt; Stanley Dennison; Christian Gandil; Friedrich A. Hayek. Cortesia do *Institute for Humane Studies*. Mont Pèlerin, 1972.

F. A. Hayek e a Ingenuidade da Mente Socialista

Arthur Shenfield; Murray Rothbard; e F. A. Hayek. Windsor Castle, 1976.

Visita de Friedrich Hayek à África do Sul em 1978. Durante seus 28 dias no país, Hayek proferiu 11 palestras, com um público total de cerca de 2.500 pessoas, e participou de dois seminários.

Hayek visita África do Sul - em Evento Histórico. *The Individualist*, vol. 3, nº 2, p. 01. Fevereiro de 1978.

WHO HE REACHED IN SA

During his 28 days in South Africa, Hayek gave 11 lectures to audiences of all races totalling some 2 500 people, participated in 2 seminars and gave shorter talks at other functions.

He was guest of honour at 21 luncheons, dinners, banquets or receptions, which were attended by over 480 prominent people from all walks of life including most of our prominent business people, government officials, academics and financial editors.

Media coverage was good and included two TV interviews, two press conferences and five published interviews in the Financial Mail, Business Times, Financial Gazette, To the Point and Management, and a number of feature articles.

Amongst the 480 prominent people were (in roughly chronological order of meeting) the Presidents and Directors of all the national bodies, the heads and senior staff of most of the universities' economics departments, the senior officials of the Reserve Bank and the Department of Finance, the State President, Prime Minister, Ministers of Finance, Economic Affairs and Information, Messrs H.F. Oppenheimer, G.S. Muller, A. Louw, B.E. Hersov, C.H.J. Aswegan, F. du Plessis, P.J. Liebenberg, C.G. Ferreira, Doctors A.D. Wassenaar, M.S. Louw, W.J. de Villiers, J. Adendorf, M. v.d. Bergh, Chief Minister H. Ntsanwisi, the Board of the Chamber of Mines, most of the well known practising economists and so on.

ON SA POLITICS (AND THE NEW CONSTITUTION)

Not surprisingly Hayek did not agree with many of South Africa's policies, especially in the areas of race and economics. Although he was loath to recommend solutions to our problems, he made it clear that his political theories were even more applicable here than elsewhere. There should be a limited government or governments with very strictly defined functions, being chiefly the maintenance of law and order; protection of individual rights; provison of common services for which it would be difficult for the providers to recover payment from users, such as infrastructural services (but never with a monopoly or special protection to the State); the application of all laws to all people equally; the separation of the general law making body (Parliament) from the body which would make specific regulations for the implementation of those general laws; and the strict adherence to the principles of the Rule of Law.

ON SA ECONOMICS

"I am shocked" he proclaimed on TV "by how government intervention and the sheer size of government have grown in the last 15 years. South Africa is no longer a potential *capitalist* miracle as I had hoped it would be along with places like Hong Kong, South Korea, Taiwan, Singapore and others. Fifteen years ago the situation was relatively good, but the trend was in the wrong direction. Now the situation is bad, and the trend shows signs of moving in the right direction."

He concluded his last speech by saying, "I think the government could do a lot more for the people by doing less".

ON FOREIGN PRESSURES FOR "CHANGE"

He considered foreign condemnation of SA to be "scandalous". South Arica's biggest antagonists are hardly in a position to throw stones in view of their own gross violations of human rights, particularly in the economic area, and in view of their double standards. In these circumstances it is not surprising that people are increasingly rallying behind the Government. That is precisely what they would do and always have done in other countries in comparable circumstances.

ON MONEY

The only hope for the long term future of money is to permit, for the first time in history, private banks to issue token money in their own names, with no legal tender or exchange control laws. Minister Horwood and a number of our academics who at first thought "that's going too far" have become converts on the matter. Backed up by his latest book "The Denationalisation of Money" the theory is extremely hard to fault and certainly overcomes virtually every other weakness in alternative theories.

ON MONOPOLIES

"If you remove State protection in all its disguised forms, there won't be any to speak of".

ON LORD KEYNES AND INFLATION

"I'm sure that if he were alive today, he would be one of the greatest critics of the deliberate inflation presently being practised in his name. That is my conclusion drawn from what he told me himself six weeks before he died."

ON HORWOOD

In Hayek's view there are very few Minister's of Finance who would have the courage to resist pressures for more inflation to the extent that Horwood has.

CONCLUSION

We doubt whether Hayek would actually have fundamentally changed the thinking of the people he met. But it certainly seems as if he planted some very important seeds and restored the "respectability" of free market theories and theorists in South Africa.

He and Milton Friedman two years before him seem to have set Keynesians, neo-Keynesians and other anti-free market economists on the run for the first time since the war.

We expect that now more economists, business leaders and civil servants who believe in free enterprise will begin to speak out against South Africa's creeping socialism and to defend the system upon which our future happiness depends.

★ ★ ★ ★ ★

Hayek visita África do Sul - em Evento Histórico. *The Individualist*, vol. 3, nº 2, p. 02. Fevereiro de 1978.

Ralf Dahrendorf presenteia Friedrich von Hayek com uma placa comemorativa, 1981 (LSE / IMAGELIBRARY / 98). A placa foi dada na palestra *O fluxo de bens e serviços*, por ocasião do jubileu de ouro da primeira palestra do professor Hayek na *London School of Economics and Political*.

Jovens pesquisadores e F.A. Hayek, durante o *Lindau Nobel Laureate Meetings*. Alemanha, 1984. (*O Lindau Nobel Laureate Meetings* é uma conferência científica anual realizada com o objetivo de reunir os ganhadores do Prêmio Nobel e jovens cientistas, buscando fomentar o intercâmbio científico entre diferentes gerações e culturas.)

Hayek com os fundadores da *Oxford Hayek Society*. (Fundada em 1983, mudou de nome e, de 2008 a 2012, e a partir de 2018, tornou-se conhecida como *Oxford Libertarian Society*) Universidade de Oxford, primavera de 1985.

HAYEK NO CHILE[20]

Dentre todas as suas viagens, provavelmente as mais controversas foram as duas visitas que fez ao Chile. Na primeira viagem, em novembro de 1977, além de participar de palestras, entrevistas etc., Hayek teve uma audiência de cerca de 20 minutos com o general Augusto Pinochet. "No decorrer do ano seguinte, Hayek escreveu sobre a sua visita ao Chile, uma vez em uma revista chamada *Politische Studien*, em seguida, em cartas publicadas no *The Times*, de Londres, condenando o tratamento dado ao Chile pela imprensa ocidental" (CALDWELL; MONTES, 2014, p. 01). Durante sua segunda visita, em 1981, duas entrevistas foram publicadas no jornal chileno *El Mercurio*, no qual discutiu a respeito de regimes autoritários e o problema da democracia ilimitada. A primeira entrevista foi concedida antes mesmo de sua partida para o Chile, publicada no *El*

---

[20] Para maiores informações sobre as visitas de Hayek ao Chile, durante a ditadura do general Augusto Pinochet, recomendamos a leitura do texto *Friedrich Hayek and His Visits to Chile*, de Bruce Caldwell e Leonidas Montes; disponível aqui: http://ssrn.com/abstract=2488106, acesso em 27/fev/2019.

Mercurio em 12 de abril de 1981, poucos dias antes de sua chegada. A segunda entrevista ocorreu já com Hayek no Chile, sendo publicada pelo mesmo jornal chileno:

Qual sua opinião sobre as ditaduras?

HAYEK: Bem, eu diria que, como instituição de longo prazo, sou totalmente contra as ditaduras. Mas uma ditadura pode ser um sistema necessário durante um período de transição. Às vezes é necessário para um país ter, por algum tempo, alguma forma de poder ditatorial. Como você vai entender, é possível que um ditador governe de uma forma liberal. E também é possível para uma democracia governar com uma total falta de liberalismo. Eu pessoalmente prefiro um ditador liberal a um governo democrático sem liberalismo. Minha impressão particular é – e isso é válido para a América do Sul – que no Chile, por exemplo, haverá uma transição de um governo ditatorial para um governo liberal. E durante esta transição pode ser necessário manter certos poderes ditatoriais, não como algo permanente, mas como disposição transitória temporária (HAYEK, 1981a, p. 42).

[...]

O que significa que, para os períodos de transição, você propõe governos mais fortes e ditatoriais...

HAYEK: Quando um governo é quebrado e não há regras reconhecidas, é necessário criar regras para dizer o que pode ser feito e o que não pode ser feito. Em tais circunstâncias, é praticamente inevitável que alguém tenha poderes quase absolutos. Poderes absolutos que eles devem usar com precisão para evitar e limitar qualquer poder absoluto no futuro. Pode parecer uma contradição que precisamente eu diga isso, quando defendo limitar os poderes do governo na vida das pessoas e sustentar que muitos dos nossos problemas nascem, apenas do excesso de governo. Mas, no entanto, quando me refiro a esse poder ditatorial, estou falando apenas por um período de transição. Como meio para estabelecer uma democracia estável e liberdade, livre de impurezas. Só assim posso justificar, aconselhar (HAYEK, 1981a, p. 45).

Ainda que não exista um consenso a esse respeito, apesar das visitas de Hayek ao Chile durante a ditadura imposta pelo governo de Pinochet, parece haver pouca evidência de que Hayek, ou suas ideias, tiveram algum impacto sobre o conteúdo da nova Constituição chilena que foi promulgada em 1980, e que entrou em vigor em 1981. De qualquer modo, por conta de sua defesa do governo de Pinochet, e seu silêncio sobre as transgressões aos direitos humanos que ali eram cometidas, Hayek foi muito criticado, tanto por opositores de suas ideias, como por seus aliados.

---

10 DOWNING STREET

THE PRIME MINISTER   17 February 1982

My dear Professor Hayek,

Thank you for your letter of 5 February. I was very glad that you were able to attend the dinner so thoughtfully organised by Walter Salomon. It was not only a great pleasure for me, it was, as always, instructive and rewarding to hear your views on the great issues of our time.

I was aware of the remarkable success of the Chilean economy in reducing the share of Government expenditure substantially over the decade of the 70s. The progression from Allende's Socialism to the free enterprise capitalist economy of the 1980s is a striking example of economic reform from which we can learn many lessons.

However, I am sure you will agree that, in Britain with our democratic institutions and the need for a high degree of consent, some of the measures adopted in Chile are quite unacceptable. Our reform must be in line with our traditions and our Constitution. At times the process may seem painfully slow. But I am certain we shall achieve our reforms in our own way and in our own time. Then they will endure.

Best wishes.

Yours sincerely,
Margaret Thatcher

Professor Freidrich von Hayek

Carta da primeira-ministra do Reino Unido, Margaret Thatcher, destinada a Friedrich Hayek. 17 de fevereiro de 1982.

Notória partidária da política liberal defendida por Hayek, a primeira-ministra do Reino Unido, Margaret Thatcher, escreveu uma carta destinada a Hayek no ano de 1982 na qual comenta a situação econômica no Chile, apesar de algumas medidas "inaceitáveis", na época, sob o regime do ditador Augusto José Ramón Pinochet Ugarte.

HAYEK NO BRASIL[21]

Entre os anos de 1977 e 1981, Hayek visitou o Brasil por três vezes, sempre a convite do então editor da revista *Visão*, o engenheiro Henry Maksoud. Durante suas visitas, o país passava pelos turbulentos anos da ditadura militar. No entanto, em todas as suas passagens pelo Brasil, Hayek sempre discorreu sobre democracia e liberdade, além de, num período em que o principal problema econômico era a inflação, defender a privatização da moeda. Provavelmente por isso, durante suas visitas ao Brasil Hayek não recebeu a atenção que seria de se esperar, tendo em vista serem visitas de um economista ganhador do Prêmio Nobel, e nenhuma autoridade tenha se disposto a recebê-lo.

A primeira visita de Hayek ao Brasil ocorreu no ano de 1977, entre o final de novembro e início de dezembro. Durante esse período, ele esteve em Brasília apenas para conhecer a cidade. Por conta de sua visita ao Congresso Nacional,

> Um único deputado registrou a presença dele na Câmara, para um plenário vazio. Foi uma recepção completamente diferente daquela dispensada uma semana antes a uma conhecida atriz de filmes pornográficos, intensamente assediada por uma malta de políticos, inclusive o então Presidente da Câmara. Naquele período, no final dos anos 70, o clima internacional, mas também brasileiro, não era nem um pouco favorável a alguém que falasse tão direta e claramente como o Prof. Hayek sobre questões cruciais como: aperfeiçoamento da democracia mediante um novo e revolucionário sistema eleitoral; fim da

---

[21] A respeito das viagens de Hayek ao Brasil, recomendamos a leitura da obra organizada por Cândido Mendes de Prunes, com o título *Hayek no Brasil*. Rio de Janeiro: Instituto Liberal, 2006. 312 p. Prunes reúne nessa obra diversas transcrições de palestras e entrevistas concedidas por Hayek em eventos no Brasil, além de matérias publicadas na imprensa brasileira com comentários as ideias apresentadas por Hayek.

inflação sem controle de preços mediante a privatização da moeda; o equívoco embutido no conceito de "justiça social" e as consequências desastrosas para a sociedade resultantes das tentativas de alcançá-la; a necessidade de controlar o poder sindical etc. A nossa elite, principalmente a política, parecia ainda viver uma espécie de adolescência, simbolizada pela efusiva recepção à atriz de filmes pornográficos (PRUNES, 2006, p.17).

No Rio de Janeiro, Hayek participou de um encontro com os maiores expoentes da economia brasileira, incluindo o economista e amigo, Eugênio Gudin – certa vez, Gudin declarou que Hayek poderia ser considerado o Papa dos economistas da Escola Austríaca. Em São Paulo, Hayek participou de reuniões com economistas da Fundação Instituto de Pesquisas Econômicas (FIPE) e da Escola de Administração de Empresas, e também proferiu três palestras, com o título geral de *Democracia e Estado*: na palestra do dia 29 de novembro, o tema foi *A geração da riqueza*; no dia 30, sobre *O método da democracia*; e na palestra final, proferida dia 1 de dezembro, sobre *O dinheiro e o Estado*.

A segunda viagem de Hayek ao Brasil ocorreu em novembro de 1979. Narrando essa breve passagem pelo Brasil, foi publicada em 21 de novembro de 1979 uma matéria pela revista *Veja*, destacando a inabalável postura de Hayek:

> Nesta sua visita ao Brasil, como sempre, Hayek podia estar interessado em influenciar pessoas, mas não em fazer amigos. "Quem é o culpado pela inflação no Brasil?", perguntaram-lhe. Resposta: "O Banco Central". "E a política econômica do ministro do Planejamento, Antônio Delfim Neto?" Resposta: "Não conheço esse senhor, mas ele deverá levar as coisas para o lado pior, pois acredita que pode controlar a inflação controlando os preços" (PRUNES, 2006, p. 153).

Aos 80 anos de idade, menos de 48 horas após chegar ao Brasil vindo de Freiburg, na Alemanha, e proferir uma palestra de mais de três horas, Hayek seguiu para o Peru, e depois para o Japão.

Em sua terceira visita ao Brasil, no ano de 1981, Hayek apresentou duas palestras em São Paulo, nos dias 7 e 8 de maio. Posteriormente, participou de um Simpósio Internacional em sua homenagem, realizado na Universidade de Brasília nos dias 11 e 12 de maio. As palestras e discussões que ocorreram nesse simpósio foram publicadas pela editora da universidade no mesmo ano, sob o título de *Hayek na UNB*. A seguir, reproduzimos algumas fotografias, gentilmente cedidas pela Universidade de Brasília, que registraram o evento.

Hayek e o reitor José Carlos Azevedo caminham pela UNB, 1981. Fonte: Universidade de Brasília. Arquivo Central.

Hayek durante palestra na UNB, 1981. Fonte: Universidade de Brasília. Arquivo Central.

F. A. Hayek e a Ingenuidade da Mente Socialista

Por conta das visitas de Hayek ao Brasil, foram publicados vários artigos em jornais e revistas. A seguir, resgatamos um artigo de Benedicto Ferri de Barros[22] publicado no jornal *O Estado de São Paulo*, em 17 de maio de 1981. Nesse artigo, o jornalista apresenta uma análise da filosofia política do professor e economista Friedrich Hayek.

Jornal *O Estado de São Paulo*, 17 de maio de 1981, pg. 53.

---

[22] Benedicto Ferri de Barros (1920-2008) era formado em Ciências Sociais, com estágios de especialização em finanças e mercado de capitais em várias instituições norte-americanas. Também era membro da Academia Internacional de Direito e Economia. Na imprensa, manteve coluna semanal no jornal *O Estado de São Paulo* e no *Jornal da Tarde*, publicando mais de 1,5 mil trabalhos relacionados a Literatura, Antropologia, Sociologia, Economia e Política.

O RECONHECIMENTO POR UMA VIDA DEDICADA À DEFESA DA LIBERDADE

Em 17 de novembro de 1983, Hayek foi recebido pelo então presidente dos EUA, Ronald Reagan. No *Diário Oficial da Casa Branca*, Regan escreveu: "Conheci Frederick von Hayek, de 85 anos – o grande economista, aluno de von Mises. Eu li seus trabalhos e citei-o por anos" (RONALD REAGAN, 1983).

Hayek e Ronald Reagan. 17 de novembro de 1983.

A empresa Gold Standard Corp, fundada em 1977 no Kansas – EUA, comprava ouro diretamente do Tesouro dos EUA, cunhava suas próprias moedas e as vendia ao público. Junto com *slogans* promocionais como "*Sound Commercial Banking*", "*Denationalization of Money*" e "*Free Choice of Currencies*", cada moeda apresenta a imagem de um diferente economista teórico defensor do livre mercado. No ano de 1979, a empresa cunhou uma edição limitada de moedas em ouro em homenagem a Hayek.

Moeda em ouro: Friedrich Hayek G50 (½ onça de ouro puro). Gold Standard Corp, 1979.

Hayek com sua medalha da *Order of the Companions of Honour*. Reino Unido, 1984.

Além das homenagens, prêmios e títulos já mencionados, em 1964, Hayek foi agraciado com um doutorado honorário da Universidade Rikkyo, de Tóquio. Em 1969, foi nomeado professor emérito da Universidade de Freiburg, na Alemanha; e professor honorário da Universidade de Salzburgo, na Áustria. Em 1971, a Universidade de Viena o fez senador honorário; e, em 1972 recebeu o título de *Membro Honorário da London School of Economics*. No Reino Unido, em 16 de junho de 1984 foi nomeado membro da *Order of the Companions of Honour*[23], por suas contribuições em economia e filosofia.

Ainda no ano de 1984, Hayek recebeu o *Hanns Martin Schleyer-*

---

[23] A *Order of the Companions of Honour* (Ordem dos Companheiros de Honra) foi fundada por George V, em 1917, como um reconhecimento por realizações proeminentes em âmbito nacional.

Preis[24] (Prêmio Hanns Martin Schleyer); e foi nomeado reitor honorário da WHU – Otto Beisheim School of Management (Escola de Administração WHU - Otto Beisheim), na Alemanha. Em 1990, recebeu a *Großes Goldenes Ehrenzeichen mit dem Stern* (*Grande Medalha de Ouro de Honra e Estrela*) por serviços prestados à República da Áustria.

Em 1991, Hayek foi premiado com a *Presidential Medal of Freedom*[25] (*Medalha Presidencial da Liberdade*), pelo então presidente americano George H.W. Bush. Sobre essa premiação, o jornal americano *The New York Times*, em 19 de novembro de 1991, publicou um artigo com o seguinte título: "Neglected Economist Honored by President" ("Economista negligenciado honrado pelo presidente"). Na cerimônia de entrega, como Hayek estava com a saúde bastante debilitada, seu filho o representou.

Ademais, foram criadas várias instituições, premiações, agremiações, bolsas de estudo etc., com o nome em homenagem a F. A. von Hayek.

No início dos anos 1980, Hayek começou a escrever o que seria seu último livro. Embora estive lúcido quase até o fim, além de sofrer com uma pneumonia, também estava com a saúde bastante debilitada por conta das enfermidades da velhice, de modo que não conseguiu escrever mais nada depois de 1985. Por isso, contou com o substancial auxílio do filósofo William W. Bartley III para editar o volume final da obra, que foi publicada no ano de 1988 com o título de

---

[24] "O prêmio é concedido pelo excelente serviço na consolidação e promoção das bases de uma política liberal. A seleção dos vencedores, bem como a cerimônia de premiação, foram atribuídas à Fundação Hanns Martin Schleyer" (SCHLEYER-STIFTUNG, [s.d.]).

[25] "A Medalha Presidencial da Liberdade é considerada a mais alta condecoração civil do governo dos EUA. Os homenageados são escolhidos exclusivamente pelo presidente e suas realizações são em áreas abrangentes, incluindo serviços públicos, jornalismo, entretenimento, esportes e negócios" (UNITED STATES SENATE, [s.d.]). Embora a maioria dos homenageados sejam cidadãos dos EUA, indivíduos de outros países também são elegíveis. A medalha é suspensa em uma fita azul e incorpora o esquema de cores encontrado no selo presidencial. Seu elemento de *design* mais visível é uma estrela branca, sobre a qual está centrada uma coleção de 13 estrelas de ouro menores, dispostas em um campo azul. Um pentágono vermelho é colocado atrás da estrela branca, e as águias douradas fazem a ponte entre as pontas da estrela. O nome do destinatário está gravado no lado reverso da medalha. (ENCYCLOPEDIA BRITANNICA, [s.d.]).

Busto em homenagem a Friedrich von Hayek, *Pai do liberalismo*. Parque em Pueblo Libre, Peru.

The Fatal Conceit. Além disso, Bartley havia sido escolhido por Hayek para escrever sua biografia. No entanto, Bartley faleceu em 1990, e a biografia não foi escrita.

Deixando um enorme legado nas áreas da economia pura, economia política, filosofia política, teoria jurídica, e psicologia, Hayek faleceu aos 92 anos de idade, em 23 de março de 1992, em Freiburg, Alemanha. No funeral, realizado no dia 4 de abril, compareceram cerca de cem pessoas. Hayek foi enterrado no cemitério montanhoso de Neustift am Wald, com vista para os Bosques de Viena.

O LEGADO DE FRIEDRICH AUGUST VON HAYEK

A Universidade de Chicago, detentora de muitos dos direitos autorais sobre as obras de Hayek, tem um projeto de divulgação e publicação dessas obras intitulado *The Collected Works of F. A. Hayek*, cujo atual editor geral é Bruce Caldwell. Até o momento, foram publicados dezenove volumes.

O acervo particular deixado por Hayek, assim como fotografias, filmes, documentos, e anotações originais, atualmente estão sob o

Sepultura de Hayek, em Neustift am Walde, Viena.

cuidado da *Hoover Institution*, localizada na Universidade de Stanford, na Califórnia. Parece haver, também, alguns materiais inéditos (fotografias e documentos) guardados pelos próprios familiares de Hayek.

Hayek é considerado um dos membros mais influentes da Escola Austríaca de Economia, reconhecido pela sua ousada e constante defesa do liberalismo clássico, como ativista político, economista renomado (embora nem sempre tenha sido assim), e escritor prolífico ao longo de quase sete décadas.

> No início de sua carreira, ele [Hayek] foi considerado um proeminente e reconhecido economista, mas diante de suas visões impopulares passou a ser rejeitado, ridicularizado e ignorado por seus próprios pares. Mesmo assim, não cedeu às pressões e manteve ao longo de toda sua vida a coerência de apoio à propriedade privada, aos mercados livres e um profundo ceticismo com a capacidade dos governos de moldar a sociedade. Esse é o melhor exemplo deixado pelo maior filósofo político do século XX, e que o torna um homem cuja obra deve ser lida e admirada em todas as épocas (CONSTANTINO, 2018).

Dentre as dezenas de livros e centenas de artigos publicados por Hayek, destacamos:

1929 – *The Monetary Theory and the Cycle* (*Teoria Monetária e o Ciclo Econômico*);

1931 – *Prices and Production* (*Preços e Produção*);

1941 – *The Pure Theory of Capital* (*A Teoria Pura do Capital*);

1944 – *The Road to Serfdom* (*O Caminho da Servidão*);

1945 – *The Use of Knowledge in Society* (*O Uso do Conhecimento na Sociedade*);

1948 – *Individualism and Economic Order* (*Individualismo e Ordem Econômica*);

1960 – *The Constitution of Liberty* (*A Constituição da Liberdade*);

1973/76/79 – *Law, Legislation, and Liberty* (*Lei, legislação e liberdade*) 3 vols.

1976 – *Denationalization of Money* (*Desnacionalização do Dinheiro*);

1988 – *The Fatal Conceit. The Errors of Socialism.* (*A arrogância fatal. Os erros do socialismo*).

FRIEDRICH AUGUST VON HAYEK: OUTRAS FONTES

Na *Internet*

- Instituto Hayek Brasil (Brasil) – https://www.facebook.com/HayekInstitut

- The Fraser Institute (Canadá) – http://www.essentialhayek.org
- Greg Ransom blog (EUA) – http://hayekcenter.org
- Cafe Hayek (EUA) – https://cafehayek.com
- Fondazione Hayek Italia (Itália) – http://fondazionehayek.it
- Universidad Francisco Marroquín (Guatemala) – http://www.hayek.ufm.edu e http://www.freedomsphilosopher.ufm.edu

Biografias

O filósofo William Warren Bartley III (1934-1990) deveria ter sido o biógrafo oficial de Hayek, assim como o de Karl Popper. Contudo, o projeto de uma biografia autorizada foi interrompido com a sua morte, em 5 de fevereiro de 1990. Isso fez com que não exista nenhuma biografia oficial publicada. Ainda assim, com a morte de Bartley, outros estudiosos pretenderam realizar a difícil tarefa de apresentar ao público uma biografia sobre Friedrich August von Hayek, de modo que, até o momento, se destacam quatro obras com essa finalidade.

- KRESGE, S.; WENAR, L. (Ed.). *Hayek on Hayek: an Autobiographical Dialoge*. Londres: Routledge, 1994.

A obra apresenta a seleção de alguns trechos de uma série de entrevistas que Hayek concedeu em 1978 para o *Oral History Program* (*Programa de História Oral*) da Universidade da Califórnia em Los Angeles (UCLA). – Essas entrevistas foram conduzidas ao longo de várias semanas, com nove entrevistadores diferentes fazendo todo tipo de perguntas a Hayek. A transcrição total, apenas dessas entrevistas, preencheu 493 páginas. – Além das entrevistas para a UCLA, essa obra também apresenta trechos da entrevista concedida por Hayek a Thomas W. Hazlett, para a revista *Reason*; trechos de entrevistas que Bartley havia conduzido com Hayek; e notas que Hayek havia entregado a Bartley, na década de 1980.

- RAYBOULD'S, J. Hayek: *A Commemorative Album*. Londres: Adam Smith Institute, 1999.

A obra, produzida com a colaboração dos filhos de Hayek, apresenta várias fotografias da família e demais situações dignas de lembrança da vida pessoal e acadêmica de Hayek.

- EBENSTEIN, A. *Friedrich Hayek: a biography*. Nova York: Palgrave, St. Martin's Press, 2001.

Nessa obra, o pesquisador apresenta uma biografia de Hayek a partir de uma análise crítica e investigativa, incluindo entrevistas concedidas por Hayek e relatos de pessoas próximas a ele. Contudo, a publicação recebeu várias críticas negativas, uma vez que, ao tentar unir uma análise crítica do pensamento expresso por Hayek em suas obras à sua trajetória pessoal e profissional, apresenta lacunas consideráveis em ambos os sentidos.

- CALDWELL, B. *Hayek's Challenge: An Intellectual Biography of F. A. Hayek*. Chicago: University of Chicago Press, 2003.

Dividida em três partes, a obra começa fornecendo a base necessária para entender o pensamento de Hayek, a partir do surgimento, em Viena, da Escola Austríaca de Economia. Na segunda parte do livro, Caldwell segue o caminho pelo qual Hayek gradualmente desenvolveu sua perspectiva única, não apenas a respeito da economia, mas também sobre uma ampla gama de fenômenos sociais. Na terceira parte, o pesquisador oferece uma avaliação dos argumentos de Hayek e, em um Epílogo, uma estimativa perspicaz de como os *insights* de Hayek podem nos ajudar a esclarecer e reexaminar as mudanças no campo da Economia durante o século XX. Dedicando as últimas duas décadas à pesquisa e ao estudo sobre a obra de Hayek, Caldwell também é o atual editor geral da *The Collected Works of F. A. Hayek*.

REFERÊNCIAS

BARBIERI, F. (2014). *Um pequeno guia para F. A. Hayek*. Students For Liberty. [*internet*]. Disponível em: <https://www.studentsforliberty.org/pequeno-guia-hayek>. Acesso em 16/jan/2019.

BUTLER, E. (1987). A vida e obra de Hayek. *In*: *A contribuição de Hayek às ideias políticas e econômicas de nosso tempo*. Tradução Carlos dos Santos Abreu. Rio de Janeiro, RJ: Instituto Liberal, 1987. p. 3-15.

BUTLER, E. (2014). *A short history of the Mont Pèelerin Society*. [*internet*]. Disponível em: <https://www.montpelerin.org/wp-content/uploads/2015/12/Short-History-of-MPS-2014.pdf >. Acesso em 16/jan/2019.

CALDWELL, B. (2003). *Hayek's Challenge*: An Intellectual Biography of F. A. Hayek. Chicago: University of Chicago Press, 2003.

CALDWELL, B. J.; MONTES, L. (2014). *Friedrich Hayek and His Visits to Chile*. Rochester, NY: Social Science Research Network, 27 ago. 2014. Disponível em: <https://papers.ssrn.com/abstract=2488106>. Acesso em 21/jan/2019.

CONSTANTINO, R. (2018). A vida e pensamento de Friedrich Hayek. *Gazeta do Povo*, Curitiba–PR. 09 mai. 2018. [*internet*]. Disponível em: <https://www.gazetadopovo.com.br/rodrigo-constantino/artigos/vida-e-pensamento-de-friedrich-hayek/>. Acesso em 18/jan/2019.

EBENSTEIN, A. (2001). *Friedrich Hayek*: a biography. Nova York: Palgrave, St. Martin's Press, 2001.

ENCYCLOPEDIA BRITANNICA. [s.d.]. *Presidential Medal of Freedom*. [*internet*]. Disponível em: <https://www.britannica.com/topic/Presidential-Medal-of-Freedom>. Acesso em 15/jan/2019.

HAYEK, F. A. (1956). Tribute to Ludwig von Mises by F. A. von Hayek. Given at a Party in Honor of Mises. New York, March 7, 1956. p. 187-191. *In*: MISES, M. VON. (1976). *My years with Ludwig von Mises*. New Rochelle, Nova York: Arlington House Publishers, 1976.

HAYEK, F. A. (1974). *The Pretence of Knowledge*. Lecture to the memory of Alfred Nobel, December 11, 1974. [*internet*]. Disponível em: <https://www.nobelprize.org/prizes/economic-sciences/1974/hayek/lecture/>. Acesso em 19/jan/2019.

HAYEK, F. A. (1978). In: EBENSTEIN, A. (2001). *Friedrich Hayek*: a biography. Nova York: Palgrave, St. Martin's Press, 2001.

HAYEK, F. A. (1981a). In: CALDWELL, B. J.; MONTES, L. (2014). *Friedrich Hayek and His Visits to Chile*. Rochester, NY: Social Science Research Network, 27 ago. 2014. Disponível em: <https://papers.ssrn.com/abstract=2488106>. Acesso em 21/jan/2019.

HAYEK, F. A. (1981b). In: *Hayek na UNB*: conferências, comentários e debates de um simpósio internacional realizado de 11 a 12 de maio de 1981. Brasília, DF: Editora Universidade de Brasília, 1981.

HAYEK, F. A. (1985). In: PRUNES, C. M. (Org.). (2006). *Hayek no Brasil*. Rio de Janeiro: Instituto Liberal, 2006.

HAYEK, F. A. [s.d.]. In: KRESGE, S.; WENAN, L. (Ed.). (2013). *Hayek sobre Hayek*: Un diálogo autobiográfico. Tradução Federico Basáñez. Madri, ES: Unión Editorial, S. A., 2013.

KLEIN, P. G. *Biography of F. A. Hayek*. [*internet*]. Disponível em: <https://mises.org/library/biography-f-hayek-1899-1992>. Acesso em 16/jan/2019.

KRESGE, S.; WENAR, L. (Ed.). (1994). *Hayek on Hayek*: an Autobiographical Dialoge. Londres: Routledge, 1994.

LIBERAL ARCHIEF. (2004). *Mont Pèlerin Society* (1947-...). Inventory of the General Meeting Files (1947-1998). Bélgica: Liberaal Archief. [*internet*]. Disponível em: <https://zoeken.liberas.eu/detail.php?nav_id=1-1&index=35&imgid=1685725&id=1251713>. Acesso em 16/jan/2019.

LIBERTY FUND. (2003). *The Intellectual Portrait Series*: The Life and Thought of Friedrich A. Hayek. Indianapolis: Liberty Fund. (60 min.). Disponível em: <https://www.youtube.com/watch?v=8G8moqrbDRQ>. Acesso em 16/jan/2019.

MAKSOUD, H. (1983). Uma Introdução às Obras de F. A. Hayek. *In*: HAYEK, F. A. *Os fundamentos da Liberdade*. São Paulo: Visão, 1983.

MISES, L. VON. (1962). Tribute to F. A. von Hayek by Ludwig von Mises. Written to be Presented at a Banquet in Hayek's Honor. Chicago, May 24, 1962. p. 183-185. *In*: MISES, M. VON. (1976). *My years with Ludwig von Mises*. New Rochelle, Nova York: Arlington House Publishers, 1976.

MISES, M. VON. (1976). *My years with Ludwig von Mises*. New Rochelle, Nova York: Arlington House Publishers, 1976.

PRUNES, C. M. (Org.). (2006). *Hayek no Brasil*. Rio de Janeiro: Instituto Liberal, 2006.

RAYBOULD'S, J. (1999). Hayek: *A Commemorative Album*. Londres: Adam Smith Institute, 1999.

RONALD REAGAN Presidential Foundation And Institute. (1983). *White House Diaries*. Thursday, November 17, 1983. Disponível em: <https://www.reaganfoundation.org/ronald-reagan/white-house-diaries/diary-entry-11171983/>. Acesso em 16/jan/2019.

ROTHBARD, M. (1974). "Hayek and *The Nobel Prize*". *In*: *MISES: Interdisciplinary Journal of Philosophy, Law and Economics*, 2(2), 605-609. 2014. Tradução de Gabriel Moreira Beraldi.

SCHLEYER-STIFTUNG. [s.d.]. *Der Hanns Martin Schleyer-Preis*. [*internet*]. Disponível em: <https://schleyer-stiftung.de/preise/hanns-martin-schleyer-preis/>. Acesso em: 15/jan/2019.

THE *Mont Pèlerin Society*. (1947). *Statement of Aims*. Suiça. [*internet*]. Disponível em: < https://www.montpelerin.org/statement-of-aims/ >. Acesso em 17/jan/2019.

UNITED STATES SENATE. [s.d.]. *Awards, Honors, & Medals*. [*internet*]. Disponível em: <https://www.senate.gov/reference/Index/Awards_Honors_Medals.htm>. Acesso em 15/jan/2019.

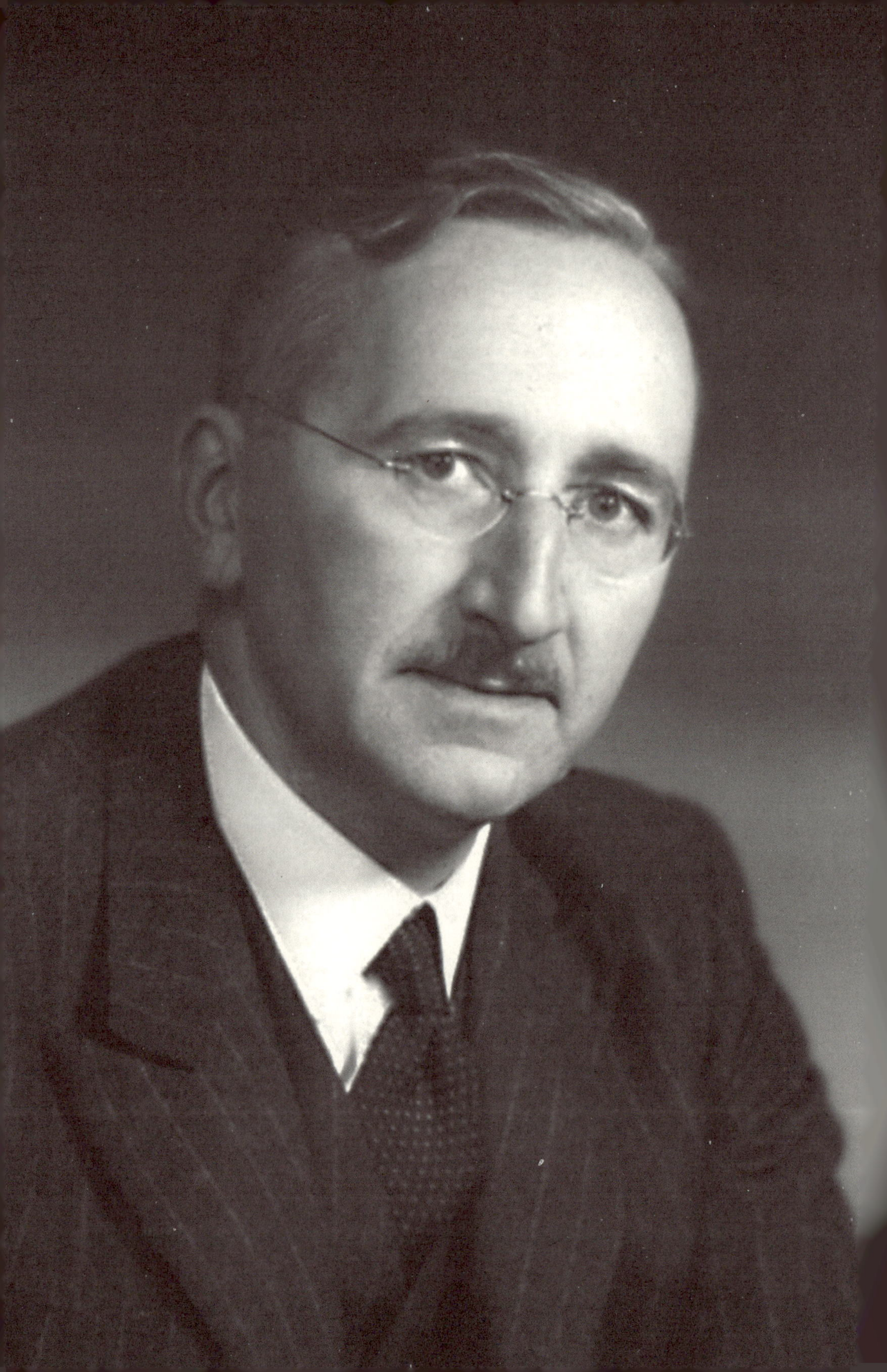

Capítulo 2

O CONTEXTO HISTÓRICO DO PENSAMENTO DE HAYEK

Lucas Berlanza Corrêa

Por mais singular que seja a obra de um autor, por mais específicas que sejam as elaborações conceituais que desenvolva, as ideias se materializam no tempo e se inscrevem em correntes de pensamento e tradições filosóficas que transcendem sua personalidade – em outras palavras, denunciam a sua genealogia. A cultura se constrói mediante desenvolvimentos e continuações, o que torna, sem jamais diminuir a envergadura de seu trabalho ou contribuição, importante compreender o contexto histórico e o posicionamento de um autor perante os que o antecederam e o cercam, como ferramenta até para compreender melhor seu próprio pensamento.

Não é diferente com o simpático e sorridente economista austríaco Friedrich August von Hayek (1899-1992), prêmio Nobel de Economia em 1974, reconhecido como um dos grandes expoentes dos principais debates econômicos travados no século XX. Mais do que isoladamente um economista, Hayek era um pensador amplo, que abarca gama sofisticada de ramos do conhecimento, percorrendo da filosofia social à psicologia. Afinal, seu professor Ludwig von Mises (1881-1973) diria que a economia vai muito além de meramente lidar com objetos tangíveis, tratando dos "homens, suas ações e propósitos" (MISES, 1949, p. 92).

Sua inserção em categorias históricas de pensamento é fundamental para apreender a dimensão que pretendia conferir a certos termos que empregava e a postura que assumiu em discussões teórico-práticas ainda muito relevantes nos tópicos políticos correntes. Em especial, conhecer a forma por que Hayek se enxergava dentro do espectro do liberalismo, a ponto de sustentar sua defesa entusiasmada e ativista através da fundação, em 1947, da Sociedade Mont Pèlerin, permite abranger a essência de seu senso de propósito, por detrás do notório endosso de suas teses mais célebres, como a valorização da "ordem espontânea", a desestatização da moeda ou a substituição do modelo liberal-democrático convencional pelo sistema da demarquia.

Essas teses e esse senso de propósito, em maior ou menor grau, influenciaram alguns dos principais nomes do liberalismo brasileiro, desde o icônico Eugênio Gudin (1886-1986) até nomes que despontaram nessa linha de pensamento durante e após o regime militar inaugurado em 1964, como Roberto Campos (1917-2001), Henry Maksoud (1929-2014) e o fundador do Instituto Liberal, Donald Stewart Jr. (1931-1999), os dois últimos inclusive assumidamente adeptos da demarquia. Hayek não apenas travava contato com algumas dessas lideranças, como esteve pessoalmente no Brasil para conferências, entrevistas e explanações, entre 1977 e 1981, a convite de Maksoud. Perceber como ele se inseria na tradição liberal e que fins maiores visava na constituição de seu ideário nesse campo é útil, portanto, também para aprofundar o entendimento das últimas gerações de liberais brasileiros que receberam o influxo de suas concepções.

O enquadramento mais imediato a se observar é provavelmente o de que Hayek, como pupilo de Mises, pertencia à Escola Austríaca de Economia. Tendo sua fundação normalmente atribuída a Carl Menger (1840-1921) ainda no século XIX, a escola teve posteriormente uma "segunda geração", em que são apontados nomes como Friedrich von Wieser (1851-1926) e Eugen von Böhm-Bawerk (1851-1914). Durante as primeiras décadas do século XX iniciou-se uma "terceira geração", da qual Mises, aluno dos seminários de Böhm-Bawerk, é expoente destacado. Em torno dos seminários de Mises foi que, por sua vez, se formou a "quarta geração", em que figuraria Hayek.

Reconhecendo as dificuldades para desempenhar essa tarefa, dadas as sérias discordâncias internas existentes na matéria, o também adepto da Escola Austríaca Fritz Machlup (1902-1983) procurou descrever os princípios mais importantes que distinguiriam a corrente entre as diversas escolas econômicas. Eles seriam o individualismo metodológico, princípio que define as ações individuais – ou, como diria Mises, as ações humanas, objeto de estudo de uma ciência, chamada praxeologia, de que a economia seria uma derivação – como base para a explicação dos fenômenos econômicos; o subjetivismo metodológico, que ressalta a importância dos julgamentos e escolhas pessoais; os gostos e preferências, ou as valorações subjetivas de bens e serviços, enxergados como determinantes da demanda pelos produtos; os custos de oportunidade, isto é, a avaliação do sacrifício de oportunidades alternativas para calcular o interesse de produzir por parte dos agentes econômicos; o marginalismo, referindo-se à ideia de que todos os valores, custos, receitas e demais quantificações econômicas são determinados "pelo significado da última unidade adicionado ou subtraído do total" (MISES, 2018, p. 22), derivando esses valores da utilidade com que os produtos são percebidos pelos potenciais consumidores e não, por exemplo, do trabalho dispendido para construí-lo; e, finalmente, a estrutura de produção baseada em tempo e consumo, obrigando a que as decisões de poupar derivem de "preferências temporais", levadas em consideração quando os agentes optam por consumir um produto ou investir em um determinado processo de produção no presente imediato ou no futuro mais ou menos distante.

Machlup, entretanto, acrescentaria dois outros princípios como particulares dos alunos de Mises. Um deles seria a soberania do consumidor, decisivamente influente sobre a demanda efetiva dos bens e serviços, como algo que seria um objetivo importante,

> (...) atingível apenas pela ausência total de interferência do governo nos mercados e sem restrições à liberdade de vendedores e compradores para seguir o seu próprio julgamento sobre as quantidades, qualidades e preços de produtos e serviços (...). (MISES, 2018, p. 23)

O outro seria o individualismo político, assim definido:

(...) só quando os indivíduos tiverem uma plena liberdade econômica será possível assegurar a liberdade política e moral. Restrições à liberdade econômica levam, cedo ou tarde, a uma extensão das atividades coercitivas do Estado para o plano político, minando e, por fim, destruindo as liberdades individuais que as sociedades capitalistas foram capazes de alcançar no século XIX. (MISES, 2018, p. 23)

O desenho geral configurado por esses princípios se faz presente em todo o pensamento de Hayek. É notória também sua ênfase nos dois últimos, apontados por Machlup como tipicamente misesianos, havendo especial interesse, para os fins deste ensaio, no segundo, que desfralda a bandeira do individualismo político como um complexo que combina a liberdade política e moral com a liberdade econômica, sendo a última uma condição inafastável para que se verifique a primeira.

Com efeito, uma das preocupações mais prementes de Hayek era em devolver à liberdade econômica um prestígio que ele sentia estar sendo erodido, em favor de um conceito duvidoso de "justiça social" – expressão que o austríaco repugnava – e diminuído em comparação com a importância conferida ao incremento da participação política. Por isso mesmo, Hayek foi um pensador preocupado com as possíveis tensões entre o liberalismo, devotado por natureza a perseguir a consumação equilibrada de todas essas liberdades em uma comunidade política, e a democracia, devotada prioritariamente a ampliar a participação, o que poderia, na interpretação hayekiana, ameaçar essas mesmas liberdades, especialmente no caso dos grupos minoritários.

Dentro, no entanto, das elaborações e ramificações da Escola Austríaca, pode-se dizer, afunilando um pouco mais o pensamento hayekiano, que ele preferiu fazer, trabalhando com a mesma matéria-prima misesiana, um movimento em direção diferente da percorrida, por exemplo, por outro destacado discípulo do autor de *Ação Humana*, o também economista de linha austríaca Murray Rothbard (1926-1995). Em obras como *Anatomia do Estado* e *Por uma nova liberdade: o Manifesto Libertário,* esse outro pensador aplicou o instrumental da Escola Austríaca e do pensamento misesiano, de maneira similar a teóricos mais antigos como Lysander Spooner (1808-1887) e Henry David Thoreau (1817-1862), em uma direção assumidamente anarquista, tornando-se um dos principais expoentes de uma ideologia que ficou conhecida como anarcocapitalismo. As teses individualistas do pensamento austríaco justificavam, para ele, advogar a abolição completa do Estado como um fim atingível e desejável, coerente com o próprio direito natural.

Rothbard não estava preocupado em fundamentar a edificação de instituições que associassem a liberdade e a ordem em uma comunidade política, mas sim em enfatizar o combate contra toda ilegítima violação dos direitos individuais de propriedade – inclusive do próprio corpo – e de troca, que só seriam absolutamente garantidos com a extinção dos impostos e da máquina estatal e sua substituição por agências privadas de segurança e de justiça. Ele assumia sem nenhuma hesitação o rótulo de radical, porque acreditava, tal como Hayek, que os adeptos de sua linha de pensamento deveriam ser francos ativistas, mas, em seu caso, ativistas que não negociassem nenhum dos aspectos de seu programa e que expusessem a todo instante sua intenção anarquista.

Hayek, ao contrário, em toda a sua obra está preocupado com instituições e sua organização. A despeito de sua defesa da pregação corajosa dos intelectuais liberais para desafiar o agigantamento do Estado, ele jamais pôde aceitar o radicalismo e o anarquismo com a mesma naturalidade com que Rothbard os admitia. A destinação que confere ao material austríaco e misesiano é completamente outra. Os autores com quem Hayek desejava conversar eram aqueles que ele chamava de "liberais da velha escolha", incluindo-se entre eles, a seu ver, o nome do célebre estadista irlandês Edmund Burke (1729-1797), considerado por muitos teóricos como o marco do conservadorismo político moderno, inaugurado historicamente como uma reação à Revolução Francesa.

Na época em que a obra de Hayek ganha expressão, especialmente a partir de 1944, quando é publicado originalmente o emblemático *O Caminho da Servidão*, o cenário internacional vivia a popularização contundente das ideias econômicas intervencionistas, com a ascensão das teses de seu grande rival – ao mesmo tempo, considerado por ele um amigo –, John Maynard Keynes (1883-1946), expostas em sua obra clássica *A Teoria Geral do Emprego, do Juro e da Moeda*. Mais além das teses de Keynes, que preconizavam a atuação do Estado para a correção de crises cíclicas do sistema capitalista, a década de 30 foi marcada por uma contestação veemente das instituições liberais e dos regimes liberais-democráticos, com a disseminação de regimes totalitários como o do fascismo italiano, do nacional-socialismo alemão e do stalinismo soviético. Hayek representava uma reação intensa a esse quadro: sua atuação pública se destinava a demonstrar que as menores perturbações impostas à liberdade de trocas do mercado e os menores avanços em direção ao planejamento estatal da economia eram passos largos em direção ao despotismo.

Na concepção de Hayek, as liberdades consagradas no liberalismo do século XIX, que estavam sendo abandonadas pelos totalitários de todas as espécies, eram um desenvolvimento dos alicerces mais remotos de um "individualismo essencial" que marca a "civilização ocidental que evoluiu a partir dos fundamentos lançados pelo cristianismo e pelos gregos e romanos" (HAYEK, 2010, p. 39). Essa civilização teria nesse individualismo, que começou a se delinear com mais perfeição a partir do Renascimento, sua herança mais importante, sendo a destruição dessa herança equivalente à destruição da própria civilização.

Longe de se aproximar da defesa do egoísmo como um orientador ético, tal como faria a popular filosofia de Ayn Rand (1905-1982), o Objetivismo, Hayek fez questão de frisar que o liberal de sua estirpe defenderia o individualismo com base em outra justificativa: a constatação de que "os limites dos nossos poderes de imaginação nos impedem de incluir em nossa escala de valores mais que uma parcela das necessidades da sociedade inteira" (HAYEK, 2010, p. 77), devendo-se em consequência disso permitir maiores prerrogativas aos indivíduos.

Infelizmente, o sucesso do liberalismo em equacionar vasta gama de problemas e multiplicar as riquezas, a seu ver, tinha despertado a afobação de setores da sociedade que, inconformados com as dificuldades que ele ainda não tinha sido capaz de eliminar por completo, passaram a reivindicar sua total supressão como remédio para elas, esquecendo-se de todos os benefícios por ele proporcionados. A missão dos liberais como ele era reverter esse quadro e restaurar os bons princípios da antiga tradição liberal. Ele descreve seu declínio da seguinte forma:

> A impaciência crescente em face do lento progresso da política liberal, a justa irritação com aqueles que empregavam a fraseologia liberal em defesa de privilégios antissociais, e a

> ilimitada ambição aparentemente justificada pela melhoria material já conquistada fizeram com que, ao aproximar-se o final do século, a crença nos princípios básicos do liberalismo fosse aos poucos abandonada. Tudo o que fora conquistado passou a ser considerado um bem estável, indestrutível e definitivo. Os olhos do povo fixaram-se em novas reivindicações, cuja rápida satisfação parecia obstada pelo apego aos velhos princípios. Passou-se a acreditar cada vez mais que não se poderia esperar maior progresso dentro das velhas diretrizes e da estrutura geral que permitira os avanços anteriores, mas apenas mediante uma completa reestruturação da sociedade. Já não se tratava de ampliar ou melhorar o mecanismo existente, mas de descartá-lo e substitui-lo por outro. E à medida que as esperanças da nova geração se voltavam para algo inteiramente novo, a compreensão e o interesse pelo funcionamento da sociedade existente sofreram brusco declínio. Com esse declínio, declinou também a nossa consciência de tudo o que dependia do sistema liberal. (HAYEK, 2010, p. 44)

A filiação de Hayek ao corpo central das ideias de Mises fica evidente mais uma vez, pois o cenário que ele procura traçar em *O Caminho da Servidão* é o mesmo que seu professor traçou em *O Contexto Histórico da Escola Austríaca de Economia*:

> A grandeza do século XIX consistia no fato de que, em certa medida, as ideias da economia clássica se tornaram a filosofia dominante do Estado e da sociedade. Transformaram a tradicional sociedade estamental em nações de cidadãos livres, o absolutismo real em governo representativo e, sobretudo, a pobreza das massas durante o Antigo Regime no bem-estar de muitos sob o *laissez-faire* capitalista. Hoje a reação do estatismo e do socialismo está minando as bases da civilização ocidental e do bem-estar. (MISES, 2018, p. 138)

Com a única diferença de que Hayek não apreciava o conceito de *laissez-faire* e admitia que o Estado tivesse mais áreas de atuação do que seu professor – a existência de um suporte mínimo para os menos afortunados, por exemplo, era admitida por ele –, o fato é que o diagnóstico dos dois sobre a importância da antiga tradição liberal e de seu resgate para desafiar a evolução do estatismo e do socialismo no século XX era exatamente igual. Para ambos, essa restauração se daria com o esforço de valorização de instituições como o Estado de Direito, com regras previsíveis e em vigência da mesma forma para todos os cidadãos, membros do corpo político; o consequente combate aos privilégios conferidos pelo Estado; a autonomia dos empreendedores, para seguir multiplicando a riqueza, e o respeito à propriedade privada.

Amigo do filósofo Karl Popper (1902-1994), também membro da Sociedade Mont Pèlerin, Hayek recebeu nítida influência de suas formulações teóricas acerca da importância da "sociedade aberta", aquela em que existe a possibilidade de alternar as lideranças e autoridades políticas sem conflitos violentos e os indivíduos dispõem de suas liberdades, bem como têm condições de perseguir fins e interesses individuais e não apenas aqueles que viessem a ser estabelecidos por alguma autoridade central. Se Popper afirmava que os pensadores que acreditavam na possibilidade de conhecer uma diretriz absoluta que regeria a marcha da História favoreciam consequências sociais autoritárias dessa pretensão, Hayek, na mesma linha, pontuaria que os principais pensadores da História humana – e nessa perspectiva ele próprio poderia ser incluído – se dividiam em duas categorias: a daqueles que sustentavam ideias "construtivistas" e a dos que as negavam.

Em entrevista concedida nos anos 80 ao já mencionado Henry Maksoud, no Brasil, Hayek classificou uma lista considerável de pensadores de todo o mundo em três categorias: os construtivistas, os libertários e os *muddleheads* – expressão que designaria aqueles que, de maneira considerada inconsistente, permanecessem em posição intermediária e manifestassem ideias conflitantes. Os pensadores construtivistas, para Hayek, são aqueles que desvalorizariam sua tese da prevalência da "ordem espontânea", isto é, dos desenvolvimentos e movimentos espontâneos na sociedade como forças essenciais de fabricação das instituições e realizações mais valorosas. Esses autores teriam a tendência de favorecer o que Hayek e Popper chamavam de "sociedades fechadas" e acreditariam demasiadamente no poder transformador e criador do racionalismo; a razão humana, arquitetando sistemas e teorias inteiramente abstratas, poderia, para eles, atingir resultados positivos.

Os libertários seriam seus oponentes, apostando na necessidade de uma postura mais humilde acerca dos poderes da razão e reconhecendo que muito do que a humanidade construiu de útil não deriva dela e de seus esquemas, mas do agregado de ações individuais e interações espontâneas, todos imprevisíveis, pois sua antecipação perfeita demandaria uma concentração de conhecimento que não existe sequer nos maiores gênios.

Cabem algumas observações sobre a preferência pela palavra "libertários". O próprio Hayek, em certa fase de sua vida intelectual, preferiu empregar essa palavra em vez de "liberal", devido ao fato de que o termo foi adotado por setores políticos e intelectuais economicamente intervencionistas, sobretudo nos Estados Unidos, passando a expressão a ser aplicada mais corriqueiramente a setores adeptos do programa econômico keynesiano do *New Deal* do governo de Franklin Roosevelt (1882-1945) e integrantes do Partido Democrata. "Liberal" é, até hoje, nos EUA, sinônimo de "esquerda".

Ainda sobre rótulos, Hayek redigiu um famoso artigo intitulado *Por que não sou um conservador*, sendo que, ao mesmo tempo, disse que "os liberais da sua espécie têm muito que aprender com alguns pensadores conservadores" (PRUNES, 2006, p. 183) e que se identificava como um "*whig cético*" (PRUNES, 2006, p. 15). A leitura do texto demonstra que Hayek nomeava como "conservadores" pensadores como Joseph De Maistre (1753-1821) e Louis De Bonald (1754-1840), que se opunham à Revolução Francesa por deferência assumida ao Antigo Regime. O "conservadorismo" que Hayek tinha em mente ao rechaçar o termo seria identificado, em seu julgamento, por ter dificuldades intransponíveis para aceitar mudanças sociais e depositar confiança mais ou menos cega na autoridade estabelecida, revelando-se incapaz de mobilizar a sociedade, portanto, para a ampliação de liberdades individuais ou o enfrentamento de privilégios.

No entanto, Edmund Burke, que desafiou a Revolução Francesa reivindicando como argumentos os velhos princípios do partido *Whig* (antecessor do partido liberal britânico) e que é considerado marco inaugural do conservadorismo político justamente por enaltecer o valor das instituições e costumes elaborados ao longo do tempo e desconfiar do racionalismo abstrato e militante dos iluministas franceses, é, para Hayek, um liberal. Mais do que isso: Hayek concordou no mesmo artigo com Lord Acton (1834-1902) em que Burke formava, juntamente com Macaulay (1800-1859) e Gladstone (1809-1898), a tríade dos maiores liberais.

O Hayek que prefere rejeitar o rótulo de "conservador" é o mesmo que diz que "o verdadeiro conservadorismo é uma atitude legítima, provavelmente necessária, e com certeza bastante difundida, de oposição a mudanças drásticas"[1]. Também é o mesmo que confessa que praticamente nenhum dos partidos nomeadamente liberais de seu tempo, nos EUA ou na Europa, defendia as mesmas ideias que ele sustentava, o que tornava também a designação "liberal" desconfortável, por ser vítima de uma polissemia destrutiva, embora ele a preferisse.

> É, portanto, necessário reconhecer que o que chamei de "liberalismo" pouca relação tem com qualquer movimento político que hoje assim se denomina. Também se pode questionar se as associações históricas evocadas atualmente por esse termo favorecem o êxito de qualquer movimento. É possível discordar quanto à conveniência de, em tais circunstâncias, tentarmos resgatar o termo daquilo que consideramos seu emprego incorreto. Pessoalmente, acredito cada vez mais que utilizá-lo sem longas explicações gera enorme confusão e que, como rótulo, se tornou mais obstáculo do que força motriz[2].

A solução de Hayek para afastar a diversidade de acepções dos termos e deixar clara a sua posição é ilustrar o liberalismo que defendia com sua inspiração histórica: justamente os velhos *whigs* e, portanto, justamente Burke. Nesse sentido, os *whigs* e Burke deveriam ser a referência dos intelectuais que Hayek chamava de "libertários", porque foram os grandes inspiradores de uma política constitucional, liberal, afeita a uma sociedade aberta, mas, simultaneamente, opositores do racionalismo destrutivo da Revolução e do Iluminismo franceses.

Sua luta pelos ideais da Escola Austríaca e pela liberdade era, portanto, para ele, indissociável da velha luta *whig* contra os pensadores construtivistas. Foi orientado por esse norte que ele delineou a sua divisão. No grupo dos pensadores que considerava construtivistas, assim como Popper, ele abria a lista com Platão (428-348 a.C.), o "inventor do totalitarismo" em sua obra *A República*, devido ao que Hayek julgava ser uma obsessão por "organizar tudo" (PRUNES, 2006, p. 103). Thomas Hobbes (1588-1679) e Francis Bacon (1561-1626) foram considerados também construtivistas:

---

[1] HAYEK, Friedrich. *Por que não sou um conservador*. Disponível em: http://ordemlivre.org/posts/por-que-nao-sou-conservador. Acesso em 22/dez/2018.
[2] Idem.

Ambos, realmente – juntamente com René Descartes – são os inventores do que eu chamo de *scientistic (?) tradition*, segundo a qual até mesmo os mais complexos fenômenos do mundo podem ser explicados por métodos mecânicos. Ele (Hobbes) desconhecia, completamente, o fato de que os mais complexos fenômenos da vida e da sociedade não poderiam ser tratados com base nos simples princípios com os quais se lida com a mecânica. (PRUNES, 2006, p. 104)

Embora não sem alguma hesitação, Hayek igualmente incluiu Jeremy Bentham (1748-1832) entre os construtivistas, não obstante fosse britânico. O austríaco explicou que, ainda que a França seja o principal berço dos construtivistas e os britânicos normalmente sejam libertários, já que o Reino Unido sofreu forte influência politicamente do chamado Iluminismo escocês de David Hume (1711-1776), do próprio Burke e de Adam Smith (1723-1790), não há nisso um determinismo geográfico e existem importantes exceções. Bentham seria uma delas, porque, para Hayek, seu utilitarismo, a teoria ética que pretende fornecer uma resposta completa para as questões práticas da vida individual e em sociedade com base na busca pela maximização da utilidade e da felicidade, é uma doutrina construtivista, equivocada ao supor que a razão humana é suficiente para escolher todos os valores morais.

Hayek via da mesma forma o Marquês de Condorcet (1743-1794), que aderiu à Revolução Francesa, sendo depois perseguido pelo movimento que havia apoiado. Condorcet desenvolveu um sistema rigidamente progressista, que estabelecia a perfeita sequência dos progressos da humanidade até a época revolucionária e supostamente permitia antever os próximos passos a serem dados. Tal suposto conhecimento, sobretudo considerado como uma forma de se orientar quanto ao caminho a seguir no presente, era o tipo de proposta que Hayek considerava produto do racionalismo sem freios.

John Dewey (1859-1952), filósofo e pedagogista que o brasileiro José Guilherme Merquior (1941-1991) classificaria entre os chamados "liberais sociais" em seu estudo clássico *O Liberalismo Antigo e Moderno*, seria para Hayek também um construtivista. Hegel (1770-1831) seria, tal como para Popper, um dos maiores construtivistas, um extremista, conforme explicou o austríaco:

Certamente, ele era um totalitário. Hegel é um exemplo muito claro disso. Permitam-me reformular o que digo. Era um homem extremamente inteligente. Provavelmente percebeu muitas conexões de forma muito mais nítida do que a maioria dos outros pensadores. Entretanto, era incapaz de pensar em uma ordem que não fosse deliberadamente criada pela vontade do homem. E isto fez com que não pudesse ser capaz de entender uma sociedade livre. (PRUNES, 2006, p. 106)

Os positivistas franceses da área do Direito, como Léon Duguit (1859-1928) e Hans Kelsen (1881-1973), eram construtivistas porque acreditavam na lei como algo muito mais derivado da invenção humana, deixando pouca margem à "ordem espontânea" valorizada por Hayek. O fundador do sistema filosófico positivista, Auguste Comte (1798-1857), que "afirmou que a sociedade deve ser estudada cientificamente, realizando com os homens o que a ciência já fazia com os objetos materiais" (PRUNES, 2006, p. 62), figuraria em destaque na lista dos construtivistas. Assim também o mais famoso rival de Hayek, Keynes, que o austríaco definiu como "o tipo extremado do homem que pensa que nossa inteligência é suficiente para decidir o que é bom e o que é ruim" (PRUNES, 2006, p. 108).

Novamente seguindo Popper, Hayek incluiria na extrema ala do construtivismo o alemão Karl Marx (1818-1883), ícone do pensamento comunista, que derivou muito de sua obra da filosofia hegeliana. Afinal, o marxismo identificava na História uma lei de transformações regida pela luta de classes no interior dos modos de produção e com isso previa o advento de uma nova época da humanidade mediante a suplantação do que chamou de sistema capitalista.

Devido às suas atividades na Revolução Francesa, seria possível cogitar que o líder jacobino Robespierre (1758-1794) fosse um construtivista na classificação hayekiana, mas o austríaco preferiu se limitar a dizer que ele "era um terrorista" (PRUNES, 2006, p. 110) e não se poderia dizer que tivesse qualquer filosofia. Ao contrário, Jean Jacques Rousseau (1712-1778), teórico influente entre os revolucionários, era visto por Hayek como um construtivista da linhagem cartesiana que se distinguia por desprezar a tradição e pretender a libertação dos instintos humanos, eliminando as prevenções e contenções estabelecidas pelas leis tradicionais. Não exibia, portanto, o tipo de respeito pela obra dos tempos que Hayek admirava no pensamento *whig*, além de ter sido um dos alvos prediletos das críticas de Edmund Burke.

Voltaire (1694-1778), por sua devoção ao racionalismo cartesiano e sua aversão a tudo quanto fosse tradicional, também foi considerado um construtivista, apesar de sua admiração pela Inglaterra e suas ideias liberais. O socialista Saint-Simon (1760-1825) naturalmente também se encaixava no grupo, assim como os sociólogos Max Weber (1864-1920) e Karl Mannheim (1893-1947), os socialistas fabianos Sidney Webb (1859-1947) e Beatrice Webb (1858-1947) e a economista pós-keynesiana Joan Robinson (1903-1983)

Saindo do grupo dos construtivistas, Aristóteles (384-322 a.C.), para Hayek, era precisamente o primeiro exemplo de um *muddlehead*. O motivo para isso seria sua crença em que o mundo era estático e todas as questões que formulava partiriam da premissa única de descobrir de que os seres humanos necessitavam para permanecerem rigorosamente na mesma quantidade em que se encontravam. Como veículo de transmissão das ideias aristotélicas para as épocas posteriores, São Tomás de Aquino (1225-1274) também seria inserido na categoria intermediária. Entre suas ideias conducentes a uma "sociedade fechada", estaria a sua defesa de um "governo do amor", inspirando o desejo de impor às pessoas determinados valores e levando "à intolerância contra os que a eles se opõem" (PRUNES, 2006, p. 62). O fundador dos Estados Unidos Alexander Hamilton (1755-1804), por combinar "ideias libertárias com protecionismo" (PRUNES, 2006, p. 106), foi citado nessa mesma categoria dos híbridos, assim como o economista Thomas Malthus (1766-1834). O também economista Joseph Schumpeter (1883-1950), que Hayek conheceu, provocou certa dificuldade no austríaco, que não sabia se o classificaria como um *muddlehead* ou como algo especial entre um *muddlehead* e um libertário. Aliás, ao longo da entrevista, Hayek revelou pudores em ser muito taxativo quando se tratava de personalidades com quem travou contato ou desenvolveu amizade.

Nem todos os pensadores sugeridos por Maksoud para a apreciação de Hayek puderam ser classificados em qualquer uma das categorias, o que mostra que o austríaco não considerava seu modelo de inspiração popperiana a metodologia absoluta para apreciar qualquer obra e qualquer intelectual. O famoso político conservador britânico

Benjamin Disraeli (1804-1881), por exemplo, não era para ele um adepto de princípios que pudesse integrar uma lista de classificação de filósofos; da mesma forma ele via Fiódor Dostoiévski (1821-1881) e outras figuras do meio literário. Admitindo não compreender bem sua obra e acreditando que sua pregação não dizia respeito diretamente à vida política, Hayek também se recusou a classificar Santo Agostinho (354-430), bem como Nicolau Maquiavel (1469-1527), um pensador que não podia ser considerado nem construtivista, nem libertário, nem *muddlehead*, porque não estava preocupado com princípios políticos e sim com a eficiência da manutenção de um poder ordenador.

John Stuart Mill (1806-1873) seria o exemplo clássico de um *muddlehead*. Para Hayek, ele foi o verdadeiro fundador do socialismo fabiano, apesar de sua reputação como liberal; isso porque sua ênfase na liberdade intelectual sobre a liberdade econômica teria favorecido um afastamento dos liberais da defesa imprescindível desta última liberdade, embora as consequências dessa atitude depois de sua morte provavelmente não fossem do agrado de Mill. Por isso, Hayek o classifica na categoria do meio.

Finalmente, vem a lista dos libertários, aqueles com quem o pensamento de Hayek tinha mais afinidade. Curiosamente, uma vez que tinha adotado a crítica popperiana a Platão por sua *República*, Hayek, de acordo com um perfil traçado por Maksoud de sua personalidade e suas ideias para apresentá-lo ao público brasileiro, teria demonstrado alguma simpatia por sofistas como Górgias (485-380 a.C.) e Protágoras (484-411 a.C.) – o primeiro porque "opôs-se à escravatura" (PRUNES, 2006, p. 63) e o segundo porque "mostrou que as instituições humanas são convencionais e não naturais; logo, podem ser modificadas" (PRUNES, 2006, p. 63). O mesmo Maksoud, paradoxalmente ou não, pontuou que Hayek, apesar de hostil a Platão, aprovaria Sócrates (469-399 a.C.) quando ele "advertia contra todo e qualquer dogmatismo" (PRUNES, 2006, p. 63).

Na entrevista que concedeu ao ativista liberal brasileiro, no entanto, a lista hayekiana de libertários começa com o estadista ateniense Péricles (495-429 a.C.), que, assim como Abraham Lincoln (1809-1865), teria sido um não-filósofo que entendeu as premissas básicas de uma sociedade livre, intuindo seus alicerces muitos séculos antes do liberalismo político propriamente existir. O poeta e polemista John Milton (1608-1674) seria catalogado da mesma forma.

O liberal inglês John Locke (1632-1704), com sua defesa do indivíduo contra a interferência do Estado, o holandês Berhard Mandeville (1670-1733) e os grandes "iluministas escoceses" David Hume, Adam Ferguson (1723-1816) e Adam Smith estão entre os autores fundamentais para a defesa da sociedade aberta popperiana. Ferguson foi amplamente divulgado por Hayek, sendo um dos expositores mais explícitos da ideia de que as instituições e costumes se desenvolvem mais em consequência de ações espontâneas e não planejadas do que por efeito de sistemas filosóficos concebidos por mentes prodigiosas. A esses nomes se somaria o já mencionado Edmund Burke, admirador de Adam Smith, sobre quem, perguntado por Maksoud, Hayek disse o seguinte:

> Edmund Burke foi um bom exemplo do libertário. De certa forma, porém, ele não era igualmente um teórico. Foi um grande orador e, provavelmente, fez muito mais do que qualquer outra pessoa para expandir as ideias liberais. Ele não tinha ideias firmes, pois era levado pela emoção, mas mesmo assim creio que pode ser inserido entre os que cultivavam a tradição da verdadeira liberdade. (PRUNES, 2006, p. 104)

Lord Acton seria um notório liberal inglês. Assim como Bentham era um britânico construtivista, nomes importantes como Benjamin Constant de Rebecque (1767-1830), o barão de Montesquieu (1689-1755) e Alexis de Tocqueville (1805-1859) seriam franceses de mentalidade inglesa, ou, por outra, franceses libertários, na classificação hayekiana. O primeiro foi um grande crítico de Rousseau, afirmando que o indivíduo preservava uma área de independência em relação ao Estado e à "vontade geral" que o pensador suíço não havia percebido. Montesquieu foi o teórico representativo da divisão dos poderes e Tocqueville foi estudioso e defensor da democracia, tendo analisado profundamente a experiência americana.

Curiosamente, ainda que provocado a isso por sugestão de Maksoud, Hayek consentiu em classificar o naturalista Charles Darwin (1809-1882) como um libertário porque, segundo o austríaco, ele "tomou emprestado aos cientistas sociais o conceito de evolução, que aplicou aos organismos, e que os pensadores escoceses antes já haviam aplicado à sociedade" (PRUNES, 2006, p. 105).

William Gladstone (1809-1898), aconselhado por Lord Acton e rival de Disraeli, foi, como primeiro-ministro britânico, para Hayek, um grande político liberal, que soube adotar ideias libertárias como inspiração de sua conduta política. O austríaco também elogiou muito os italianos Francesco Guicciardini (1483-1540) e Giambattista Vico (1668-1744), que, em sua concepção, teriam sido liberais, se fosse possível ser liberal no século XVI.

A Alemanha também teria três grandes libertários: Whilhelm von Humboldt (1767-1835), Friedrich von Schiller (1759-1805) e Immanuel Kant (1724-1804) – embora o último, um dos mais importantes filósofos modernos, tenha, no julgamento de Hayek, demonstrado algumas tendências um pouco autoritárias. Walter Lippmann (1889-1974), escritor, jornalista e comentarista político americano que começou no socialismo e depois mudou sua orientação política, foi considerado por Hayek um eficiente intérprete libertário. Von Mises, obviamente, é classificado como um libertário, assim como o espanhol José Ortega y Gasset (1883-1955), o economista David Ricardo (1772-1823) – apesar das brechas que abriu na teoria do valor para serem exploradas pelos seus seguidores, criticadas posteriormente pela Escola Austríaca –, o próprio Karl Popper e o economista Sylvester Petro (1917-2007).

Em retrospectiva, uma observação cuidadosa da obra de Hayek situada no tempo e comparada, pela sua própria perspectiva, com os grandes pensadores da História, atesta que ele estava essencialmente interessado em defender a liberdade e a ampliação das prerrogativas dos indivíduos como algo que seria mais facilmente alcançado se a condução dos rumos da política não se sustentasse na confiança cega em ideólogos ou filósofos, mas no respeito pelo trabalho dos séculos, apostando-se menos na racionalidade humana como uma ferramenta infalível, supostamente investida da missão de destruir a cultura e as instituições tal como estão estabelecidas para criar algo novo. Para avaliar qualquer autor e emitir qualquer posicionamento, Hayek usava esse critério como régua, apontando méritos e deméritos a partir do alinhamento à visão dita construtivista ou à visão dita libertária.

Nesse sentido, a Escola Austríaca seria uma manifestação mais recente de um antigo conflito entre essas duas grandes tendências, devendo seu instrumental ser explorado na direção chamada "libertária". O melhor "libertário" ou "liberal", no significado utilizado por Hayek, seria aquele que tivesse como principal inspiração os antigos *whigs*, com todas as suas prevenções para com os ideais revolucionários franceses.

Entre as mensagens mais patentes na obra hayekiana, destaca-se, em suma, a de que, por mais que superficialmente as ideias sejam liberais, o caminho para enraizá-las e ancorá-las numa sociedade não será o ideal se o mecanismo empregado for o racionalismo extremado dos franceses. Em lugar desse último, a tarefa dos liberais de sua estirpe deve ser, sobretudo, resgatar o obscurecido legado do Iluminismo escocês.

Bibliografia

MISES, Ludwig von. *Human Action – A treatise on economics*. Londres: William Hodge & Company, 1949.

MISES, Ludwig von. *O Contexto Histórico da Escola Austríaca de Economia*. São Paulo: LVM Editora, 2018.

HAYEK, Friedrich von. *O Caminho da Servidão*. *São Paulo*: Instituto Ludwig von Mises Brasil, 2010.

PRUNES, Cândido Mendes (org.). *Hayek no Brasil*. Rio de Janeiro: Instituto Liberal, 2006.

HAYEK, Friedrich von. *Por que não sou um conservador*. Disponível em: http://ordemlivre.org/posts/por-que-nao-sou-conservador. Acesso em 22/dez/2018.

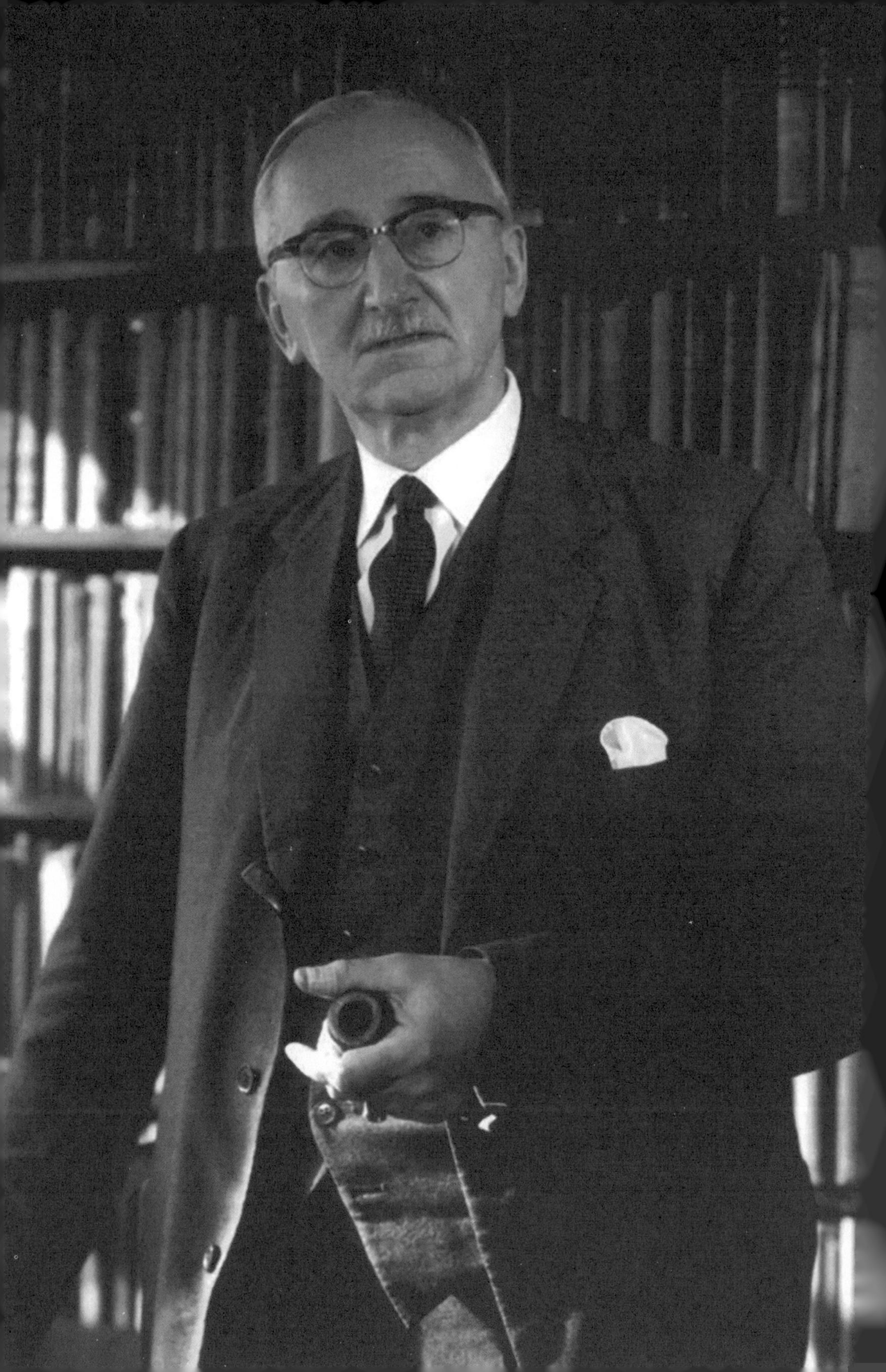

Capítulo 3

APONTAMENTOS SOBRE LIBERDADE, SERVIDÃO E O PAPEL DO ESTADO DE DIREITO NO PENSAMENTO DE F. A. HAYEK

José Luiz de Moura Faleiros Júnior

1. Introdução

No *Caminho da Servidão*, Hayek trabalha com o conceito de planificação econômica, que é defendido por algumas vertentes do pensamento socialista, descrevendo-o como a base fundante de alguns Estados totalitários.

Quando se reporta ao conceito de "servidão", o autor procura identificar elementos que caracterizam os sistemas totalitários e, em sua visão, a liberdade deve ser garantida pelo implemento do liberalismo econômico e pela garantia das liberdades individuais, o que acaba sendo inviável no socialismo.

De início, estas breves lições abordarão a visão do autor sobre o liberalismo econômico, visto como um "caminho abandonado", porquanto não lhe foi permitido se desenvolver, especialmente pelo advento de uma grande utopia decorrente da promessa socialista de uma "nova liberdade", ou seja, de um socialismo democrático, garantido até mesmo pelas cartas constitucionais e se revelando um elemento formal e estruturante do Estado de Direito.

O autor ainda trabalha com os conceitos de individualismo e coletivismo e destaca a existência de sistemas mistos de dirigismo central e de livre iniciativa para, em seguida, se debruçar sobre a inevitabilidade da planificação, causada pelas mudanças tecnológicas, pelo crescimento dos monopólios e por uma direção centralizada das atividades econômicas propiciada pela ilusão de um controle democrático no Estado de Direito.

A partir dessas premissas, em breves linhas, serão anotados os principais pontos do pensamento explicitado por Hayek em seu importante manifesto, que procurarão irradiar luz às visões do autor sob o prisma das inquietudes que nutre em relação à temática posta, notadamente no contexto sócio-político em que ela foi escrita: o fim da Segunda Guerra Mundial e o incremento do keynesianismo. Espera-se que, com isso, se instigue a reflexão acerca da liberdade almejada por todos os indivíduos e, especialmente, quanto à sua garantia e, mais ainda, à sua efetivação nos hodiernos Estados de Direito.

2. A liberdade na visão de Hayek: razões para o abandono do liberalismo econômico

O *Caminho da servidão* é visto até os dias atuais como verdadeiro marco na história do pensamento político-economico do Ocidente, tendo sido uma das mais influentes obras do liberalismo a partir da segunda metade do século XX, sendo marcada pela apresentação de diversos postulados essenciais daquilo que Friedrich Hayek indica para atestar o processo produtivo humano, partido desde a base fundamental que se seguiu no curso do referido período até o caminho que se deveria seguir para que a humanidade conseguisse atingir o modelo ideal de desenvolvimento e liberdade.

Em sua análise exordial, Hayek se reporta exatamente ao "caminho abandonado", analisando o período da segunda metade do século XIX e do início do século XX, antes da eclosão da Primeira Guerra Mundial, quando se visualizou um intenso processo de desenvolvimento das forças produtivas e de liberalização de esferas sociais na sociedade europeia da época. (HAYEK, 2010, p. 39-40)

Em seguida, o autor pontua como esse processo se pautou sobre determinados fundamentos, como a influência cristã e a concepção de *individualismo essencial* acerca da subjetivação e da conduta humana:

> A tendência moderna ao socialismo não implica apenas um rompimento definitivo com o passado recente, mas com toda a evolução da civilização ocidental, e isso se torna claro quando o consideramos não só em relação ao século XIX, mas numa perspectiva histórica mais ampla. Estamos rapidamente abandonando não só as ideias de Cobden e Bright, de Adam Smith e Hume, ou mesmo de Locke e Milton, mas também uma das características mais importantes da civilização ocidental que evoluiu a partir dos fundamentos lançados pelo cristianismo e pelos gregos e romanos. Renunciamos progressivamente não só ao liberalismo dos séculos XVIII e XIX, mas ao individualismo essencial que herdamos de Erasmo e Montagne, de Cícero e Tácito, de Péricles e Tucídides. O líder nazista que definiu a revolução nacional-socialista como uma contra-Renascença estava mais próximo da verdade do que provavelmente imaginava. Ela representou a etapa final da destruição da civilização construída pelo homem moderno a partir da Renascença e que era, acima de tudo, uma civilização individualista. O individualismo tem hoje uma conotação negativa e passou a ser associado ao egoísmo. Mas o individualismo a que nos referimos, em oposição a socialismo e a todas as outras formas de coletivismo, não está necessariamente relacionado a tal acepção. Só de maneira gradual, no decorrer deste livro, é que poderemos esclarecer a distinção entre os dois princípios opostos. Por enquanto podemos dizer que o individualismo, que a partir de elementos fornecidos pelo cristianismo e pela filosofia da antiguidade clássica pôde desenvolver-se pela primeira vez em sua forma plena durante a Renascença e desde então evoluiu e penetrou na chamada civilização ocidental, tem como características essenciais o respeito pelo indivíduo como ser humano, isto é, o reconhecimento da supremacia de suas preferências e opiniões na esfera individual, por mais limitada que esta possa ser, e a

convicção de que é desejável que os indivíduos desenvolvam dotes e inclinações pessoais. "Liberdade" é agora uma palavra tão desgastada que devemos hesitar em empregá-la para expressar os ideais por ela representados durante aquele período. Talvez "tolerância" seja o único termo que ainda expresse o pleno significado do princípio que predominou durante esse período, e apenas em tempos recentes voltou a declinar, desaparecendo de todo com o advento do Estado totalitário. (HAYEK, 2010, p. 39-40)

Percebe-se que, para o autor, o que caracteriza o individualismo essencial é justamente a formulação de uma concepção de supremacia das preferências e opiniões individuais na esfera privada, que desencadeia o surgimento de inclinações pessoais nos sujeitos, dando origem a um sentido de poder sobre o próprio destino – e a uma consciência disso.

Todo esse contexto contribuiu para a germinação do chamado liberalismo econômico, no qual o progresso técnico, o surgimento das cidades fabris e as alterações substanciais no formato de realização do trabalho, somados a outros fatores decorrentes da Revolução Industrial, se revelaram meramente incidentais em relação ao estabelecimento da economia de mercado, o que implica, por sua vez, a necessidade de que se compreenda o real impacto que o uso de máquinas provoca em uma sociedade comercial e na consolidação de um mercado autorregulável, em que "todas as rendas devem derivar da venda de alguma coisa, e qualquer que seja a verdadeira fonte de renda de uma pessoa, ela deve ser vista como resultante de uma venda". (POLANYI, 2000, p. 60)

Nesse diapasão, pode-se afirmar que o processo de constituição do individualismo apontado por Hayek é marcado pela liberalização das restrições políticas, culturais e de autoridade, o que abre um espaço fundamentalmente objetivo para a constituição do indivíduo moderno. Porém, tudo isso se mostrou possível, nos dizeres de Hayek (2010, p. 41), devido às novas condicionantes que surgiram na sociedade europeia do período.

Em síntese, o que ocorreu nessas sociedades foi verdadeira ruptura paradigmática marcada por alterações no padrão de vida dos indivíduos graças a esforços espontâneos que propiciaram uma vida econômica muito dinâmica. Exemplos disso são a liberalização de fluxos produtivos articulados sob a pauta do livre exercício do engenho humano e a formatação de sólidos ideais como o desenvolvimento da ciência, da tecnologia ou das possibilidades de ação individual na esfera privada para os sujeitos:

> As consequências desse processo de crescimento superaram as expectativas. Onde quer que fossem suprimidos os obstáculos ao livre exercício do engenho humano, o homem logo se tornava capaz de satisfazer o seu crescente número de desejos. E se, por um lado, a elevação do padrão de vida em breve levava à descoberta de grandes mazelas na sociedade que os homens não mais estavam dispostos a tolerar, por outro lado, provavelmente, não houve classe que não se tenha beneficiado de modo substancial com o progresso geral. (HAYEK, 2010, p. 42)

Entretanto, notou-se uma impaciência crescente "em face do lento progresso da política liberal" (HAYEK, 2010, p. 44), culminando em seu abandono paulatino. Isto deu origem à proliferação de outras doutrinas, dentre as quais obteve maior destaque o pensamento socialista, desencadeado a partir de ideias voltadas à substituição do liberalismo econômico.

2.1. A utopia socialista

Hayek (2010, p. 47) assevera que, "se o socialismo substituiu o liberalismo como a doutrina da grande maioria dos progressistas, isso não significa apenas que as pessoas tenham esquecido as advertências dos grandes pensadores liberais sobre as consequências do coletivismo".

Ainda segundo o autor:

> Tal fato ocorreu porque elas passaram a acreditar exatamente no contrário daquilo que esses pensadores haviam predito. E o mais extraordinário é que o mesmo socialismo, que além de ser reconhecido a princípio como a mais grave ameaça à liberdade, surgiu como uma reação ostensiva contra o liberalismo da Revolução Francesa, obteve a aceitação geral sob a bandeira da liberdade. Quase não nos ocorre hoje que o socialismo era, de início, francamente autoritário. Os autores franceses que lançaram as bases do socialismo moderno não tinham dúvida de que suas ideias só poderiam ser postas em prática por um

forte governo ditatorial. Para eles o socialismo significava uma tentativa de "acabar com a Revolução" por meio de uma reorganização intencional da sociedade em moldes hierárquicos e pela imposição de um "poder espiritual" coercitivo. (HAYEK, 2010, p. 47)

Com base nessas considerações iniciais, Hayek destaca a forma como o socialismo começou a se aliar às "forças da liberdade" para dar origem ao chamado "socialismo democrático", que precisou de tempo para afastar suspeitas e atrelar a si o anseio de liberdade dos indivíduos, "vendendo" uma imagem que representaria a ilusão de atingimento da necessidade que cada indivíduo tem de buscar a própria satisfação exatamente na transição para a liberdade prometida. (HAYEK, 2010, p. 47-48)

Nessa etapa de mudança – inegavelmente utópica – o "'despotismo da necessidade material' deveria ser vencido, e atenuadas 'as restrições decorrentes do sistema econômico'". (HAYEK, 2010, p. 48). Isso significava uma sinonímia entre poder/riqueza e o conceito de liberdade prometido pelo socialismo democrático.

Dessa forma, quando Hayek se reporta ao socialismo como uma utopia, tem em conta este aspecto – até mesmo paradoxal – da primazia da liberdade como um anseio real, que seria o último objetivo do processo de transição para um regime de mando. Isto não se coaduna, nos dizeres do autor, com a verdadeira liberdade.

O discurso atraente e cativante fez com que vários liberais se convertessem ao socialismo, segundo Hayek:

> Foi inquestionavelmente a promessa de maior liberdade que atraiu um número crescente de liberais para o socialismo e tornou-os incapazes de perceber o conflito existente entre os princípios do socialismo e os do liberalismo, permitindo em muitas ocasiões que os socialistas usurpassem o próprio nome do antigo partido da liberdade. O socialismo foi aceito pela maior parte da *intelligentsia* como o herdeiro aparente da tradição liberal: não surpreende, pois, que seja inconcebível aos socialistas a ideia de tal sistema conduzir ao oposto da liberdade. (HAYEK, 2010, p. 49)

O autor alerta para a assustadora similitude de alguns aspectos desse novo viés do pensamento socialista "democrático" com as condições de vida dos regimes fascista e comunista. Destaca que, "enquanto os 'progressistas' na Inglaterra e em outros países ainda se iludiam julgando que comunismo e fascismo eram polos opostos, um número cada vez maior de pessoas começava a indagar se essas novas tiranias não seriam o resultado das mesmas tendências". (HAYEK, 2010, p. 49-50)

E finaliza essa passagem de seu pensamento asseverando que o modelo socialista "não só é irrealizável, mas o próprio esforço necessário para concretizá-lo gera algo tão inteiramente diverso que poucos dos que agora o desejam estariam dispostos a aceitar suas consequências". (HAYEK, 2010, p. 52-53)

2.2. Impostações de um sistema antagônico: individualismo *vs.* coletivismo

Nesse ponto, Hayek elabora seu ideário analisando as diretrizes e formatações que as articulações produtivas devem adotar para que possa ser retomado o caminho estabelecido na modernidade ocidental. Isso significa que há vários empecilhos e desafios a serem superados para que se consiga atingir tal patamar – e o principal deles é alvo de severa crítica do autor em seu manifesto: o coletivismo.

Aqui, Hayek se reporta à ideia de *planejamento*:

> O conceito de "planejamento" deve sua popularidade em grande parte ao fato de todos desejarmos, obviamente, tratar os problemas ordinários da forma mais racional e que para tanto precisarmos utilizar toda a capacidade de previsão possível. Neste sentido, se não for um completo fatalista, todo indivíduo será um planejador; todo ato político será (ou deveria ser) um ato de planejamento, de sorte que só haverá distinção entre o bom e o mau planejamento, entre um planejamento sábio e previdente e o míope e insensato. Um economista, que estuda a maneira como os homens de fato planejam suas atividades e como deveriam planejá-las, seria a última pessoa a opor-se ao planejamento em tal acepção genérica. Mas não é nesse sentido que nossos entusiastas de uma sociedade planejada empregam atualmente esse termo; tampouco é apenas nesse sentido que será necessário planejar se desejarmos a distribuição da renda

ou da riqueza conforme determinado padrão. (HAYEK, 2010, p. 57)

A linha de pensamento político-econômica denominada "coletivismo" tem sua marca principal na substituição do fluxo espontâneo do mercado pela condução coletiva e consciente de todas as forças sociais e produtivas em direção a objetivos deliberadamente escolhidos. É nesse campo que entra a ideia de planejamento aventada pelo autor, pois regimentos, limites e direcionamentos serão estabelecidos a partir dele, com vistas à maximização do desempenho das forças produtivas humanas.

Hayek, nessa linha, elabora uma análise crítica das correntes que se embasam nesse pensamento, trazendo pontos em comum entre o fascismo e o socialismo do século XX, na medida em que ambos se orientam por um ideal de planejamento e condução do processo produtivo. Segundo o autor,

> [o] que nossos planejadores exigem é um controle centralizado de toda a atividade econômica de acordo com um plano único, que estabeleça a maneira pela qual os recursos da sociedade sejam "conscientemente dirigidos" a fim de servir, de uma forma definida, a finalidades determinadas. (HAYEK, 2010, p. 57)

Quando se fala em finalidades determinadas, tem-se, no pensamento de Hayek, indicações de que, embora nobres, algumas finalidades das ideologias socialistas, como a igualdade de todos e a liberdade total, são inalcançáveis pelas propostas apresentadas, que, em verdade, resultariam no inverso. Isso porque tais objetivos seriam intrinsecamente inócuos se dependentes da coerção e do direcionamento de uma organização central. (HAYEK, 2010, p. 58)

Nesse contexto, como contrapondo ao coletivismo, Hayek defende que as forças espontâneas do engenho humano só se articulam em torno da verdadeira liberdade, isto é, quando estão livres de coerção externa e entrelaçadas em parâmetros de *livre concorrência*:

> A centralização absoluta da gestão da atividade econômica ainda atemoriza a maioria das pessoas, sobretudo pela ideia em si mesma, mas também devido à tremenda dificuldade que isso implica. Se, todavia, estamos nos aproximando rapidamente de tal situação, é porque muitos ainda acreditam que seja possível

encontrar um meio-termo entre a concorrência "atomística" e o dirigismo central. Com efeito, à primeira vista nada parece mais plausível, ou tem maior probabilidade de atrair as simpatias dos homens sensatos, do que escolher como meta não a extrema descentralização da livre concorrência nem a centralização completa representada por um plano único, mas uma judiciosa combinação dos dois métodos. Não obstante, o simples senso comum não se revela um guia seguro nesse campo. Embora a concorrência consiga suportar certo grau de controle governamental, ela não pode ser harmonizada em qualquer escala com o planejamento central sem que deixe de operar como guia eficaz da produção. Tampouco é o "planejamento" um remédio que, tomado em pequenas doses, possa produzir os efeitos esperados de sua plena aplicação. Quando incompletos, tanto a concorrência como o dirigismo central se tornam instrumentos fracos e ineficientes. Eles constituem princípios alternativos usados na solução do mesmo problema e, se combinados, nenhum dos dois funcionará efetivamente e o resultado será pior do que se tivéssemos aderido a qualquer dos dois sistemas. Ou, em outras palavras, planificação e concorrência só podem ser combinadas quando se planeja visando a concorrência, mas nunca contra ela. (HAYEK, 2010, p. 62)

E, com isso, na defesa da livre concorrência, o autor explicita suas formulações inovadoras para o pensamento liberal de meados do século passado, como o papel que atribui ao Estado no contexto em que, em sendo admitido certo nível de regulação e planejamento, ou seja, ao se estabelecer uma estrutura legal capaz de custear danos sociais e produtivos para o desenvolvimento de uma plataforma de disputa melhor para a livre concorrência, aduz não ser papel da concorrência ceder ao planejamento para determinados fins; em verdade, diz Hayek, é o planejamento que deve ceder à concorrência.

3. Razões para a planificação

Com base no pensamento exposto ao tratar do liberalismo econômico, da utopia socialista e do contraste entre individualismo e coletivismo, surge uma indagação pertinentemente trabalhada pelo autor: seria a planificação um fenômeno essencialmente inevitável?

Hans-Hermann Hoppe (2013, p. 97) explica que a nacionalização ou socialização dos meios de produção conduziria ao desperdício econômico, porquanto a inexistência de preços para os fatores de produção e a eliminação da contabilidade de custos provocariam o colapso do socialismo. Isso indica suposta inevitabilidade deste fenômeno, o que Hayek salienta nos seguintes dizeres:

> Dos vários argumentos empregados para demonstrar a inevitabilidade da planificação, o mais usado é aquele segundo o qual as transformações tecnológicas foram tornando impossível a concorrência em campos cada vez mais numerosos, só nos restando escolher entre o controle da produção por monopólios privados ou o controle pelo governo. Essa ideia provém, sobretudo, da doutrina marxista da "concentração da indústria", embora, como tantas ideias marxistas, seja agora cultivada em muitos círculos que a receberam de terceira ou quarta mão e ignoram a sua origem. Não contestamos, naturalmente, o fato histórico do crescimento progressivo dos monopólios durante os últimos cinquenta anos e a restrição cada vez maior do campo em que reina a concorrência. Muitas vezes, porém, exagera-se bastante a amplitude do fenômeno. (HAYEK, 2010, p. 64)

Nota-se que a ideia de planificação contrasta com o modelo individualista e se aproxima do coletivismo pela presença de um objetivo social definido. Segundo Hayek (2010, p. 75), "os vários gêneros de coletivismo – comunismo, fascismo etc. – diferem entre si quanto ao fim para o qual pretendem dirigir os esforços da sociedade".

Significa dizer que, nesses sistemas, tudo converge para noções abstratas e abrangentes como "propósito comum", "bem geral" etc., o que solapa qualquer grau ou critério de aferição da satisfação da população, uma vez que "[o] bem-estar de um povo, assim como a felicidade de um homem, dependem de inúmeras coisas que lhe podem ser proporcionadas numa infinita variedade de combinações". (HAYEK, 2010, p. 75)

Em simples linhas, pode-se dizer que é infundado esperar a informação da maioria em torno de qualquer linha de ação quando se tem vários caminhos a perseguir na consecução de determinado objetivo. Nesse sentido, a ideia de planejamento – ou planificação – ganha corpo e passa a moldar a própria estruturação social, na medida em que assegura mecanismos para a contenção de divergências de escolha entre finalidades conflitantes ou que competem entre si.

Nesse contexto, o Direito adquire papel fundamental, sendo sua reestruturação um dos vieses mais importantes para a configuração de modelos coletivistas centrados na ideia de planificação. É sobre isso que Hayek se debruça em seu manifesto, caminhando para a análise da consolidação da centralização econômica a partir desses fatores paradoxais.

4. O papel do Estado de Direito na consolidação da centralização econômica

Hayek (2010, p. 89) é assertivo ao destacar que "a característica que mais claramente distingue um país livre de um país submetido a um governo arbitrário é a observância, no primeiro, dos grandes princípios conhecidos como o Estado de Direito".

Nesse contexto, a planificação surge com o papel de, necessariamente, propiciar uma discriminação intencional entre as necessidades particulares de diferentes pessoas – que, então, passarão a se submeter à escolha feita em prol do coletivismo e em detrimento da satisfação individual. Isso permite que um indivíduo realize aquilo que outro deve ser impedido de realizar e, a partir disso, o Estado de Direito aparece como "a verdadeira antítese do regime de *status*". (HAYEK, 2010, p. 94)

Assim, ao se considerar o Estado de Direito como um regime jurídico formal, privilegia-se a ideia de proteção à igualdade de todos perante a lei, que é exatamente o oposto do que se espera de um governo arbitrário. Dessa forma, para a implementação de modelos coletivistas, não se pode deixar de ter em conta o papel que o Estado de Direito desempenha:

> Pode-se mesmo afirmar que, para o Estado de Direito ser uma realidade, a existência de normas aplicadas sem exceções é mais relevante do que o seu conteúdo. Muitas vezes, o conteúdo da norma tem na verdade pouca importância, contanto que ela seja universalmente aplicada. Voltemos a um exemplo anterior: não faz diferença se todos os automóveis circulam pelo lado direito ou pelo lado esquerdo das ruas, contanto que todos o façam do

mesmo lado. O importante é que a norma nos permita prever com exatidão o comportamento dos outros indivíduos, e isso exige que ela se aplique a todos os casos – mesmo que numa circunstância particular, ela seja considerada injusta. (HAYEK, 2010, p. 95)

Percebe-se clara distinção entre os conceitos de "direito" e "justiça" nas explicações de Hayek, que se reporta à necessariedade das leis para que haja a pacificação social, ou seja, para que se atribua tratamento único a todos os casos similares, evitando que se tenha situações adversas e potencialmente injustas devido às peculiaridades que tenham.

Nesse ponto, é pertinente a diferenciação feita pelo autor quanto aos conceitos de igualdade formal e justiça formal:

O conflito entre a justiça formal e a igualdade formal perante a lei, por um lado, e as tentativas de realizar vários ideais de justiça e igualdade substantivas, por outro, também explica a confusão muito comum sobre o conceito de "privilégio" e o consequente abuso desse conceito. (HAYEK, 2010, p. 95)

E, diz Hayek, o ponto comum a todos os Estados de Direito, sejam eles fundados em uma declaração de direitos em uma constituição ou mesmo na consolidação dos costumes, sempre se terá "o reconhecimento do inalienável direito do indivíduo, dos invioláveis direitos do homem". (HAYEK, 2010, p. 98)

A crítica do autor a esse aspecto perpassa pela inviabilidade do sistema socialista no contexto do cerceamento das liberdades, pois, a depender do controle exercido pelo Estado sobre as liberdades (de expressão, de imprensa, de comunicação, de emissão de moeda etc.), ter-se-á clara limitação das possibilidades de que os indivíduos poderiam se valer para, efetivamente, terem tais direitos, porquanto os meios para tal estarão absolutamente sob o controle do Estado. (HAYEK, 2010, p. 99)

Isto leva Hayek a asseverar que "são muito mais coerentes os numerosos reformadores que, desde o início do movimento socialista, atacaram a ideia "metafísica" dos direitos individuais, insistindo em que num mundo racionalmente organizado o indivíduo não terá direitos, mas apenas deveres". (HAYEK, 2010, p. 99)

5. Considerações finais

As críticas de Hayek até hoje reverberam seus ideais nas discussões da economia política, e seus postulados configuram a base fundamental de inúmeras políticas de governo e da virada de paradigma na forma pela qual se encara o papel do Estado de Direito frente aos modelos coletivistas (como o socialismo).

O autor, em seu importante manifesto, indica que o "caminho da servidão" depende de uma série de aparelhamentos estratégicos para que se evite o estado incômodo de insatisfação ou não atingimento de expectativas individuais. No socialismo, é preciso "vender" a sensação de liberdade, prometendo-a, sem assegurá-la efetivamente.

Nesse contexto, quando se analisa o pensamento liberal nos textos de Hayek, obtempera-se como os modelos socialistas chegaram à ruína, uma vez que o que se prega, no tocante ao amplo controle estatal sobre aquilo que poderia assegurar as liberdades individuais, é justamente a antítese do que se oferece. Tem-se mera igualdade formal e, por conseguinte, mera justiça formal.

É insofismável o papel do Direito para traduzir a ideia de submissão à escolha tomada em um modelo de Estado coletivista, uma vez que se tem a dicotomia entre igualdade formal e a justiça formal como modais não concêntricos e inerentemente conflitantes.

Isso conduz a um paradoxo, pois constituições ou costumes consolidados transmitem a sensação de resguardo dos direitos individuais – e humanos – sem, contudo, efetivá-los na prática, pois o domínio estatal sobre os meios de comunicação, produção, transporte e outros é um fator limitante em si e exercido com viés restritivo, cerceando as liberdades individuais.

Bibliografia

HAYEK, Friedrich August von. O *Caminho da Servidão*. Trad. Anna Maria Capovilla, José Ítalo Stelle e Liane de Morais Ribeiro. 6. ed. São Paulo: Instituto Ludwig von Mises Brasil, 2010.

HOPPE, Hans-Hermann. *Uma teoria do socialismo e do capitalismo*. Trad. Bruno Garschagen. 2ª ed. São Paulo: Instituto Ludwig von Mises Brasil, 2013.

POLANYI, Karl. *A grande transformação*: as origens da nossa época. Trad. Fanny Wrobel. 5ª ed. Rio de Janeiro: Campus, 2000.

Capítulo 4

A PRESUNÇÃO FATAL, EVOLUÇÃO E JUSTIÇA

Dennys Garcia Xavier
Nilce Alves Gomes

Introdução

Ao rejeitar a ideologia socialista, descrita como uma projeção idealizada de uma utopia ambiciosa e ousada, mas ingênua, Hayek terá como eixo de sustentação de sua tese a consideração de uma evolução natural das relações sociais, éticas, políticas, econômicas e científicas, apoiado pela observação histórica da construção e constituição das relações humanas. Ao abandonar a idealização de uma sociedade planificada e normatizada pela intervenção humana unificadora, tal como vislumbrada no imaginário socialista, Hayek extrai da realidade de nossas vidas os princípios que apoiam um regime de livre regulamentação de nossas tradições morais. Na defesa do que denomina de "ordem ampliada ou espontânea", demonstra que não faz sentido a atribuição de juízo moral a um processo evolutivo-natural econômico e social, além de apresentar os motivos que levam tantos intelectuais a cometerem o erro ingênuo de defender o regime socialista.

1. Os requisitos cientificistas

Consideraremos sua explanação econômica respeitando as duas formas distintas de pensamento apresentadas na obra *Os erros fatais do socialismo: por que a teoria não funciona na prática*. A primeira compreende o pensamento socialista e o racionalismo construtivista, sendo, este último, representado por René Descartes, visto que foi "[...] quem deu às ideias básicas do que chamaremos de racionalismo construtivista sua mais completa expressão" (HAYEK, 1985, p. 03). Em comum, tanto o racionalismo construtivista como o socialismo compartilham a visão de que todas as realizações humanas são, ou deveriam ser, resultado da ação racional, pressupondo "[...] que todas as instituições sociais são, e devem ser, produto de um plano deliberado" (HAYEK, 1985, p. XLIV), o que implica na necessidade de uma fonte centralizadora de todo conhecimento disponível dos fatos, responsável por determinar a condução das ações. Sustentam suas teorias a partir de critérios e requisitos de validação do pensamento racional, considerando algo que não seja derivado da razão – justificado no conhecimento de suas causas e efeitos – como absurdo ou arbitrário. Consequentemente, tratam como irracional tudo o que:

- não possa ser provado pelos processos científicos;
- não seja entendido na íntegra;
- careça de um propósito especificado em sua totalidade;
- tenha efeitos desconhecidos.

Esses quatro requisitos, relevadas suas diferentes ênfases, são intimamente relacionados entre si, de tal modo que, juntos, definem como racional a ação deliberada mediante o conhecimento prévio das causas e dos efeitos de nossas ações. Sobre eles, assenta-se todo o modelo cientificista moderno, compreendendo, o socialismo, a proposta racionalista construtivista de Descartes, o racionalismo positivista – que tem as suas raízes em Comte e Saint-Simon – e o utilitarismo – que teve a sua origem com Jeremy Bentham. Desse modo, pode-se dizer que os sistemas que compõem o modelo cientificista moderno compartilham a suposição a respeito de se poder remodelar todo o sistema das tradições morais e de substituí-lo por regras totalmente justificadas, explicáveis e demonstráveis.

Ao relacionar o socialismo ao racionalismo construtivista, Hayek considera seu significado mais amplo, como um projeto de intervenção social baseado em padrões racionais de justificativa. A respeito da definição do termo "socialismo" conforme apresentado por Hayek, escreve um de seus comentadores:

> Hayek atribui nos seus escritos um sentido muito amplo ao termo "socialismo", incluindo não só o denominado "socialismo real" (ou seja, o sistema baseado na propriedade pública dos meios de produção), mas também, genericamente, todas as tentativas sistemáticas de desenhar ou organizar, total ou parcialmente, mediante medidas coativas de "engenharia social", qualquer área do emaranhado de interações humanas que constituem o mercado e a sociedade. (SOTO, 2010, p. 119)

Compreendido em seu sentido amplo, o socialismo defende um projeto de "engenharia social" ao propor a construção e administração de uma sociedade exclusivamente por meio da intervenção da razão humana nos processos – éticos, políticos, científicos e econômicos – formadores dessa sociedade, na tentativa de planificar a convivência entre seus membros sob todos os aspectos, como se a construção e manutenção de uma sociedade fosse possível por meio da elaboração de um projeto racional que determine critérios objetivos a serem seguidos por todos os indivíduos. O projeto socialista, a partir da crença ingênua na capacidade de controlar os processos da ordem ampliada, se realiza na tentativa de erradicar qualquer condição supostamente irracional, e, por meio de uma estruturação determinada pela razão, "remodelar todo o nosso sistema moral e substituí-lo por um corpo de regras totalmente explicado e justificado" (HAYEK, 2017, p. 95), reprojetando "por completo nossa moral tradicional, nosso direito e nossa linguagem e, com base nisso, erradicar a velha ordem e as condições supostamente inexoráveis e injustificáveis que evitam a instituição da razão, da realização pessoal, da justiça e da verdadeira liberdade" (HAYEK, 2017, p. 94).

A partir da tese do filósofo David Hume, de que as regras da moralidade não são conclusões da nossa razão, Hayek defende que nenhum argumento sobre a moral, a ciência, o direito ou a linguagem poderá ser justificável, explicável ou demonstrável como exigido pelos critérios cientificistas, de modo que não apenas os princípios tradicionais da religião, ou "a maioria dos princípios, das instituições e práticas da moralidade tradicional [...] não satisfazem os requisitos ou critérios relatados" (HAYEK, 2017, p. 92), como também "[...] a ordem ampliada da cooperação humana, ordem essa que se costuma conhecer pelo nome – algo errôneo – de capitalismo [...]" (HAYEK, 2017, p. 13), e que constitui a segunda forma de pensamento.

Na inexistência de um termo que se refira de modo mais preciso a um pensamento contrário ao do racionalismo para representar aquilo que transcende a redução à justificação, realizada pelo cientificismo, Hayek utiliza o conceito de ordem ampliada, ou ordem espontânea. Este, por sua vez, admite a existência de processos incompreensíveis a uma única mente centralizadora, responsáveis tanto pela formação da sociedade, como pelo seu direcionamento econômico.

> Não existe nenhuma palavra pronta em inglês ou mesmo em alemão que com precisão caracterize uma ordem ampliada, ou o contraste do seu funcionamento com os requisitos dos racionalistas. [O conceito de ordem ampliada] diz respeito àquilo que ultrapassa de longe o alcance da nossa compreensão, dos nossos desejos e propósitos e das nossas percepções sensoriais e àquilo que incorpora e gera conhecimentos que nenhum cérebro individual e nenhuma organização única poderiam possuir ou inventar (HAYEK, 2017, p. 100-101).

Segundo os requisitos cientificistas, nem a moral tradicional, nem qualquer outro código moral é, ou pode ser, justificável. O próprio requisito de justificação, presente nos modelos racionalistas, repousa em juízos de perfeição, com regras baseadas em pressupostos errôneos e incoerentes que remontam à Antiguidade das tradições epistemológicas e metodológicas, e que foram incorporados à ciência moderna.

> Além disso, embora seja verdade que a moral tradicional não é racionalmente justificável, isso também se aplica a qualquer código moral possível, inclusive um que os socialistas possam

inventar. Portanto, sejam quais forem as regras que seguirmos, nós não conseguiremos justificá-las como exigido; logo, nenhum argumento sobre moral – e ciência, direito ou linguagem – pode empregar legitimamente a questão da justificação (HAYEK, 2017, p. 95).

Ainda que a afirmação sobre a impossibilidade de justificação por parte da ciência possa causar espanto, ao refletirmos sobre os avanços e controvérsias na filosofia da ciência, por exemplo, desfazemos qualquer ilusão de um conhecimento que atenda aos critérios estabelecidos pela metodologia construtivista, uma vez que um conhecimento, tal qual prescrito pelos critérios da racionalidade, seria imutável e incontestável. O progresso conquistado pelos homens não se deve tanto a conhecimentos individuais isolados, mas a procedimentos que selecionam e combinam diferentes e esparsas informações, formando a ordem ampliada. Hayek concebe a ciência como produto de um processo de conjectura e refutação, e que, por isso:

> [...] é realmente um fato não só que as leis científicas atuais não são justificadas nem justificáveis como exigido pelos metodologistas construtivistas, mas que temos razões para supor que descobriremos algum dia que muitas das conjecturas científicas atuais não são verdadeiras. (HAYEK, 2017, p. 95)

Mesmo critérios de justificação moral pressupostos e aceitos desde a Antiguidade, como a tentativa de justificar a moralidade como voltada a um objetivo específico, à produção ou à busca da felicidade mostram-se injustificados quando confrontados com a realidade. Afinal, em um processo de seleção evolutiva de práticas, como a de alimentar uma população, os que têm uma moral orientada para a busca da felicidade serão subjugados por aqueles que se preocupam, sobretudo, com a sobrevivência, visto que a urgência de preservar a própria vida se sobrepõe à concepção de busca da felicidade, ou a qualquer outra formulação de propósito baseada exclusivamente na razão.

O que acreditamos serem bases sólidas de sustentação dessas áreas – moral, linguagem, lei, ciência –, na verdade, são conjecturas que são validadas ou refutadas ao passar do tempo. A ciência, tal qual a moral, trabalha com hipóteses que vão sendo substituídas e melhoradas.

Mas, nem por isso devemos adotar os critérios do cientificismo – do racionalismo cartesiano ao positivismo moderno – e abandonar todas as hipóteses atuais que não possam ser prontamente comprovadas como verdadeiras, pois, ao fazer isso, poderíamos retroceder ao nível do selvagem e dos instintos. Na prática, temos que aceitar o provável como método para prosseguirmos em nossas vidas, pois, "se parássemos de fazer tudo aquilo cuja razão desconhecemos, ou a favor do qual não podemos apresentar uma justificação no sentido [racionalista] exigido, provavelmente muito em breve estaríamos mortos" (HAYEK, 2017, p. 95). Isso depõe não contra a ciência ou o uso da razão, mas contra teorias e práticas que reverenciam a capacidade de controle dos processos sociais por meio da razão, visto que "em seu empenho por submeter tudo ao controle racional, [...] acaba por andar lado a lado com o irracionalismo" (HAYEK, 1985, p. 34). O bom uso da razão consiste em reconhecer as próprias limitações.

> Embora não consigamos explicar, demonstrar ou justificar como exigido, nossas tradições morais ou científicas, é possível reconstituir, ainda que parcialmente, os processos que levaram à sua formação, e, ao fazer isso, nos tornamos aptos para revisá-las e alterá-las, corrigindo defeitos reconhecíveis. Nesse processo de correção, os economistas, segundo Hayek, seriam os profissionais mais "[...] capazes de oferecer interpretações das tradições morais que tornaram o crescimento da civilização possível [...]", pois "[...] conhecem o processo de formação das ordens ampliadas" (HAYEK, 2017, p. 97), o que lhes permite explicar porque uma cultura teve êxito sobre uma outra cuja moral visava objetivos diferentes.

2. A evolução como fonte da moralidade

Além daquela que o cientificismo adotou – uma moralidade planejada, e, por isso, artificial –, Hayek aponta duas outras fontes possíveis da moralidade: a moralidade inata e a moralidade que é produto da evolução. A primeira é fruto dos nossos instintos, tais como o altruísmo e a solidariedade, e não basta para manter a ordem ampliada atual e a sua população. A segunda, que criou e sustenta a ordem ampliada, é aquela que "[...] encontra-se *entre* o instinto e a razão, posição que tem sido obscurecida pela falsa dicotomia de instinto *versus* razão" (HAYEK, 2017, p. 98), compondo uma terceira categoria nem instintiva, nem criação da razão, mas que compartilha certas características de ambas. Como resultado de processos evolutivos, ela nos capacita a sobreviver, permitindo que grupos seguidores de suas regras se sobressaiam em relação a outros grupos, ainda que a sua adoção ocorra por meio de uma tradição herdada, e não por meio de uma reflexão consciente. Pode ser exemplificada pela honestidade, poupança, propriedade separada, e assim por diante.

Considerando como natural "tudo o que nasceu de maneira espontânea e não foi planejado de propósito por uma mente, [...] nossa moral tradicional, evoluída de forma espontânea, é perfeitamente natural e não artificial [...]" (HAYEK, 2017, p. 193). Embora originada de processo distinto, a evolução cultural, compreendendo a formação da ordem na vida, na mente e nas relações interpessoais, é similar à evolução genética ou biológica. O conhecimento adquirido pela moral é produto de um processo de aprendizagem por teste, entre as diferentes tradições e sistemas sociais que competem entre si, filtrando nossos erros. O conhecimento e as regras morais são testados pelos indivíduos, inconscientemente e involuntariamente, e selecionados em um processo interpessoal com base no seu valor para a sobrevivência humana. Tal como Hume, Hayek considera a moral como um pressuposto da razão, e não como produto dela. Uma vez que o sucesso de determinada moralidade passa pelo crivo de circunstâncias históricas particulares, os seus valores são relativos tanto em relação ao tempo como às sociedades. Logo, essas convenções morais – não planejadas – não são nem invariantes, nem imutáveis. Elas evoluem conforme as circunstâncias e necessidades dos indivíduos e sociedades que as sancionam. São acumuladas, adaptadas, selecionadas e transmitidas, de geração em geração, sempre incorporando a experiência adquirida por meio de tentativas e erros de gerações predecessoras, filtradas em um processo de evolução da moralidade por meio da competição. A convergência de inúmeras pessoas seguindo um sistema de regras dentro do processo de ordem ampliada constrói as tradições sociais, tais como a linguagem, o dinheiro, o direito e a moral.

3. A impossibilidade de justificação segundo os critérios racionais

Segundo o que vimos até agora sobre os critérios da tradição de justificação racionalista, uma ação deve ser deliberada e prevista. Deve-se, também, conhecer todos os seus propósitos e efeitos de antemão, os quais devem ser totalmente observáveis e maximamente benéficos. Contudo, a respeito da moralidade tradicional, Hayek defende que:

> [...] não se pode compreender por completo a moral tradicional e o modo como ela funciona; que obedecê-la não atende a nenhum propósito que se possa especificar por completo de antemão; que obedecê-la produz efeitos que não são observáveis de imediato e, assim, não é possível determinar se são benefícios – e que, seja como for, não são plenamente conhecidos nem previstos (HAYEK, 2017, p. 98–99).

A moral tradicional não atende aos critérios da justificação racionalista, visto que não é possível compreendermos o que fazemos, nem qual é o nosso propósito, a não ser que conheçamos e especifiquemos previamente todos os efeitos observáveis de nossas ações, o que é impossível. A mente humana não é capaz de conhecer ou articular, por completo, todo o contexto de suas decisões, conhecer todos os efeitos.

> Na ordem ampliada, as circunstâncias que determinam o que cada um deve fazer para alcançar os próprios fins incluem, com clareza, decisões desconhecidas de muitas outras pessoas desconhecidas a respeito de que meios usar para os seus próprios objetivos. Logo, em nenhum momento do processo os indivíduos poderiam ter planejado, de acordo com seus propósitos, as funções das regras que de modo gradativo formaram de fato a ordem [...] (HAYEK, 2017, p. 100).

Exemplo disso é que, no processo evolutivo da ordem ampliada, muitas das regras que garantiram prosperidade a alguns grupos podem ter sido consideradas "repugnantes" a alguns de seus membros, do mesmo modo que regras racionalmente estabelecidas visando um controle do processo da ordem ampliada fracassaram ao longo do tempo, levando impérios e empresas à ruína. O fracasso ocorre justamente pela impossibilidade de se conhecer previamente todos os propósitos e efeitos de uma ação. Caso fosse possível determinar racionalmente o andamento dos processos da ordem ampliada, bastaria que uma empresa, por meio de especialistas e consultores, optasse pela melhor forma de investir seus recursos para que, logicamente, tivesse sucesso garantido. Contudo, na prática nem sempre isso funciona. Entre os diversos exemplos que poderíamos citar apenas na última década, assistimos a decadência de empresas como a Blockbuster – companhia multinacional de vídeo locadoras – e da Kodak – gigante do ramo de câmeras e filmes fotográficos. O fracasso dessas empresas ocorreu porque é impossível a uma organização, e muito menos a um indivíduo, centralizar todo o conhecimento necessário para prever o resultado de suas ações. Por mais premeditadas que fossem suas táticas empresariais, era impossível preverem as tecnologias que surgiriam.

Por isso, argumenta Hayek, o critério de justificação imposto pela racionalidade cientificista se mostra como uma tarefa jamais possível de ser atendida, uma vez que as tradições morais que compõem a ordem ampliada excedem as capacidades da razão. Dado que não é possível conhecer todas as consequências de nossas ações, visto que incluem e dependem de uma quantidade indeterminada de outras ações de indivíduos também desconhecidos, não é possível ao homem planejar verdadeiramente o seu futuro, assim como é impossível a um poder central controlar o processo de ordem ampliada. Por isso, não podemos racionalmente prever e controlar o futuro da evolução.

O processo da ordem ampliada é consequência de um processo de evolução das práticas morais, e a previsão de quais dessas práticas irão prevalecer perante outras é um dado inacessível à compreensão humana. Nossas tradições morais, assim como muitos outros aspectos da nossa cultura, desenvolveram-se concomitantemente à razão, não como produto dela. A ordem ampliada e todos os processos que a integra ultrapassam o alcance de nossa compreensão individual e percepções sensoriais, ao mesmo tempo em que gera conhecimentos que nenhum cérebro individual ou organização poderiam possuir ou inventar. São esses processos incompreensíveis a uma única mente humana, responsáveis tanto pela formação da sociedade como pelo seu direcionamento econômico. Por meio da complexidade da ordem espontânea, as instituições, os costumes, a moral, a economia e tudo o mais que contribui para a formação da sociedade surgem sem que uma racionalidade centralizadora comandasse todo o processo, visto que a ordem espontânea usa o conhecimento fragmentado que está disperso entre os vários indivíduos. A sociedade é baseada no uso de muito mais conhecimento do que qualquer pessoa ou organização seria capaz de articular individualmente. Contudo, cada indivíduo tem conhecimentos locais e especializados que lhe permitem adaptar-se a circunstâncias desconhecidas. Somados, esses conhecimentos contribuem para a ordem social geral, ainda que os indivíduos, particularmente, não busquem conscientemente quaisquer benefícios econômicos para a esfera mais geral que forma a sociedade. Esses benefícios surgiriam espontaneamente por meio das interações efetuadas no mercado. Os benefícios sociais seriam, portanto, derivados do funcionamento espontâneo da ordem ampliada, que coordena milhões de ações individuais, e não de um propósito consciente.

Mais de 200 anos antes de Hayek escrever *The Fatal Conceit: The Errors of Socialism* – publicado pela primeira vez em 1988 –, no ano de 1776 a tese de um equilíbrio por meio de uma economia descentralizada já havia sido apresentada por outro grande economista. Adam Smith propôs que a ampla ordem da cooperação humana excede os limites de nosso conhecimento, e criou a metáfora da "mão invisível" para descrever esse padrão indeterminado regulador da economia. Mediante essa "mão invisível" ocorreria a regulamentação automática do mercado, ocasionando o bem comum por meio da oferta e da procura, e da maximização da produtividade por conta dos processos de especialização e concorrência, sendo o interesse individual, embora involuntariamente, responsável pela coesão social. Todo o processo de ordem ampliada transcorre de modo impessoal, uma vez que utilizamos serviços de pessoas que não conhecemos, ou que nem mesmo sabemos da existência. Os resultados benéficos da ordem ampliada não dependem da vontade ou do altruísmo dos homens em objetivar resultados positivos, pois são consequências involuntárias de seus atos egoístas e individualistas. Não é pela benevolência do fabricante, do vendedor ou do dono do supermercado que dispomos de alimentos e itens indispensáveis para a vida cotidiana. É o egoísmo deles, ao agirem visando o próprio benefício (lucro), que ordenados por uma "mão invisível" são levados a promover um bem que não fazia parte de suas intenções. Tal como Hayek, Adam Smith também defende um mercado regulado pela livre concorrência entre compra, venda e troca. Ao sujeitar essa "mão invisível" a regras e governos, limita-se o ambiente de competição, acarretando em um caos econômico.

> [o indivíduo] não tenciona promover o interesse público nem sabe até que ponto o está promovendo. [...] orientando sua atividade de tal maneira que sua produção possa ser de maior valor, visa apenas seu próprio ganho e, neste, como em muitos outros casos, é levado como que por mão invisível a promover um objetivo que não fazia parte de suas intenções. Aliás, nem sempre é pior para a sociedade que esse objetivo não faça parte das intenções do indivíduo. Ao perseguir seus próprios interesses, o indivíduo muitas vezes promove o interesse da sociedade muito mais eficazmente do que quando tenciona realmente promovê-lo. Nunca ouvi dizer que tenham realizado grandes coisas para o país aqueles que simulam exercer o comércio visando ao bem público. Efetivamente, é um artifício não muito comum entre os comerciantes, e não são necessárias muitas palavras para dissuadi-los disso. É evidente que cada indivíduo, na situação local em que se encontra, tem muito melhores condições do que qualquer estadista ou legislador de julgar por si mesmo qual o tipo de atividade nacional no qual pode empregar seu capital, e cujo produto tenha probabilidade de alcançar o valor máximo. O estadista que tentasse orientar pessoas particulares sobre como devem empregar seu capital não somente se sobrecarregaria com uma preocupação altamente desnecessária, mas também assumiria uma autoridade que seguramente não pode ser confiada nem a uma pessoa individual nem mesmo a alguma assembleia ou conselho, e que em lugar algum seria tão perigosa como nas mãos de uma pessoa com insensatez e presunção suficientes para imaginar-se capaz de exercer tal autoridade (SMITH, 1996, p. 438).

4. "A evolução não pode ser justa"

Ao abandonar a idealização de uma sociedade igualitária normatizada pela intervenção humana unificadora, tal como vislumbrada no imaginário socialista, Hayek baseia-se na realidade histórica da constituição da ordem ampliada como forma de explicar os processos evolutivos de seleção natural das relações sociais, éticas, políticas, econômicas e científicas e, a partir desses processos, extrai os princípios que apoiam um regime de livre regulamentação das relações econômicas e políticas. Contudo, seguindo a proposta de Hayek, abandonando a busca de um ideal de sociedade e aceitando a realidade tal como se apresenta, constatamos que o processo evolutivo a que o autor se refere, historicamente, não resolve as condições de desigualdade econômica entre os indivíduos, o que nos permite formular, possivelmente, a maior crítica contra um regime econômico autorregulamentado, qual seja, a de que ele é injusto.

 A explicação para esse fenômeno depende do reconhecimento do fato de que é impossível a uma mente única compreender toda a complexidade dos processos evolutivos, ou ter uma visão sinótica do mundo como um todo, no que diz respeito às condições que possibilitam o avanço das tradições morais. A desigualdade é, na verdade, um critério necessário para o processo evolutivo, pois é por meio da competição que as regras morais são experimentadas e selecionadas, em virtude de seu valor para a sobrevivência humana. Ainda que os indivíduos ajam na busca de interesses particulares, a competição irá selecionar o que é melhor para a manutenção da ordem ampliada, e, por isso, decorre de um processo interpessoal. Uma sociedade em que não houvesse desigualdades estaria fadada à estagnação e ao fracasso, pois são as evoluções das tradições morais que permitem às sociedades encontrarem melhores formas de se viver e explorar o meio natural; o conceito de evolução tem sempre como necessidade a desigualdade. É por meio da competição, resultado das desigualdades, que maximizamos nossos potenciais individuais, sociais e em relação à exploração dos recursos naturais e tecnológicos. São as necessidades sociais e circunstâncias históricas os fatores responsáveis por determinar a exclusão ou aprovação de determinado processo na evolução da ordem ampliada. Uma vez que a moralidade tradicional, que compõe a ordem ampliada, é resultado de um processo evolutivo, não faz sentido lhe reivindicar qualquer atributo moral.

> [...] se a coordenação das atividades individuais pelo mercado, assim como outras tradições morais e institucionais, é resultado de processos naturais espontâneos e auto-ordenáveis de adaptação a um número maior de fatos determinados do que qualquer mente única é capaz de perceber ou até mesmo de conceber, é evidente que as exigências de que esses processos sejam justos, ou possuam outros atributos morais derivam de um antropomorfismo ingênuo. Seria adequado, é claro,

dirigir tais exigências aos dirigentes de um processo orientado pelo controle racional ou a um deus atento a preces, mas é completamente inadequado aplicá-las ao processo impessoal de auto-ordenação que ocorre na prática (HAYEK, 2017, p. 101).

Desse modo, uma vez que o processo de evolução das práticas morais se deu não apenas no passado, mas é um processo que ainda está em curso, é no mínimo inapropriado "exigir justiça de um processo evolutivo naturalista" (HAYEK, 2017, p. 103). A civilização não é um produto da evolução, mas um processo contínuo e natural. Exigir justiça do processo de transformação das práticas morais corresponde a impedir o processo natural de evolução. É justamente a desigualdade que permite ao processo evolutivo filtrar as diversas práticas morais concorrentes e descobrir novas possibilidades. "A tentativa infrutífera de tornar justa uma situação cujo produto, por natureza, não pode ser determinado pelo que ninguém sabe nem pode saber apenas prejudica o funcionamento do processo em si" (HAYEK, 2017, p. 103).

No fluxo constante da evolução das práticas morais, a adaptação ao desconhecido e a eventos não previstos é fator decisivo no processo de competição que compõe a evolução cultural. Uma vez que as informações que os indivíduos ou organizações têm são parciais e limitadas e "[...] ninguém conhece a totalidade de acontecimentos aos quais a ordem de mercado atual o tempo todo se adapta" (HAYEK, 2017, p. 105), o livre mercado determina quais práticas terão sucesso e quais estarão fadadas ao fracasso. Podemos retomar o exemplo com as empresas Blockbuster e Kodak. Na impossibilidade de preverem racionalmente o resultado completo de suas ações mediante o processo da ordem espontânea, quando surpreendidos pelo desconhecido, não conseguiram se adaptar. Na seleção realizada pelo mercado, aqueles que se adequaram às novas tecnologias permaneceram e tiveram sucesso. O processo evolutivo de concorrência que afetou negativamente essas empresas, apesar dos esforços, por mais sinceros que fossem, teve como consequência resultados benéficos para toda a sociedade – não precisamos mais nos deslocar para alugar um filme, nem comprar e mandar revelar filmes fotográficos. Embora para a sociedade o processo de competição seja benéfico, visto que otimiza o emprego mais eficiente dos recursos econômicos, proporciona o avanço tecnológico e maximiza o uso dos recursos naturais, "a necessidade de adaptação a eventos imprevistos implicará sempre algum sofrimento, a frustração de algumas expectativas ou o malogro de alguns esforços" (HAYEK, 1985, p. 71).

5. A presunção fatal[1]

Hayek preocupa-se, principalmente, com os limites, o uso e o abuso da razão na condução da vida social. Uma vez que o conhecimento humano sobre o mundo é, na melhor das hipóteses, limitado, incompleto e disperso, é impossível reunir todas as informações para fundamentar alguma decisão racional para normatizar a vida social. É justamente nessa impossibilidade lógica e factual que se baseia a arrogante presunção científica e o orgulho intelectual do socialismo: acredita ter todo o conhecimento necessário para reformular a tradição moral e conduzir racionalmente o processo da ordem ampliada, por meio de um processo de engenharia social, acreditando que o seu conhecimento político, burocrata, econômico e intelectual é suficiente para estabelecer restrições e impor obrigações a toda a sociedade por meio da intervenção do Estado. A presunção fatal decorre da falsa crença na infalibilidade da razão humana, decorrente da falta de modéstia do homem em reconhecer suas limitações.

> O socialismo, entendido desta forma tão ampla, é, de acordo com Hayek, um erro intelectual porque é logicamente impossível que aquele que deseja organizar ou intervir na sociedade possa ter acesso e utilizar o conhecimento necessário para levar a cabo o seu desejo voluntarista de "melhorar" a ordem social. De fato, de acordo com Hayek, a sociedade não é um sistema "racionalmente organizado" por uma mente ou grupo de mentes humanas, sendo, pelo contrário, uma ordem espontânea, ou seja, um processo dinâmico em constante evolução, que resulta da contínua interação de milhões de seres humanos, mas que não foi nem nunca poderá ser desenhado de forma consciente ou deliberada por nenhum indivíduo (SOTO, 2010, p. 119).

---

[1] O conceito de "presunção fatal" como crítica ao regime socialista, apontando suas falhas factuais e lógicas, tomou consistência a partir do ano de 1988 com a publicação da obra *The Fatal Conceit: The Errors of Socialism*. No Brasil, essa obra foi traduzida no ano de 1995 com o título de *Arrogância Fatal – Os erros do socialismo*, e, em edição mais recente, no ano de 2017, como *Os Erros fatais do socialismo – Por que a teoria não funciona na prática*, dedicando o quinto capítulo a esse tema, intitulado de "A presunção fatal".

Hayek defende a tomada de decisão descentralizada como condição de realização do processo de ordem ampliada. As instituições e práticas sociais são produto da ação humana, mas não de uma configuração racionalmente estabelecida. Não é possível planejar ou projetar deliberadamente uma economia, porque é impossível reunir todo o conhecimento necessário, calcular todos os efeitos de nossas ações.

Caso o projeto socialista fosse realizado, impediria a formação dos preços pelo livre ajuste entre a oferta e procura de mercadorias. Uma vez que os preços reúnem informações dispersas em toda a sociedade, como parte de um processo de auto-organização inconsciente, e codificam-nas em sinais que possam ser interpretados pelos indivíduos, sem que esse processo ocorra livremente, torna-se impossível fazer a gestão das instituições. O livre mercado é fundamental, pois é a busca pelo lucro que torna possível o uso mais eficiente de recursos limitados.

Toda evolução, assim como a preservação do que já foi conquistado, depende da competição contínua, e para que essa competição aconteça é fundamental o direito de propriedade separada e a liberdade de trocas. Ao contrário do que o socialismo apregoa, Hayek defende a propriedade separada como sendo benéfica, por:

> [...] transferir a orientação da produção das mãos de alguns indivíduos que, quaisquer que sejam suas pretensões, têm conhecimentos limitados, para um processo, a ordem ampliada, que faz o máximo uso do conhecimento de todos, beneficiando assim os que não possuem propriedades tanto quanto aqueles que as possuem (HAYEK, 2017, p. 107).

O tamanho da nossa produção global, diz o autor, é tão expressivo apenas porque podemos utilizar conhecimentos amplamente dispersos, por meio do intercâmbio realizado nos processos da ordem ampliada. As tentativas de se substituir ou regulamentar a ordem espontânea, historicamente, mostraram-se infrutíferas. Os governos que tentaram controlar esse processo espontâneo acabaram prejudicando seu povo, com resultados práticos bem diversos daqueles inicialmente desejados.

A busca vã dos intelectuais por uma comunidade verdadeiramente socialista, que resulta na idealização de uma série ao que parece interminável de "utopias" – a União Soviética, depois Cuba, China, Iugoslávia, Vietnã, Tanzânia, Nicarágua – sucedida pelo desencanto, deveria sugerir que pode haver algo no socialismo que não se conforma a certos fatos (HAYEK, 2017, p. 118).

As economias centralizadas estão fadadas ao fracasso porque dependem do conhecimento limitado daqueles que as gerem, ignorando o fato de que a estrutura das atividades humanas constantemente se adapta a uma profusão de fatos, impossíveis de serem avaliados por uma pessoa ou instituição. Somente a cooperação humana voluntária da ordem ampliada, por meio do mercado, permite-nos processar e transmitir informações e conhecimentos dispersos entre as pessoas. Apenas o mercado, por meio do sistema competitivo de preços, é capaz de coordenar as atividades dos indivíduos na ordem ampliada e complexa.

O Estado deve limitar-se a criar regras gerais que facilitem as interações ao invés de decretar objetivos específicos. Mesmo tentativas de intervenção "racional" em outros processos da ordem espontânea, que não o econômico, não obtiveram êxito. O Esperanto[2], criado no ano de 1887 pelo médico polonês Dr. Lázaro Luís Zamenhof, é um desses projetos similares ao socialismo, pois pressupõe que uma linguagem criada artificialmente possa obter o mesmo êxito que as linguagens que surgiram e desenvolveram-se naturalmente.

Acreditar que a ordem de livre mercado possa ser substituída por uma ordem racionalmente projetada, com um planejamento centralizado, é a "presunção fatal" do socialismo, que literalmente se mostra fatal aos indivíduos que se sujeitam a tais experimentos sociais.

6. Os intelectuais

Uma vez compreendida a natureza incompreensível do ponto de vista racionalista da moral tradicional, assim como da própria

---

[2] Para saber mais sobre o Esperanto, recomendamos o site: http://esperanto.org.br/info/, acesso em 2/mar/2019.

ciência, fica fácil entender o porquê de haver tantos pensadores que defendem a ideologia socialista: as pessoas mais instruídas relutam a sujeitar-se a uma direção inteligível. A manifesta e real impossibilidade de interpretar, prever e conduzir as estruturas complexas que formam a ordem ampliada faz com que alguns intelectuais sejam hostis à ordem de mercado e, por ignorância em relação aos processos evolutivos, sejam suscetíveis ao socialismo.

> Para os intelectuais em geral, a sensação de ser mero instrumento de forças de mercado ocultas, mesmo que impessoais, parece quase uma humilhação pessoal. É claro que não lhes ocorreu que os capitalistas, que eles suspeitam que controlem tudo isso, também são, na realidade, instrumentos de um processo impessoal, tão ignorantes quanto eles dos efeitos e propósitos últimos de suas ações [...] (HAYEK, 2017, p. 114).

Desse modo, os intelectuais preferem conceber uma ordem social como produto de um arranjo racionalmente deliberado do que aceitar que a descentralização das decisões possa ter melhores resultados na ordem ampliada. Na verdade, ao perceberem as alterações por que passam os processos na ordem ampliada, acreditaram ser necessária uma intervenção artificial em um processo que é natural e espontâneo e que se autorregulamenta.

> Em geral, é até mesmo a percepção parcial do caráter da ordem geral espontânea que leva as pessoas a solicitarem controle deliberado. Enquanto a balança comercial ou a correspondência entre a oferta e a procura de qualquer mercadoria se ajustavam espontaneamente após um distúrbio qualquer, os homens raramente se perguntavam como isso ocorria. Mas, tão logo se tornaram conscientes da necessidade desses constantes reajustamentos, começaram a pensar que se devia atribuir a alguém a responsabilidade de produzi-los deliberadamente (HAYEK, 1985, p. 70).

Os intelectuais acabam por superestimar a própria inteligência, supondo que os benefícios atuais de nossa civilização sejam resultado de um planejamento deliberado, e que quaisquer aspectos inconvenientes restantes possam ser replanejados e eliminados pela intervenção dessa mesma reflexão racional. Dessa forma de pensar decorre a essência da teoria socialista: replanejar o arranjo social, substituindo-o por um processo guiado racionalmente, por meio de um controle econômico centralizado no Estado. Uma vez que tais intelectuais se conformaram com o uso da razão nos moldes do construtivismo e do cientificismo, parece-lhes absurda a possibilidade de um conhecimento ou uma ordenação que não tenha sua origem na experimentação deliberada, e que não possa ser descrita e prevista racionalmente. Não percebem que a arrogante presunção de que os homens podem moldar o mundo conforme sua vontade, historicamente, levou a experimentos sociais catastróficos.

Considerações finais

O utópico fundamento científico e intelectual que o regime socialista supõe ter, qual seja, o de imaginar-se capaz de justificar e planejar as relações sociais, éticas, políticas, econômicas e científicas, alicerça a fictícia premissa de deter todo o conhecimento necessário para reformular a tradição moral e conduzir racionalmente o processo da ordem ampliada por meio da intervenção do Estado. A principal crítica que Hayek apresenta ao socialismo decorre justamente dessa pretensão, que propõe um regime controlador de todas as atividades humanas e instituições sociais por meio de um governo que exerça a função de órgão centralizador de todo o conhecimento dos fatos inerentes à disposição social. Na defesa do que denomina de "ordem ampliada ou espontânea", Hayek extrai da realidade de nossas vidas os princípios que apoiam um regime de livre regulamentação de nossas tradições morais, demonstrando que é impossível a uma mente única (os intelectuais) ou organização (o Estado) compreender toda a complexidade dos processos evolutivos, ou ter uma visão sinótica do mundo como um todo, no que diz respeito às condições que possibilitam o avanço de nossas tradições morais. Por fim, Hayek adverte-nos da impossibilidade lógica e factual de se realizar tal projeto, uma vez que a presunção fatal do socialismo decorre exatamente da falsa crença na infalibilidade da razão humana, perpassada pela falta de modéstia do homem em reconhecer suas limitações.

Bibliografia

HAYEK, F. A. *Direito, Legislação e Liberdade*: Uma nova formulação dos princípios liberais de justiça e economia política. São Paulo: Visão, 1985.

HAYEK, F. A. O *Caminho da Servidão*. São Paulo: Instituto Ludwig von Mises Brasil, 2010.

HAYEK, F. A. *Os erros fatais do socialismo: por que a teoria não funciona na prática*. Tradução Eduardo Levy. 1.o ed. Barueri: Faro Editorial, 2017.

SMITH, A. *A Riqueza das Nações*. São Paulo: Nova Cultural Ltda., 1996. v. I

SOTO, J. H. DE. *A escola austríaca*. Tradução André Azevedo Alves. 2.o ed. São Paulo: Instituto Ludwig von Mises Brasil, 2010.

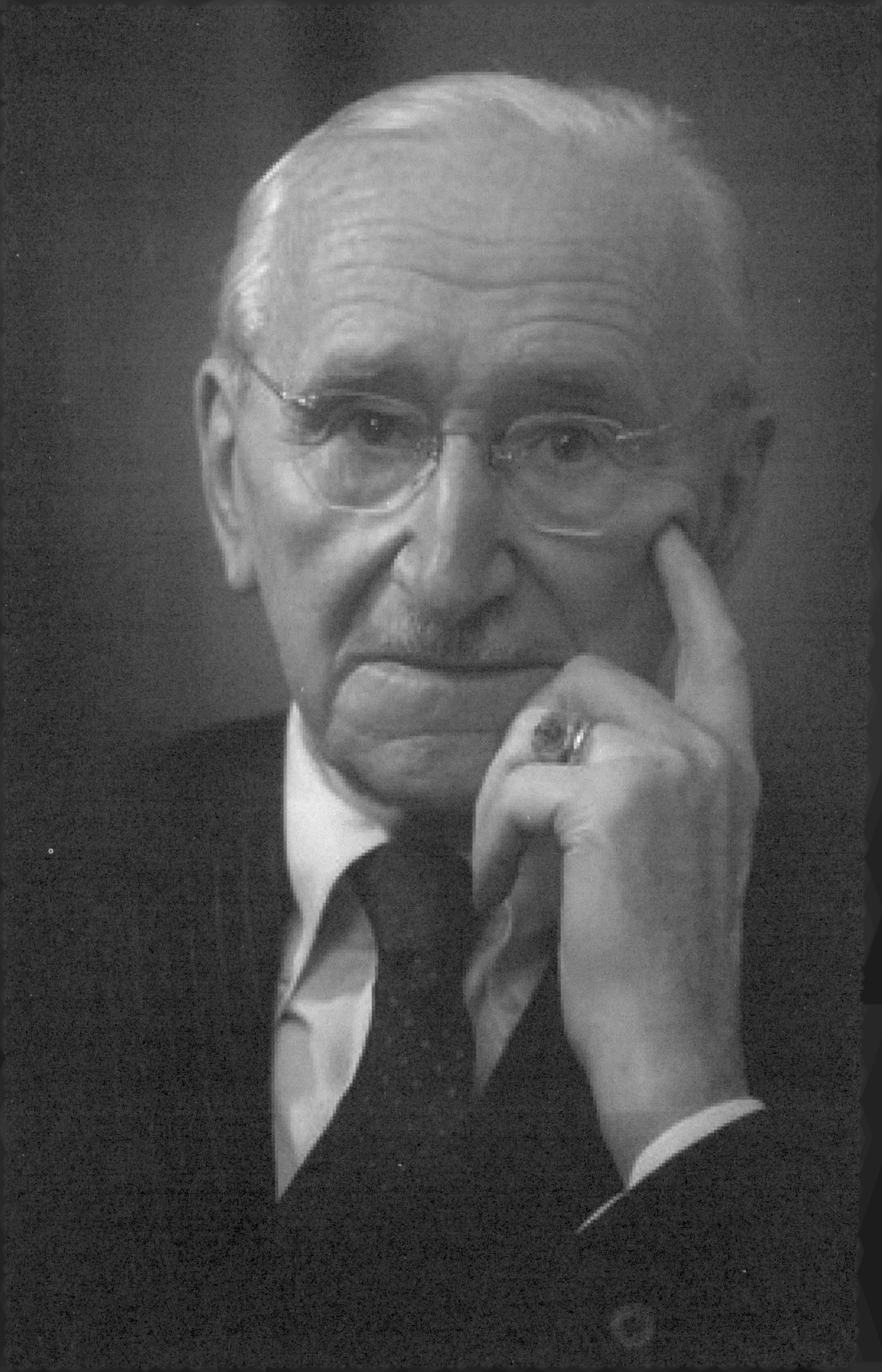

Capítulo 5

PROPRIEDADE SEPARADA: ELEMENTO FUNDAMENTAL PARA A LIBERDADE E A JUSTIÇA

Lucas Guerrezi Derze Marques
Rodrigo do Prado Zago
Tayná Santiago

1. Liberdade e ordem ampliada

O arcabouço doutrinário de Hayek funda-se no pressuposto de que foram a moralidade e a tradição que permitiram aos homens se tornarem sociáveis, elevando-os acima dos selvagens e possibilitando a evolução das sociedades até a forma como as vemos atualmente, ou seja, em uma ordem ampliada e espontânea, de intercâmbios pessoais e comerciais. Essa premissa não só possibilitou, mas também condicionou o surgimento do livre comércio, isto é, da liberdade de trocas, que, como veremos, é elemento necessário para a criação de uma ordem ampliada: um movimento histórico que principia com as civilizações residentes no entorno do Mar Mediterrâneo.

A liberdade comercial só foi possível nos países mediterrâneos pela favorável condição logística que lhes é própria e pela forma como foi estruturada a navegação naquele espaço. Os antigos impérios grego e romano tinham o privilégio de estar localizados na principal rota marítima/comercial de seu tempo. Além disso, a possibilidade de mercancia por longas distâncias dificultava a vigilância de governos centrais e forças político-estatais criadoras de obstáculos e sistemas burocráticos. Mas, não eram esses os únicos benefícios derivados da condição geográfica privilegiada: nas comunidades comerciais, nas quais se praticavam os supracitados comércios de longas distâncias, permitia-se o livre uso do conhecimento individual, o compartilhamento de ideias, soluções e os benefícios das ciências então praticadas. Fatores essenciais para a evolução da ordem vigente, muitas vezes refreada quando sujeita à arquitetônica estatizante imposta, por assim dizer, à revelia da comunidade.

Eis que o livre comércio e o direito à propriedade privada, originários daquelas paragens, nos trouxeram ao que Hayek denomina por "ordem ampliada"[1]. Segundo ele, tal ordem é muitas vezes denominada, erroneamente, "capitalismo". A diferença, diz, ocorre em função de um elemento de espontaneidade: a ordem ampliada é uma consequência moral das tradições e jamais poderia ser determinada racionalmente, isto é, por determinação ou imposição geral-normativa, enquanto que o capitalismo é um sistema planejado[2].

A preferência pelo uso do termo "propriedade separada" – como alternativa para "propriedade privada" – visa enfatizar que a propriedade é plural e está dividida entre vários indivíduos separados, que irão competir entre si, estabelecendo a assim denominada "ordem ampliada". Isto é, não basta apenas haver uma relação de posse individual, é preciso que o proprietário tenha autonomia nas decisões relativas à sua posse. Os cidadãos devem utilizar seus conhecimentos e posses da forma como bem entenderem, possibilitando assim uma

---

[1] Ressalta-se que, na obra de Hayek, aparece também a expressão *"ordem espontânea"*; ambas têm a mesma significação.

[2] O termo "propriedade separada" tem o mesmo valor teórico que "propriedade privada".

ordem moldada pela experiência ou pela prática. É nesse sentido que a propriedade se torna fator condicionante para a formação de uma ordem ampliada, constituída espontaneamente.

Hayek sinaliza outra inequívoca consequência da propriedade separada: a liberdade. Numa condição de escravidão ou de ausência de liberdade, tudo acaba por pertencer aos governantes/Estado. A liberdade é, por isso mesmo, o poder de diferentes grupos ou indivíduos buscarem seus objetivos, por meio de seus próprios conhecimentos e propriedades diferentes. É evidente que essa liberdade descrita por Hayek só se tornou possível por intermédio do controle separado dos meios de produção.

> A capacidade do indivíduo de decidir por conta própria como usar coisas específicas, sendo guiado por seu próprio conhecimento e por suas próprias expectativas, assim como pelos daqueles de qualquer grupo a que pudesse se unir, depende do reconhecimento geral de uma esfera privada respeitada, da qual o indivíduo é livre para dispor, e de um meio igualmente reconhecido de transferir o direito a coisas particulares de uma pessoa a outra (HAYEK, 2017, p. 43).

Contudo, existe um único pré-requisito para garantir a liberdade e a propriedade separada: as leis. Leis no sentido de regras, que permitam a todos os indivíduos terem conhecimento de quem é autorizado a possuir e a dispor de algo. É nesse contexto da exigência de corpo normativo razoável que surge, para Hayek, o conceito de justiça.

A ótica de Hayek sobre justiça, enquanto aplicação e defesa das leis que garantem a liberdade e a propriedade, pode ser sintetizada em uma definição de Adam Ferguson: "liberdade ou autonomia não é, como a origem das palavras talvez pareça sugerir, isenção de todas as restrições, mas antes a aplicação mais efetiva de todas as restrições justas a todos os membros da sociedade, sejam governantes ou súditos" (FERGUSON *apud* HAYEK, 2017, p. 5). Em suma, a liberdade é algo somente possível por meio da propriedade privada, que, por sua vez, é dependente das leis.

Natural, portanto, que a força das tradições na origem da ordem ampliada se imponha, assim como a ideia originária de propriedade separada. Alguns objetos, como as ferramentas utilizadas para caça por nossos ancestrais, foram os primeiros objetos a serem definidos como propriedade separada. É mesmo possível que o apego a algo construído ou utilizado por determinada pessoa tenha dificultado o compartilhamento do bem concreto com o resto da comunidade, o que teria levado à apropriação subjetiva do objeto, dando início, assim, a uma concepção básica de propriedade separada. Com o passar do tempo, a aplicação e o refinamento do conceito de propriedade evoluiu com o resto da sociedade, como não poderia deixar de ser.

Para Hayek, no plano das comunidades nômades, a propriedade separada não tinha importância alguma, pois todo tipo de propriedade era compartilhada como forma ajustada de sobrevivência. Porém, com a evolução das comunidades e o desenvolvimento de técnicas de cultivo da terra, houve necessidade de fixação em áreas férteis e cultiváveis. Assim se iniciou o estabelecimento de acampamentos e o compartilhamento do todo deixou de ser necessário, permitindo a posse de propriedades e de ferramentas para o bem-viver de famílias próximas ou pequenos grupos.

O fato é que, independente da sociedade e sua ordem constitutiva, tanto o seu desenvolvimento quando a sua consolidação apenas se tornaram possíveis com o estabelecimento da propriedade separada, com o respeito à liberdade individual e sua proteção moral e legal.

> O ponto crucial é que o desenvolvimento prévio da propriedade separada é indispensável para o desenvolvimento do comércio e, por consequência, para a formação de estruturas maiores coerentes e cooperativas e para o aparecimento daqueles sinais a que chamamos preços (HAYEK, 2017, p. 44 - 45).

2. A herança clássica da civilização europeia

Para Hayek, foram os estoicos os primeiros a formular a tradição moral, de respeito à propriedade individual, conforme propagada no Império Romano. Na própria Grécia existiam represálias, como a sociedade espartana, que rejeitava qualquer tipo de revolução comercial. Até mesmo os grandes filósofos, como Aristóteles e Platão, rejeitavam grandes mudanças no estilo de sociedade vigente (como a expansão do comércio), considerando, de certo modo, os espartanos como exemplo.

Por algum tempo, o Império Romano seguiu essa linha estoica e, enquanto grande parte do Senado romano permanecia envolvido no comércio, Roma serviu como exemplo ao mundo a respeito do direito privado, ou melhor, a proteção à propriedade privada. Hayek sinaliza que, a partir do momento em que houve certo "desligamento" dos políticos das atividades comerciais, Roma deixou de ser exemplo, uma vez que o governo central romano começou a sufocar as iniciativas privadas, as quais se tornaram fracas.

Percebe-se que esse movimento de ascensão e queda ocorre de forma cíclica na história: inúmeras vezes nações emergentes avançaram enquanto sociedades, protegendo a propriedade privada, mas, após certo tempo, o desenvolvimento se estagna e ocorre uma inversão de valor, acarretando no aumento do intervencionismo governamental, donde o governo tira dos cidadãos a direção de suas decisões. Ou seja, ocorre uma centralização do poder, em que o governo tende a tirar a liberdade alcançada pelos cidadãos ao mesmo tempo em que lhe retiram suas propriedades separadas. Nesse momento há uma interrupção da evolução socioeconômica, já que o desenvolvimento espontâneo das instituições é comprometido pelo aumento da intervenção.

Hayek aponta que os maiores avanços civis são alcançados em Estados liberais. Em contrapartida, em governos que interferem na distribuição de bens e exercem certo controle no comércio, os avanços são limitados. Para exemplificar, oferece, além de Roma, outros dois exemplos de países que sofreram essa transformação cíclica: China e Egito.

> No caso mais notável, o da China imperial, ocorreram grandes avanços em direção à civilização e à tecnologia industrial sofisticada durante "épocas problemáticas" em que o controle governamental foi por certo tempo enfraquecido. Mas essas rebeliões ou aberrações foram regularmente sufocadas pelo poder de um Estado preocupado com a preservação literal da ordem tradicional (NEEDHAM, 1954 *apud* HAYEK, 2017, p. 47).

Além de exemplos negativos de governos centralizadores, para corroborar com suas perspectivas, Hayek apresenta exemplos bem-sucedidos de nações que investiram em medidas liberais e adotaram políticas econômicas capitalistas. Os principais exemplos são Inglaterra, Países Baixos, as cidades renascentistas italianas e o sul da Alemanha – sua parte industrial –, em suma, todos países ou cidades-estados governados por burgueses, com um poder descentralizador, capaz de oferecer à população uma autonomia de decisões específicas. A principal característica que todas essas civilizações tinham em comum era a proteção à propriedade separada, sem o controle e uso abusivo do governo. "Esses países foram aqueles que instauraram o reflorescimento da civilização europeia, com certa anarquia política" (BAECHLER, 1975, *apud* HAYEK, 2017, p. 47). Foram essas nações que originaram a atual ordem ampliada vigente.

3. "Onde não há propriedade não há justiça"

A propriedade é um direito natural, que deve ser protegido pelo governo. Ela não só é o limite deste, mas ao mesmo tempo é o seu fundamento. Isso acontece uma vez que a autoridade política deve evitar qualquer espécie de violação ou de invasão àquilo que consiste em direito natural dos homens, porque qualquer delito é uma forma de injustiça. Sendo a propriedade separada nada mais que um direito natural, qualquer intervenção política que a almeje deve ser feita de maneira a promover a justiça e, consequentemente, a estabelecer a prosperidade na cooperação pacífica entre os indivíduos.

Tal interferência só pode ocorrer no âmbito da propriedade. Não há justiça sem o reconhecimento da noção de propriedade separada, e, por isso, "onde não há propriedade não há justiça" (LOCKE *apud* HAYEK, 2017, p. 48). Hayek reafirma isso desenvolvendo a noção do "individualismo possessivo" de John Locke. Não se trata de uma teoria, mas de uma demonstração prática (tão exata quanto as demonstrações de Euclides) de países, como Inglaterra e Holanda, nos quais a prosperidade e a justiça eram produtos da afirmação da propriedade.

Além de Locke, Hayek se baseia em Hume para mostrar a importância da propriedade separada para o estabelecimento da justiça. Segundo Hayek, a moralidade foi um dos fatores que levou os homens à socialização e à noção de propriedade separada, assim como as regras que a regulam, é central para a moralidade, pois o reconhecimento da propriedade separada marcou o início da civilização.

Civilização no sentido de que leis são estabelecidas para evitar a dissolução imediata da sociedade. A propriedade é uma questão de progresso, visto que os animais, por exemplo, não indicam uns aos outros aquilo que pertence ou não a eles: a propriedade é uma exclusividade do homem civilizado. Além disso, Hayek observa que Hume define que a liberdade máxima não é a soma das liberdades individuais totais, mas a restrição igual às liberdades individuais. A liberdade somente é possível desde que haja o controle e a restrição aos instintos morais naturais por meio do juízo, com o respeito à propriedade dos outros. (HUME *apud* HAYEK, 2017, p.49).

Assim, Hayek considera equivocada a concepção de liberdade enquanto isolamento, isto é, os homens que vivem fora do convívio social não podem ser livres, da mesma forma que a colaboração mútua não pode garantir homens livres. Isso acontece porque apenas as leis e as normas abstratas acerca da propriedade podem assegurar isso, inclusive porque, como dito anteriormente, a liberdade (e a justiça, por consequência) depende da propriedade separada para existir.

4. As várias formas e objetos de propriedade e seu aperfeiçoamento

Segundo Hayek, as instituições responsáveis pela propriedade separada não estão agindo da melhor forma possível. Elas precisam de mudança para que possam ser benéficas. A princípio, é importante reforçar que as formas de propriedade não permanecem imutáveis, elas estão sujeitas às mais diversas modificações e fazem parte de um ramo bastante complexo para serem categorizadas em apenas um tipo. Por exemplo, em séculos passados, a propriedade era vinculada ao dono, como a relação entre a espada de Excalibur e o rei Arthur.

Hayek faz um recorte entre duas formas de propriedade separada: material e imaterial. Enquanto a primeira se refere aos bens materiais, a segunda é relativa a produções literárias e acadêmicas, invenções tecnológicas, entre outros.

Independentemente do tipo de propriedade separada, uma das soluções que o autor austríaco propõe é a "[...] prática generalizada da competição para evitar abusos de propriedade" (HAYEK, 2017, p. 51), já que o monopólio é maléfico à ordem ampliada. Outra solução se refere à regulação das propriedades, melhor dizendo, estimular a produção daquelas que são escassas (materiais) e evitar a produção desenfreada das propriedades que tendem à abundância (imateriais). No caso da propriedade imaterial, a escassez forçada é um meio de estimular o processo de criatividade: por exemplo, os direitos autorais, para Hayek, são a garantia de existência das grandes obras literárias, ou seja, estas não existiriam se pudessem ser reproduzidas livremente.

5. Organizações como elementos da ordem espontânea

A intervenção "racional" na ordem ampliada pode ser perigosa e negativa, pois, ao alterar essa espontaneidade, pode haver o comprometimento de direitos fundamentais, como a liberdade, a propriedade e, consequentemente, a justiça. Contudo, para evitar possíveis contradições, Hayek enfatiza que, mesmo com a evolução espontânea das regras de conduta, no que se refere ao desenvolvimento de estruturas auto-organizáveis, a organização deliberada pode ser importante em determinadas situações.

A macro-ordem espontânea é um conjunto de elementos econômicos de indivíduos e de organizações deliberadas e, à medida que esses elementos crescem, as economias de indivíduos se tornam organizações. Isso facilita tanto a formação de ordens ampliadas espontâneas quanto a de organizações deliberadas que irão operar em sistemas maiores. É importante enfatizar que Hayek ressalta que essas organizações deliberadas estão submetidas a uma ordem ampliada maior e elas só têm espaço de atuação nela.

6. Contraposição à ideia socialista

No *Manifesto Comunista*, Marx e Engels afirmam que a história das sociedades é a história da luta de classes e que o comunismo é a solução para os problemas históricos. Segundo eles, "a burguesia não pode existir sem revolucionar incessantemente os instrumentos de produção, por conseguinte, as relações de produção e, com isso, todas as relações sociais" (MARX; ENGELS, 1998, p. 43). Nessas revoluções, a burguesia suprime cada vez mais a dispersão dos meios de produção, da propriedade e da população, e, como consequência, há populações aglomeradas, centralização dos meios de produção e concentração das propriedades em poucas mãos. Diante da desigualdade e da miséria social gerada pelo regime voltado ao capital, o comunismo seria uma consequência natural que, por meio da socialização dos meios de produção, estabeleceria uma sociedade justa. Afirmam ainda que "o comunismo não priva ninguém de poder se apropriar de sua parte dos produtos sociais; apenas suprime o poder de subjugar o trabalho de outros por meio dessa apropriação" (MARX; ENGELS, 1998, p. 54).

A propriedade está fundada no trabalho alienado e isso não se configura enquanto um estado de natureza, mas é uma condição histórica econômica. "A propriedade privada aparece então, não mais em seu modo de ser imediato como pura exterioridade, mas, antes, como oriunda de uma dada relação social que lhe é anterior na ordem do ser" (ALVES, 2008, p. 10).

A proposta socialista é a extinção da propriedade privada dos meios de produção em detrimento da sociedade coletiva, isto é, a propriedade passa por um processo de "socialização" em que todos são donos e trabalham nela. No *Manifesto Comunista*, Marx e Engels afirmam querer suprimir a propriedade privada. Nesse contexto, o objetivo comunista é abolir a individualidade, a independência e a liberdade da burguesia. Sob essa perspectiva, a propriedade não é o princípio da liberdade, mas justamente o contrário: quem não detém os meios de produção, nesse caso específico, a propriedade, não tem liberdade de produzir e, portanto, está sujeito à fome, à miséria e, de certo modo, à morte. Assim, o desenvolvimento da sociedade justa seria dependente da estatização das propriedades.

A liberdade, na perspectiva socialista, está relacionada ao produto do trabalho: o indivíduo é livre quando ele pode desfrutar do resultado de seu trabalho. Dessa forma, tanto na ordem ampliada quanto no capitalismo, a grande maioria dos indivíduos não é livre, pois tem seu trabalho alienado. Ao vender sua força de trabalho, o indivíduo implicitamente perde sua liberdade e é nesse momento que surge a desigualdade e a injustiça. Portanto, sob a ótica socialista, a propriedade privada é a origem dos problemas sociais.

Hayek aponta como um erro fatal do socialismo a negligência quanto ao papel da propriedade separada na sociedade. Enquanto para o socialismo a propriedade separada representa a origem da desigualdade e da injustiça, Hayek demonstra o oposto: a propriedade separada é o fator fundamental para a liberdade e para a justiça e são esses três elementos que permitem o desenvolvimento da ordem espontânea.

A ordem ampliada, na concepção de Hayek, é espontânea, natural. É interessante retomar essa ideia, pois tanto o austríaco liberal quanto o alemão comunista concordam que a origem da propriedade separada se deu por um processo natural. Engels, em *A origem da família, da propriedade privada e do Estado*, explica que a sociedade se formou a partir de estágios pré-históricos de cultura: selvagem, barbárie e família. A família foi constituída a partir das propriedades privadas dos rebanhos, estruturando-se de forma patriarcal e teve seu ápice evolutivo na família monogâmica, fruto do amor sexual individual. "Esta é a primeira forma de família que não se baseava em condições naturais, mas econômicas. É o triunfo da propriedade privada sobre a propriedade comum primitiva" (ENGELS, 1984, p. 70).

Assim, percebe-se que Engels se aproxima da posição de Hayek quanto à origem natural da propriedade. No entanto, ambos divergem quanto à continuidade: enquanto Hayek acredita que esse direito natural deve ser garantido por meio de leis, Engels defende a ideia de que é necessário uma intervenção que anule essa condição natural e crie um Estado no qual a liberdade individual é abdicada em prol do coletivo.

Referências

ALVES, A. J. L. *Propriedade privada e liberdade em Hegel e Marx*. 2008. Disponível em: <http://revistaseletronicas.pucrs.br/ojs/index.php/intuitio/article/view/4221/3343>. Acessado em 6/dez/2017.

ENGELS, F. *A Origem da Família, da Propriedade Privada e do Estado*. 9ª ed. Tradução Leandro Konder. Rio de Janeiro: Civilização Brasileira. 1984.

HAYEK, F. A. *Os erros fatais do socialismo*. 1ª ed. Tradução Eduardo Levy. Barueri: Faro Editorial. 2017.

MARX, K.; ENGELS, F. *Manifesto Comunista*. 1ª ed. Tradução Álvaro Pina. Organização e introdução Osvaldo Coggiola. São Paulo: Boitempo Editorial. 1998.

Capítulo 6

A ECONOMIA FALIBILISTA DE HAYEK

Fabio Barbieri

Q ualquer tentativa de síntese das ideias de Hayek na forma de um artigo enfrenta dificuldades consideráveis. A mais óbvia delas se refere à amplitude de interesses: suas contribuições versam sobre teoria monetária, ciclos econômicos, teoria do capital, planejamento central, competição, filosofia das ciências sociais, teoria da mente, Filosofia Política, história das ideias, teoria de evolução institucional e Direito. Essa variedade de temas desafia qualquer estudioso de sua obra em nossa época de especialistas. A amplitude de interesses, além disso, sobrepõe-se à profundidade de conhecimento: em marcado contraste com aqueles autores que reclamam originalidade revolucionária, em cada uma dessas áreas Hayek mostra grande erudição ao traçar em detalhes a evolução das tentativas prévias de resolver um problema antes de oferecer sua própria contribuição, necessariamente incremental.

Obstáculo correlato é posto pela forma de expressão do autor. Hayek não nos deixou nenhum tratado geral que articule suas teses em uma explicação integrada dos fenômenos sociais, embora estejamos de fato diante uma teoria social ampla, baseada na teoria econômica. Mas, especialmente nessa última área, suas ideias são geralmente expostas na forma de artigos dirigidos à comunidade acadêmica, artigos esses que refletem engajamento na discussão crítica de ideias. De fato, o autor participou de controvérsias com vários dos principais economistas de seu tempo. O entendimento de suas posições, dessa maneira, não pode ser dissociado do contexto desses debates e requer conhecimento das diversas teorias existentes no período.

Tampouco pode o analista perder de vista que as ideias de Hayek são firmemente calcadas na tradição da Escola Austríaca de Economia e que a pesquisa continental em geral tendia a ser ignorada pelos economistas de língua inglesa. Elementos tipicamente austríacos, como a ênfase no subjetivismo, a importância do aspecto temporal e a teoria do capital dessa escola são centrais nas teorias econômicas do autor.

Deve-se somar a isso o fato de que as suas convicções filosóficas e políticas também destoavam das crenças positivistas e intervencionistas predominantes no século XX. Diante do dilema frequente na Economia entre relevância por um lado e tratabilidade formal e operacionalidade empírica por outro, Hayek nunca se furtou de se dedicar aos problemas que considerava mais importantes, o que o levou por vezes a problemas intrincados e temas impopulares.

As razões expostas acima mostram porque Hayek foi e continua sendo o economista cujas ideias foram mais incompreendidas e distorcidas pelos críticos. Sua explicação para as flutuações econômicas é geralmente analisada sem referências aos elementos característicos da teoria austríaca do capital ou interpretada em termos dos agregados macroeconômicos não utilizados pelo autor[1]. O chamado "problema do conhecimento", central em sua contribuição à teoria austríaca do processo de mercado, é visto ora como um problema apenas de assimetria de informações[2], ora como algo que requereria pesquisas empíricas sobre o conhecimento dos agentes[3], novamente a despeito

---

[1] COWEN, Tyler. *Risk and Business Cycles: New and Old Austrian Perspectives*. London: Routledge, 1997.
[2] STIGLITZ, Joseph. *Whither Socialism?* Cambridge: The MIT Press, 1994.
[3] HUTCHINSON, Terence W. *The Politics and Philosophy of Economics: Marxians, Keynesians, and Austrians*. Oxford: Blackwell, 1981.

da negação explicita dessa interpretação por parte do autor. Sua participação no debate sobre o cálculo econômico socialista é vista ora como uma lista de objeções práticas (não teóricas) ao planejamento central[4], ora como algo que nega a necessidade de propriedade privada para o funcionamento dos mercados[5]. O mesmo fenômeno se repete nas diferentes leituras de suas teses filosóficas e políticas.

Além do caráter multidisciplinar de suas teorias, da defesa de opiniões minoritárias pouco conhecidas e do problema gerado pela leitura fragmentada por parte de seus críticos, devemos considerar ainda a dificuldade inerente de alguns dos problemas abordados, o que tornava sua prosa nem sempre clara. A despeito de todas essas dificuldades interpretativas, ainda assim é possível oferecer uma síntese do pensamento de Hayek, pois existem elementos comuns em toda sua obra que justificam a caracterização de um programa unitário de pesquisa, cujas peças se encaixam como em um quebra-cabeça, capaz de oferecer uma explicação ampla dos fenômenos sociais.

O objetivo deste artigo é introduzir o pensamento hayekiano a partir da exposição desse tema central, ilustrando sua centralidade em algumas das principais teorias do autor. Adotaremos uma ordem mais ou menos cronológica de menção a essas teorias não para oferecer ainda outra interpretação da evolução do pensamento de Hayek, que trace influências intelectuais e históricas sobre suas crenças, mas, pensando na unidade da obra do autor, para ilustrar como ideias também apresentam consequências não intencionais: diferentes e novos aspectos do mesmo tema central se fazem presentes conforme este último é empregado no exame de problemas diversos. Tendo em vista esse objetivo, nos permitiremos utilizar o referencial analítico maduro do autor para ilustrar também suas obras da juventude, nas quais vários elementos do referencial explanatório ainda eram embrionários ou mesmo desconhecidos.

Iniciemos com a exposição do tema central da obra de Hayek. O sistema hayekiano se baseia no exame das implicações sociais do caráter falível do conhecimento humano. O florescimento humano, em tal sistema explanatório, nos coloca em situações nas quais o

---

[4] LIPPINCOTT, Benjamin E. (Ed.). *On The Economic Theory of Socialism.* Nova York: McGraw-Hill, (1965) [1938].

[5] HOPPE, Hans-Hermann. *Socialism: A Property or Knowledge Problem?* Review of Austrian Economics, Vol. 9, No. 1, 1996.

potencial para a existência de erros é necessariamente maior, de modo que a única maneira efetiva de correção desses erros é através do uso de mecanismos descentralizados de aprendizado, que por sua vez requerem liberdade individual. As ideias econômicas, filosóficas e políticas de Hayek têm como tema comum a liberdade como requisito para o crescimento do conhecimento.

Essa, que é a conclusão principal de tal sistema, é sintetizada nas palavras do próprio autor:

> [...] o argumento a favor da liberdade individual repousa principalmente no reconhecimento da inevitável ignorância de todos nós a respeito da maioria dos fatores dos quais a realização de nossos fins e bem-estar dependem[6].

Tornemos o argumento mais detalhado. A conexão no pensamento de Hayek entre as limitações do conhecimento humano e a liberdade se revela quando examinamos a relação entre esse conhecimento e a complexidade do problema econômico fundamental. Não utilizo a expressão usual "problema alocativo" porque esta é comumente associada a uma visão demasiada simplificada do problema real, segundo a qual meios escassos dados são alocados a fins alternativos conhecidos. O problema real, na concepção de Hayek, é mais amplo: dele faz parte a descoberta de novos meios e fins, de modo que o funcionamento de uma economia depende mais da contínua adaptação ao fluxo de contínuas mudanças do que da obtenção em dado momento de uma alocação perfeitamente eficiente. Os indivíduos devem continuamente criar e descobrir novos meios para antecipar as incertas demandas do futuro, a partir da adaptação dos projetos de investimentos herdados do passado.

Pois bem, conforme esse processo de descoberta se materializa em progressiva prosperidade, mais complexo será a tarefa de coordenação das ações individuais, pois se aprofunda o grau de divisão do trabalho e do capital e o conhecimento dos agentes se torna mais fragmentado: cada indivíduo tem cada vez menos condições de

---

[6] HAYEK, F. A. *The Constitution of Liberty*. Chicago: The University of Chicago Press, 1979. p. 29. No original: *"It is that the case for individual freedom rests chiefly on the recognition of the inevitable ignorance of all of us concerning a great many of the factors on which the achievements of our ends and welfare depends"*.

entender todas as etapas dos processos produtivos e imaginar quais são as vias alternativas de uso para os recursos.

Mas, se o crescimento econômico requer processos produtivos mais complexos, que exigem a coordenação das ações de todos os agentes, como contornar a limitação imposta pelo caráter cada vez mais disperso e falível do conhecimento individual? Hayek mostra em sua obra como, a partir de certo grau de complexidade, esse obstáculo só pode ser contornado por meio da operação de mecanismos descentralizados de correção de erros, mecanismos esses que dispensam a necessidade de que cada agente compreenda os detalhes de como suas ações se relacionam com as dos demais. Em outros termos, o progresso necessariamente exige dos agentes econômicos progressiva alienação, no sentido marxista desse termo.

Chegamos com isso à caracterização mais aceita do tema central da pesquisa de Hayek. Gerald P. O'Driscoll identifica esse tema como o problema da coordenação[7]. O problema central das ciências sociais, para Hayek, requer a explicação da emergência da coordenação dos planos e ações dos agentes.

Essa coordenação deve levar em conta a complexidade do problema econômico fundamental e o caráter limitado do conhecimento humano. Diversos arranjos institucionais podem ser então comparados em termos de sua capacidade de induzir coordenação. A caracterização do programa de pesquisa hayekiano como algo que gira em torno do problema da coordenação, além de bem aceita na comunidade acadêmica austríaca, tem a vantagem de ser endossada pelo próprio Hayek, no prefácio que escreveu para o livro de O'Driscoll.

Vejamos como várias das contribuições teóricas do autor de fato dizem respeito a esse problema. A participação de Hayek no debate sobre o cálculo econômico socialista pretende mostrar a impossibilidade de se obter coordenação via planejamento central, dada a complexidade do problema econômico. As críticas do autor ao mau uso do conceito de equilíbrio naquele debate e o desenvolvimento de sua própria interpretação do funcionamento dos mercados como processo de descoberta argumentam pela superioridade de mecanismos

---

[7] O'DRISCOLL Jr., Gerald. *Economics as a Coordination Problem: The Contributions of Friedrich A. Hayek.* Kansas City: Sheed Andrews and McMeel, Inc, 1977.

descentralizados de interação para resolver o problema de coordenação. Seus escritos sobre teoria do capital adicionam mais complexidades ao considerar o elemento de coordenação intertemporal dos planos de produção. Sua teoria monetária mostra que, apesar da importância do dinheiro para viabilizar mais progresso via especialização, variações na oferta monetária distorcem preços relativos e perturbam o equilíbrio intertemporal. A teoria austríaca dos ciclos econômicos, por sua vez, mostra como essas perturbações monetárias estão por trás das alterações na estrutura do capital que constituiriam as flutuações econômicas. Ou seja, tais flutuações na produção são vistas como um fenômeno de descoordenação intertemporal induzida por fenômenos monetários. A teoria da evolução institucional de Hayek, por sua vez, investiga a emergência da coordenação a partir do uso de regras que não foram desenhadas conscientemente ou mesmo compreendidas pela maioria.

Tendo em vista esse conjunto de temas, podemos notar que Hayek faz parte da tradição, retomada no presente pela abordagem interdisciplinar da complexidade, caracterizada pela investigação da emergência de estruturas ordenadas, com frequência adaptativas, formadas a partir da interação local de elementos ou agentes que seguem regras relativamente simples. No âmbito dos fenômenos sociais, o grau de complexidade existente nas economias modernas, que exige a coordenação das ações de milhões de pessoas, só seria alcançável mediante a existência das "ordens espontâneas" estudadas por Hayek, cuja adaptabilidade não seria replicável pelos rígidos mecanismos alocativos criados conscientemente pelos homens.

A complexidade do problema da coordenação se associa intimamente com o caráter limitado do conhecimento dos agentes cujas ações devem ser coordenadas, como afirmamos no início deste artigo. Com efeito, os limites do conhecimento se fazem presentes nas diversas teorias do autor.

Na economia de Hayek, a utilização do sistema de preços possibilita que agentes compatibilizem seus planos, mesmo que cada um destes contemple explicitamente fração muito pequena do conhecimento sobre os fundamentos da economia necessária para essa compatibilização, caso fosse tentada de forma consciente e centralizada. A liberdade proporcionada pela descentralização, por sua vez, permite que cada um discorde dos preços estabelecidos, à luz de sua opinião particular sobre o estado de fatores locais e suas projeções sobre o futuro, conjecturas essas que informam seus planos de negócios que são submetidas ao teste da lucratividade.

Na filosofia de Hayek, a preferência dos intelectuais pela coordenação centralizada (hierárquica) sobre ordens espontâneas formadas pela livre interação nos mercados é explicada pela adoção de uma forma de racionalismo (construtivista) que ignora as limitações do conhecimento. A pretensão de conhecimento dos intelectuais confunde, no domínio social, o conhecimento teórico do pesquisador, necessariamente genérico e abstrato, com o conhecimento prático dos agentes, sempre disperso e cambiante, sendo este último o relevante para a solução do problema da coordenação.

As tendências positivistas reinantes nas ciências sociais modernas, que induzem a desconsideração das limitações do conhecimento, levam ao desprezo pelas instituições que promovem o crescimento desse conhecimento: a liberdade para tentar soluções diferentes e os mecanismos descentralizados de correção de erros. O empirismo moderno, além disso, ao tratar como científico apenas aquilo que pode ser medido, ignora as relações entre os elementos de estruturas em favor de conceitos excessivamente agregados, alimentando a ilusão de controle de fenômenos sociais complexos.

Na política de Hayek, a liberdade como instrumento de progresso também surge por meio de um processo de aprendizado por tentativas e erros: a evolução cultural de normas impessoais de conduta. As instituições compatíveis com a prosperidade não foram fruto da razão aplicada aos problemas sociais, mas emergiram como consequências não intencionais da interação entre agentes com conhecimento limitado. Na investigação hayekiana das origens do totalitarismo, tanto o impulso controlador derivado do racionalismo construtivista quanto os instintos morais herdados de um passado tribal se rebelam contra o caráter abstrato e impessoal das normas que possibilitam o aprendizado descentralizado que viabiliza a civilização.

A escolha dos elementos de conhecimento falível e complexidade do problema da coordenação, utilizados para caracterizar a pesquisa de Hayek, sugere igual importância para ambos. Por um lado, como notou o próprio autor[8], os avanços da teoria

---

[8] HAYEK, F. A. *The Counter-Revolution of Science*. Indianapolis: Liberty Press, 1979 [1952]. p. 52: *"And it is probably no exaggeration to say that every important advance in economic theory during the last hundred years was a further step in the consistent application of subjectivism"*.

econômica moderna refletiram a incorporação na teoria de elementos subjetivos, como as noções de preferências, estratégias, planos de ação e expectativas. Por outro lado, o problema da coordenação requer que cada agente formule planos consistentes com a sempre cambiante e diversa realidade exterior a qualquer indivíduo em particular, realidade que inclui as tecnologias de produção, as dotações de recursos, os planos dos demais e suas preferências, além das restrições institucionais.

Não basta, portanto, o subjetivismo: além do elemento criativo inerente ao conhecimento dos agentes, devemos levar em conta, em uma explicação sobre a emergência de ordem nos mercados, a existência dos dados exteriores que podem tornar tal conhecimento errôneo. Tampouco podemos, como faz a teoria econômica convencional, supor implicitamente a identificação automática entre o conhecimento dos agentes e realidade externa. No referencial teórico hayekiano, temos uma teoria sobre o crescimento do conhecimento que inclui a diversidade de conjecturas potencialmente rivais sobre condições mercadológicas locais e um mecanismo de correção de erros fornecido pelo teste de lucratividade, unindo dessa forma os aspectos subjetivos e externos do problema econômico. A moderna teoria austríaca de processo de mercado toma como base o chamado "problema do conhecimento" de Hayek, que indaga se (e como) o conhecimento subjetivo dos agentes converge para crenças compatíveis com os fundamentos da economia. Em outros termos, investiga as condições para que haja uma tendência a maior coordenação das ações.

A Economia do Conhecimento de Hayek pode ser interpretada, desse modo, como uma manifestação da epistemologia evolucionária[9], que estuda o crescimento do conhecimento falível via variação e seleção em diferentes contextos, como a adaptação de seres vivos em seus ambientes, o problema da coordenação nos mercados ou a evolução do conhecimento na ciência. Esse referencial inclui tanto a hipótese de existência de realidade exterior ao indivíduo quanto o reconhecimento das imperfeições das teorias criadas para representar tal realidade. No modelo evolucionário hayekiano, em particular, a crescente dificuldade de coordenar ações de agentes em economias progressivas é superada graças à liberdade empresarial para testar

---

[9] Ver: BARTLEY III, William W. & RADNITZKY, Gerald (Eds.). *Evolutionary Epistemology: Rationality and the Sociology of Science*. La Salle: Open Court, 1987.

soluções mercadológicas diferentes. A epistemologia evolucionária nos oferece assim um referencial natural para expor a temática central de Hayek, atendendo a demanda pelos dois elementos centrais de nossa caracterização da pesquisa de Hayek.

O referencial da epistemologia evolucionária sugere afinidades entre as obras de F. A. Hayek e as de seu amigo Karl Popper (1902-1994), também associado à mesma tradição[10]. As conexões exploradas por W.W. Bartley, III (1934-1990) entre as ideias de ambos, porém, não são amplamente reconhecidas devido a questões de preferências metodológicas. Como Popper é lembrado por uma versão simplista do critério falseacionista e não pela proposta de uma filosofia falibilista, mais fundamental em sua obra, os austríacos mantêm alguma distância do autor, inclusive para interpretar Hayek, a despeito da adesão explícita deste último a uma versão modificada da filosofia de Popper.

Neste ponto da análise, porém, não estamos interessados por temas puramente metodológicos. A menção a Popper foi feita porque este autor é central na discussão sobre a unidade do pensamento hayekiano. Do mesmo modo que utilizamos a epistemologia evolucionária para argumentar em favor dessa unidade, Terence W. Hutchinson (1912-2007) utiliza Popper para defender a existência de uma ruptura entre o pensamento de um Hayek I, comprometido com o apriorismo misesiano e um Hayek II[11], que a partir de seu artigo mais importante[12] teria se convertido ao falseacionismo popperiano, gerando dessa maneira uma reviravolta empiricista em seu pensamento metodológico e teórico.

Bruce Caldwell, por sua vez, relativiza tanto o apriorismo de Hayek I quanto a existência de influência popperiana no início de Hayek II[13]. Em vez de guinada metodológica, Caldwell afirma que o mesmo artigo de 1937 marca a "transformação de Hayek" de economista técnico em cientista social mais amplo, transformação essa causada pela desilusão com as limitações da noção de equilíbrio para explicar o problema da coordenação.

---

[10] Ver: POPPER, Karl R. *Objective Knowledge*. Oxford: Clarendon Press, 1972.
[11] HUTCHINSON. *The Politics and Philosophy of Economics*.
[12] HAYEK, F. A. *Economics and Knowledge*. Economica N.S. 4, p. 33-54, 1937.
[13] CALDWELL, Bruce. *Hayek's Transformation*. History of Political Economy. Vol. 20, No. 4, 1988.

Jack Birner, em contraste com os dois autores acima mencionados, acredita na unidade do pensamento de Hayek[14]. Esse pensamento formaria um programa de pesquisa caracterizado pela obediência a um conjunto de regras metodológicas e pelos desdobramentos do problema inicial enfrentado por Hayek, que trata de explicar os ciclos econômicos como um fenômeno de desequilíbrio causado por fatores monetários, tomando como base uma versão intertemporal da teoria de equilíbrio geral. Essa tese também foi criticada por Caldwell[15], que nega que Hayek teria seguido conjunto constante de regras metodológicas listadas por Birner.

Como não buscamos saber quais fatores subjetivos explicariam as escolhas tomadas por Hayek em sua carreira, mas apresentar o conjunto das ideias em si mesmas do autor, com o propósito de expor ferramenta útil de análise, a tese da descontinuidade nos traria problemas apenas se existissem significativas incompatibilidades entre diferentes subconjuntos das teses teóricas desenvolvidas pelo autor. No entanto, este não é o caso. Hayek nunca renegou a teoria austríaca do capital, sua teoria de ciclos ou suas contribuições ao debate sobre o cálculo econômico socialista. Sua obra madura, pelo contrário, com frequência emprega esse conhecimento na base de sua interpretação ampliada dos fenômenos sociais.

A evolução do pensamento metodológico do autor tampouco gerou alterações na natureza de suas pesquisas, que continuaram aliando teoria dedutiva abstrata, crítica das ideias e estudos históricos. De qualquer modo, no momento apropriado mostraremos como o popperianismo preferido por Hayek, adaptado para fenômenos complexos, não o afasta em absoluto da tradição metodológica austríaca.

A postura de Hayek em relação ao conceito de equilíbrio, por sua vez, pode de fato ser explicada pelas diferentes situações problemas com as quais se deparou e não por alguma guinada acentuada de suas ideias. Tomar o modelo de equilíbrio competitivo como resumo da operação de fatores microeconômicos a partir do qual se constrói

---

[14] Ver, por exemplo: BIRNER, Jack. "Introduction: Hayek's Grand Research Programme". *In*: BIRNER, Jack & ZIJP, Rudy van (Eds.) *Hayek, Co-ordination and Evolution*. London: Routledge, 1994.

[15] Ver Apêndice 2 de: CALDWELL. *Hayek's Challenge*.

uma teoria macroeconômica difere substancialmente da crença de que a teoria de equilíbrio, originalmente utilizada para descrever o funcionamento da competição, possa ser utilizada para substituir mercados reais por um modelo de planejamento central baseado nessa mesma teoria.

Quando lidamos com fenômenos complexos, influenciados por uma miríade de causas atuando simultaneamente, existe uma assimetria fundamental entre explicação por um lado e previsão e controle por outro. Nesse caso, explicações não pretendem gerar previsões acuradas, mas apenas ilustrações abstratas dos princípios de atuação de certas causas. Sendo assim, certas simplificações teóricas, adequadas para explicar certos fenômenos, perdem sua legitimidade quando usadas para controlá-los, pois ignoram tanto os demais fatores atuantes quanto, por exemplo, relações estruturais deixadas de lado pelas simplificações que procuram representar algum aspecto do fator causal.

É certo que o mau uso da construção de equilíbrio está relacionado com o desenvolvimento, a partir do artigo de 1937[16], de uma teoria de processo de mercado mais completa, que em vez de supor a existência da coordenação, busca explicar os processos que levariam ou não à sua emergência por meio de modelo de aprendizado por tentativas e erros. Mas a extensão do modelo não é incompatível com os usos apropriados da teoria de equilíbrio e por isso não representa ruptura, mas desenvolvimento.

Tampouco representa ruptura significativa a extensão do modelo para o estudo da evolução das instituições compatíveis ou não com mercados livres e o progresso ou a integração da teoria econômica com elementos filosóficos e políticos. A narrativa comum, adotada inclusive pelo próprio autor, segundo a qual este teria abandonado a teoria econômica em favor de outros interesses supõe a aceitação muito apressada da identificação de "teoria econômica" apenas com os modelos assim classificados pelos economistas contemporâneos. No entanto, ninguém afirmaria que Douglas North, por exemplo, teria abandonado a teoria econômica devido à sua preocupação com instituições ou que não se possa classificar como análise econômica o sistema multidisciplinar desenvolvido por Karl Marx (1818-1883).

---

[16] HAYEK. *Economics and Knowledge*.

Hayek, assim como Marx, foi um dos poucos economistas a construir um sistema interpretativo amplo dos fenômenos sociais, tomando como fundamento um conjunto de ferramentas econômicas.

Depois de apresentar o tema central da obra de Hayek – a liberdade como parte de mecanismo descentralizado de aprendizado capaz de contornar as limitações do conhecimento humano necessário para coordenar as ações em sistemas progressivamente mais complexos – resta-nos visitar algumas das teorias desenvolvidas pelo autor com o propósito de ilustrar esse tema. Nessa visita, serão destacados como essenciais para as explicações teóricas do autor tanto os pressupostos sobre conhecimento limitado quanto a caracterização das complexas estruturas que constituem o ambiente no qual ocorre a ação humana. Iniciemos com seus trabalhos sobre moeda e ciclos.

Os primeiros esforços teóricos do autor resultaram no desenvolvimento da Teoria Austríaca dos Ciclos Econômicos (TACE) sugerida por Ludwig von Mises (1881-1973)[17]. Segundo essa teoria[18], o ciclo se inicia a partir de distúrbios de origem monetária. Na versão madura da TACE, em particular, examinam-se as consequências de expansão do crédito levado a cabo pelo sistema bancário. O aumento do estoque de moeda, contudo, não afeta todos os preços simultaneamente: as alterações de preços dependem dos mercados nos quais ocorre a injeção monetária inicial e dos particulares canais de propagação dessa expansão. A distorção dos preços relativos resultante disso altera a estrutura do capital de maneira incompatível com as preferências subjacentes. A crise econômica consiste no processo de reestruturação da produção que ocorre quando se manifesta a descoordenação intertemporal entre os planos dos agentes.

No mercado de fundos emprestáveis, a injeção de crédito representa deslocamento da curva de oferta, induzindo taxa de juros de mercado inferior à taxa natural, definida como aquela que coordenaria investimento e poupança na ausência de distúrbios monetários. O maior investimento resultante disso assume a forma de um aprofundamento da estrutura do capital: iniciam-se projetos com maturação mais longa. Durante a fase ascendente do ciclo, porém, a

---

[17] MISES, Ludwig von. *Theory of Money and Credit*. Indianapolis: Liberty Fund, 1981 [1912].

[18] Para uma exposição moderna da mesma, ver: GARRISON, Roger. *Time and Money*. London: Routledge, 2000.

maior demanda pelo fator trabalho nesses projetos gera uma renda que se planeja gastar segundo o padrão original de preferência temporal, resultando em uma demanda por bens finais que não pode ser atendida pelas firmas comprometidas com uma estrutura de produção mais voltada para o futuro, que ainda não maturou. Os preços dos bens de consumo sobem e a lucratividade dos projetos originais declina, já que não existem bens de capital complementares para concluí-los. O ciclo ocorre porque a incompatibilidade de planos não é revelada instantaneamente, pois a transição para uma estrutura do capital mais alongada demanda tempo.

Os elementos característicos da TACE são justamente aqueles mais distantes da macroeconomia convencional, o que explica as dificuldades associadas a sua interpretação: o uso de estruturas no lugar de variáveis agregadas. Variáveis como aquelas associadas à equação de trocas da teoria monetária dão lugar ao "efeito Cantillon", o estudo das consequências das alterações em preços relativos causados por distúrbios monetários. O capital como fundo homogêneo, por sua vez, cede espaço à noção de estrutura temporal do capital, segundo a tradição austríaca[19]. Vejamos mais de perto como Hayek trata da relação entre a estrutura de preços relativos e mudanças na estrutura do capital.

Em um de seus primeiros artigos[20], Hayek argumenta que a moeda seria não neutra, mesmo diante de política monetária voltada à estabilidade do nível geral de preços. Se tomarmos uma noção de equilíbrio geral adaptada a um contexto intertemporal, no qual os agentes antecipam perfeitamente mudanças esperadas, como por exemplo efeitos sazonais ou derivados de mudanças tecnológicas permanentes, poderíamos esperar que os preços variassem ao longo da vigência de tal equilíbrio, de modo que a política de estabilização do nível de preços no mesmo período perturbaria o equilíbrio intertemporal.

Como quer explicar o fenômeno da descoordenação macroeconômica, sob a forma de ciclos, Hayek não parte da hipótese

---

[19] Ver: BÖHM-BAWERK, Eugen von Capital and Interest. South Holland: Libertarian Press, 1959.

[20] HAYEK, F. A. Intertemporal Price Equilibrium and Movements in the Value of Money [1928]. In: HAYEK, F. A. Good Money, Part I: The New World – The Collected Works of F. A. Hayek, Volume 5. Chicago: The University of Chicago Press, 1999.

de existência de recursos desempregados, pois isso constitui o próprio *explanandum* sob investigação. Em vez da abordagem empírica favorecida por Wesley C. Mitchell (1874-1948), Hayek acredita que uma teoria dos ciclos deva ser sobreposta sobre o referencial analítico de equilíbrio, esta última capaz apenas de dar conta de forças equilibradoras que seguem distúrbios exógenos. Sendo assim, as explicações não monetárias do ciclo, conforme a classificação utilizada em seu primeiro livro[21], dedicado à análise das teorias rivais, são rejeitadas pela sua incapacidade de fornecer explicação convincente para a existência de erros sistemáticos por parte dos empresários[22]. Esse tipo de teoria não deixa claro porque as forças equilibradoras de mercado ora atuariam, ora não. Por outro lado, embora a introdução de meio indireto de troca seja capaz de explicar o surgimento de erros sistemáticos, as explicações monetárias pecariam por seu interesse exclusivo no nível geral de preços.

Os ciclos, na teoria alternativa desenvolvida por Hayek, embora tenham origem monetária, são constituídos por mudanças reais na estrutura do capital. Para explicar a existência de erros sistemáticos, o autor adota em seu segundo livro[23] um modelo simplificado da estrutura do capital, reproduzido no diagrama abaixo. Cada barra listrada representa o valor do capital em cada estágio de produção, depois da aplicação dos fatores primários de produção, até que o capital circulante mature na forma de bens de consumo, na barra branca inferior.

---

[21] HAYEK, F. A. "Monetary Theory and the Trade Cycle [1929]". *In*: HAYEK, F. A. Business Cycles: Part 1 – The Collected Words of F. A. Hayek, Volume 7. Chicago: University Of Chicago Press, 2012.

[22] Veja também a opinião expressa em outro texto: *"The explanation that this is just due to a kind of psychological infection or that for any other reason most entrepreneurs should commit the same avoidable errors of judgment does not carry much conviction"* (HAYEK, F. A. Price Expectations, Monetary Disturbances, and Malinvestments [1933]. *In*: HAYEK, F.A. Good Money, Part I. p. 236).

[23] HAYEK, F. A. Prices and Production [1935]. *In*: HAYEK, F. A. Business Cycles: Part 1.

MEIOS DE PRODUÇÃO ORIGINAIS

[diagram: dashed boxes at top representing original means of production, with arrows pointing down to stacked horizontal bars labeled 8, 16, 24, 32, and 40]

BENS DE CONSUMO FINAIS

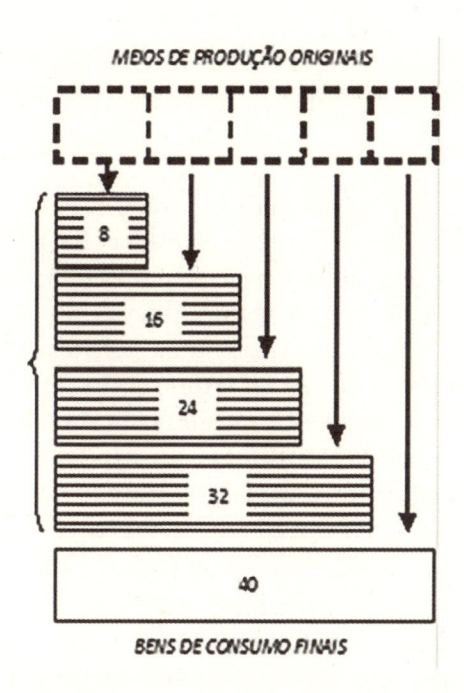

  Essa representação algo simplificada da estrutura do capital não impediu na comunidade acadêmica anglófona o estranhamento causado pela ênfase austríaca na dimensão temporal do capital. Parte dos esforços de Hayek desde a exposição de sua teoria foi dedicado a clarificar a importância da heterogeneidade temporal do capital[24] nas situações de crescimento e ciclos, para as quais a hipótese de sincronia de todas as etapas produtivas não se aplica. O livro seguinte[25] de Hayek, de fato, reexpõe a mesma teoria, deixando de utilizar a nomenclatura austríaca da teoria do capital, mas enfatizando justamente os aspectos centrais desta última. Nesse livro, o autor responde a seus críticos supondo inicialmente desemprego de recursos, salários rígidos para baixo, imobilidade de trabalho entre setores no curto prazo e taxas de juros constantes, além da rigidez temporal na produção característica de sua teoria. Nessa exposição, o retorno a uma estrutura do capital menos aprofundada durante a crise não ocorre por indução de juros maiores, mas pelo "efeito Ricardo": salários menores em comparação

---

[24] Ver, por exemplo: "HAYEK, F. A. The Mythology of Capital". *Quarterly Journal of Economics*, Vol. 50, 1936.

[25] HAYEK, F. A. *Profits, Interest and Investment*. London: Routledge & Kegan Paul, 1939.

com preços mais elevados dos bens de consumo, agora mais escassos, permitem a mesma substituição de capital por trabalho nessa fase do ciclo.

Embora a simplificação adotada com os "triângulos de Hayek" baste para indicar a existência de rigidez temporal na realocação do capital, central na teoria, a ordem específica de alterações nos preços e produção depende da forma como se representa a estrutura do capital. Em sua última obra sobre o tema[26], Hayek procura generalizar essas formas, buscando representação mais sofisticada das alterações da estrutura do capital ao longo do tempo. Tal empreitada se deparou, no entanto, com os obstáculos impostos pela dificuldade de representar formalmente complexas estruturas do capital herdadas por agentes que tomam decisões voltadas para o futuro, o que requer a não menos difícil tarefa de incorporar a passagem do tempo à teoria econômica.

Enquanto era levado pelas teorias do capital e ciclos a considerar uma versão intertemporal da teoria de equilíbrio, que considera as noções de antevisão dos empresários e compatibilidade entre seus planos, uma nova interpretação da teoria de equilíbrio se manifestara: em vez de ser usada para explicar o funcionamento dos mercados, a teoria da competição passou a ser vista como ferramenta para substituí-los por planejamento central, durante o debate sobre o cálculo econômico socialista[27]. Firmas estatais seriam instruídas pelo planejador central a produzir até que os custos marginais fossem iguais aos preços de equilíbrio ditados centralmente, gerando dessa forma eficiência alocativa. Esse novo uso da teoria de equilíbrio levou Hayek a se dedicar ao desenvolvimento da teoria austríaca de processo de mercado, que procura explicar a emergência da coordenação de planos em vez de assumir sua existência, como faz a teoria de equilíbrio convencional.

A reação de Hayek às propostas de "socialismo de mercado" naquele debate foi a mesma de Mises: apontar para a insuficiência da teoria da competição perfeita para responder ao desafio original lançado por este último autor. Na teoria de equilíbrio geral, se os

---

[26] HAYEK, F. A. *The Pure Theory of Capital*. London: Routledge & Kegan Paul, 1941.

[27] HAYEK, F. A. (Ed.) *Collectivist Economic Planning.*, 1935. Reimpresso como: BOETTKE, Peter (Ed.) *Socialism and the Market: The Socialist Calculation Debate Revisited* – Vol. II, London: Routledge, 2001.

fundamentos da economia forem conhecidos (ordenamentos de preferência, tecnologias e dotações de recursos produtivos), pode-se de fato obter vetor único de preços e quantidades de equilíbrio, satisfeitas certas hipóteses. Para os austríacos, porém, o problema não seria replicar um equilíbrio estático, mas gerar mecanismo que inclui a descoberta empresarial de meios e fins ao longo do tempo, conforme o ambiente econômico se modifica continuamente.

As objeções hayekianas não são assim meramente práticas, relativas ao virtualmente infinito número de dados a serem considerados pelo planejador, mas apontam para as lacunas da teoria de equilíbrio. Se um agente tiver opinião minoritária sobre a escassez relativa de certo recurso em certa ocasião e local, por exemplo, deveria ele agir de acordo com suas expectativas ou apenas reagir passivamente segundo o preço paramétrico dado? Se os agentes tiverem opiniões diferentes sobre os usos alternativos dos recursos no futuro, as opiniões sobre os custos de oportunidades divergirão e as regras de custos não seriam auditáveis. Como saber, pergunta Hayek, qual seria o custo marginal que prevaleceria em ambiente competitivo sem a existência de um processo prévio que envolva rivalidade entre opiniões conflitantes? A objeção fundamental aos modelos de socialismo de mercado mostra que os "dados" considerados pela teoria de equilíbrio competitivo na verdade não existiriam sem a atividade competitiva prévia. Se o modelo de planejamento proíbe a rivalidade, não se pode supor que os agentes descubram novas maneiras de atender as necessidades, como ocorre com a competição real.

Tampouco a ênfase hayekiana no aprendizado dos agentes difere ou é incompatível com a tese misesiana sobre a centralidade da propriedade privada para o funcionamento dos mercados. De fato, na visão de Hayek o aprendizado supõe a possibilidade de opiniões diversas sujeitas à experimentação e, sem propriedade privada, não haveria liberdade para experimentar soluções rivais. Propriedade privada não aparece explicitamente nos textos referentes ao debate porque os socialistas de mercado propuseram modelos que excluíam tal instituição e a tarefa de Hayek era mostrar como tais modelos, nessas condições, não seriam capazes de resolver o problema econômico.

O debate induziu a explicitação de uma teoria mais completa sobre os fenômenos de mercado, que não se atenha apenas ao estado final de equilíbrio, mas que explique fora dele as condições para que haja tendência ao mesmo. O esboço dessa teoria de processo já foi apresentado no início do artigo, quando expomos a interpretação do mercado como um mecanismo de aprendizado por tentativas e erros capaz de gerar a coordenação das ações. O que nos resta fazer é examinar a seqüência de artigos que devem ser examinados para que o argumento de Hayek seja interpretado em seu contexto.

O primeiro e mais fundamental deles é o já mencionado artigo de 1937. Nele, Hayek argumenta que a noção de equilíbrio, identificada com a compatibilidade de planos durante a vigência do mesmo, não é consequência apenas do pressuposto de ação racional, pois cada plano pode conter hipóteses (empresariais) errôneas sobre os fundamentos da economia e planos dos demais agentes, o que leva à frustração de expectativas e descoordenação[28]. Para que tenhamos uma explicação para o grau de ordem observável nos mercados, devemos explicar porque o conhecimento subjetivo de cada um se torna compatível com a realidade subjacente: ou seja, devemos estudar o processo de aprendizado dos agentes.

A interpretação segundo a qual esse estudo seria de natureza empírica é explicitamente rejeitada pelo autor[29]. Uma *teoria* sobre aprendizado, em seu lugar, é sugerida em outro artigo sobre o tema[30]. Neste, a pergunta sobre como o conhecimento disperso dos agentes (que não pode ser confundido com o conhecimento formal do cientista) pode ser espontaneamente usado para obter um grau de coordenação não replicável por planejamento central é respondida através da interpretação do sistema de preços como uma linguagem. Essa linguagem dispensaria a necessidade de que os agentes conheçam os detalhes sobre os fundamentos da economia para que suas ações sejam coordenadas. Flutuações nos preços indicam alterações na escassez relativa dos bens, de maneira que cada agente ajusta suas demandas por fatores e bens finais, levando em conta em sua ação as

---

[28] HAYEK. *Economics and Knowledge.*

[29] Na página 53, Hayek afirma: "[...] *and emphasizing that the propositions about how people will learn ..., I do not mean to suggest that there opens here and now a wide field for empirical research. I very much doubt whether such investigation would teach us anything new*".

[30] HAYEK, F. A. *The Use of Knowledge in Society.* American Economic Review, Vol. 35, 1945. Em língua portuguesa o artigo foi publicado como: HAYEK, F. A. *O Uso do Conhecimento na Sociedade.* Trad. Philippe A. Gebara Tavares. MISES: Revista Interdisciplinar de Filosofia, Direito e Economia, Vol. I, No. 1, jan.-jun. 2013: 153-62.

causas iniciais que requereram os ajustes, mas sem saber quais foram essas causas.

Nesse artigo, Hayek torna explícito que o problema econômico relevante trata de *"adaptação rápida a mudanças em circunstâncias particulares de tempo e espaço"*[31] e que a existência de um sistema de preços funcionando como um sistema de telecomunicação permite a emergência da ordem espontânea dos mercados.

Este artigo tende a ser interpretado por economistas da informação como uma afirmação de que os preços comunicariam informação de forma eficiente. Essa tese atribuída a Hayek, porém, não se sustentaria, afirmam os críticos, pois se alguns agentes comprassem uma mercadoria agrícola porque os preços subiram, "pegando carona" naqueles que investiram em previsão do tempo, os preços não seriam perfeitamente informativos. Mas, considerando que para Hayek o mercado deve gerar adaptação fora do equilíbrio e não eficiência na alocação de recursos conhecidos, o valor informacional do sistema de preços na verdade repousa em outra parte.

O contraste entre a teoria de processo e a teoria de equilíbrio de mercado é analisado em outro artigo[32], dedicado à discussão da noção de competição. A competição, para Hayek, seria um processo dinâmico cujas características essenciais são desprezadas pela teoria de equilíbrio. Normativamente, recomendações de regulação e intervenção baseadas nessa última desconsideram as atividades competitivas, como promoções, publicidade ou experimentação com variação de produto, essenciais para que os agentes descubram formas de atender necessidades. Nesse artigo, Hayek responde ao problema do conhecimento com uma concepção de competição que explicitamente fala em atividade de solução de problemas[33] através de mecanismo de aprendizado por tentativas e erros[34]. Para o autor:

> A solução do problema econômico da sociedade é nesse sentido sempre uma viagem de exploração ao desconhecido, uma

---

[31] HAYEK. *O Uso do Conhecimento na Sociedade*. p. 158.

[32] HAYEK, F. A. "The Meaning of Competition" [1946]. *In*: *Individualism and Economic Order*. Chicago: Chicago University Press, 1980.

[33] Idem. *Ibidem*. p. 96.

[34] Idem. *Ibidem*. p. 100.

tentativa de descobrir novas maneiras de fazer as coisas melhor do que antes[35].

A descrição do mercado como mecanismo evolucionário de aprendizado que envolve tanto a criatividade da descoberta empresarial quanto um mecanismo de correção de erros é consolidada em ainda outro artigo[36]. Nele, seu autor contrasta a "visão de engenheiro" que informa a presente interpretação do critério paretiano de eficiência – alocação ótima de recursos conhecidos – com sua opinião de que, se os mercados forem de fato mecanismos de descoberta, a competição deve ser valorizada justamente porque seus frutos não podem ser imaginados *ex ante* e portanto estimativas de seus benefícios concretos não podem ser realizadas, embora a liberdade de experimentação seja fundamental para o surgimento de inovações.

Esse tipo de conclusão, se relevante, se choca frontalmente com as crenças metodológicas que informam o economista do século XX, que valorizam apenas aquilo que pode ser operacionável empiricamente. A convicção de Hayek sobre a importância de estruturas não facilmente representáveis formalmente, de aspectos subjetivos não mensuráveis e da emergência de novidade não antecipável o levou naturalmente à discussão metodológica, a qual nos voltamos agora.

Embora existam diferenças entre as concepções filosóficas de Mises e Hayek e seja verdade que o reconhecimento do problema do conhecimento implica que a emergência da coordenação não é redutível à lógica pura da escolha, as diferenças práticas entre as metodologias dois autores são em geral superestimadas. Ambos (bem como os demais membros da tradição austríaca) podem ser vistos como herdeiros da metodologia clássica, dominante até os anos vinte[37].

---

[35] Idem. *Ibidem*. p. 101.

[36] "HAYEK, F. A. Competition as a Discovery Procedure". *In*: HAYEK, F. A. *New Studies in Philosophy, Politics and Economics*. London: Routledge, 1978.

[37] Ver: SENIOR, Nassau W. *An Outline of the Science of Political Economy*. Nova York: Augustus M. Kelley, 1965 [1836]; MILL, John Stuart. "On the Definition of Political Economy, and on the Method of Investigation Proper to It". *In*: MILL, John Stuart. *Essays on Some Unsettled Questions of Political Economy*. Kitchener: Batoche Books, 2000 [1844]; CAIRNES, John Elliot. *The Character and Logical Method of Political Economy*. Kitchner: Batoche Books, 2001 [1888]; KEYNES, John Neville. *The Scope and Method of Political Economy*. Kitchener: Batoche Books, 1999 [1890].

Nessa tradição, as peculiaridades metodológicas das ciências sociais eram atribuídas ao caráter "psicológico" (subjetivo) de seus conceitos e à complexidade inerente ao seu objeto estudo, que conspiram contra a possibilidade de testes empíricos cruciais. Em seu lugar, os clássicos (e os austríacos) defendiam a distinção entre a teoria pura, que deriva logicamente consequências de postulados bem gerais e a teoria aplicada, que emprega hipóteses históricas mais concretas. A observação empírica e histórica não testaria a validade da teoria pura, mas a aplicabilidade da mesma à situação particular.

Carl Menger (1840-1921), Ludwig von Mises e F. A. Hayek defendem versões dessa mesma tradição, a despeito de suas diferenças. Todos defenderão a teoria econômica dos ataques empiristas. Hayek, em particular, combaterá o positivismo, que mais tarde dominaria a Economia e oferecerá sua própria versão da metodologia clássica, com ênfase na complexidade dos fenômenos. Vejamos essas duas contribuições na sequência.

A crítica de Hayek ao positivismo se encontra em um livro[38], publicado na década de cinquenta, no qual seu autor critica o programa positivista em ciências sociais e explora as consequências políticas de um racionalismo construtivista associado a esse positivismo, que busca moldar a sociedade segundo plano consciente, pretensamente racional.

Hayek emprega o termo "cientificismo" para descrever o programa que busca imitar nas ciências sociais aquilo que erroneamente se considerava o método das ciências físicas. O cientificismo seria caracterizado por seu coletivismo, que busca restringir a ciência ao uso de variáveis agregadas, sujeitas à mensuração; pelo historicismo, ou crença na possibilidade de se derivar leis a partir do acúmulo de casos observados historicamente e também pelo objetivismo, que rejeita variáveis que dependam da percepção subjetiva dos agentes, não verificáveis intersubjetivamente. Mas, ao contrário da escassez de resultados gerados pelos defensores desse programa, as teorias econômicas que tiveram algum sucesso explanatório, aponta Hayek, foram baseadas no individualismo metodológico, que recomenda a explicação de fenômenos socais a partir da interação entre indivíduos; usaram simplificações abstratas, a partir das quais deduziam-se

---

[38] HAYEK, F. A. *The Counter-Revolution of Science*. Indianapolis: Liberty Press, 1979 [1952].

teoremas e se tornaram cada vez mais subjetivistas, incorporando noções como preferências, planos e expectativas.

A desconsideração pela complexidade e pelo subjetivismo que marcam o cientificismo, além disso, reduziria a capacidade do analista de perceber a formação de ordens espontâneas, induzindo a crença na capacidade de controle dos fenômenos sociais. Hayek utiliza como estudo de caso a transformação do cientificismo de Auguste Comte (1798-1857) e de Claude-Henri de Rouvroy (1760-1825), o Conde de Saint-Simon, em um projeto de engenharia social. Aqui, e em suas obras políticas posteriores, Hayek explora a relação entre o tipo de racionalismo que ignora as limitações do conhecimento humano e o advento de ideologias totalitárias. O desprezo pelo conhecimento fragmentado dos indivíduos em favor da crença de posse de conhecimento científico provado convida o engenheiro social a impor hierarquicamente um plano baseado em suas concepções pretensamente racionais.

A metodologia defendida por Hayek[39], por sua vez, atualiza a tradição clássica, modificando a filosofia da ciência popperiana para lidar com fenômenos complexos. Estes últimos são identificados pelo número mínimo de variáveis necessárias para uma explicação aceitável do objeto estudado: embora possamos estabelecer relações precisas entre poucas grandezas de um fenômeno simples, os fenômenos complexos, como aqueles estudados pela Economia, são sempre influenciados por um sem número de variáveis.

Conforme aumenta o grau de complexidade do fenômeno estudado, menos aplicáveis se tornam os preceitos do cientificismo. Se estes forem aplicados, as teorias econômicas desenvolvidas pelo autor sobre fenômenos complexos, por exemplo, deveriam ser descartadas como pseudocientíficas e substituídas por modelos agregados, mesmo que distorções em preços relativos, modificações na estrutura do capital, aprendizados por tentativas e erros, emergência de coordenação e assim por diante fossem de fato fundamentais para explicar o mundo real.

Embora seja desejável que uma teoria seja falseável, Hayek aponta para um dilema metodológico: quanto maior o grau de

---

[39] HAYEK, F. A. "The Theory of Complex Phenomena". *In: Studies in Philosophy, Politics and Economics*.

complexidade do objeto estudado, menor será o conteúdo empírico de uma teoria que o estude, independente da postura dogmática ou aberta para a crítica de seu formulador. O estudo desse tipo de fenômeno permitiria apenas a formulação de predições de padrão (*pattern predictions*), que identificam algumas características em abstrato do fenômeno, sendo impossível determinar seus detalhes, dado o grande número de variáveis em questão, grande parte delas não observável. A teoria da evolução por seleção natural ou a teoria de equilíbrio geral, para Hayek, devem então ser entendidas não como instrumentos de controle, mas como a descrição abstrata de apenas algum aspecto dos fenômenos estudados. Aqui, novamente nos deparamos com uma visão cética sobre o potencial do conhecimento teórico para fins de engenharia social, em vez de seu uso correto como guia para análise institucional comparada.

Voltamos agora a considerar mais um campo no qual Hayek lida com estruturas complexas e desenvolve teoria que tem implicações sobre os limites do conhecimento humano. Em 1952 Hayek publica um livro[40] no qual propõe uma teoria sobre o funcionamento da mente que desenvolvera na década de 1920, livro esse que será conhecido como uma das contribuições fundadoras da teoria conexionista da mente. Embora pareça surpreendente um economista escrever sobre esse assunto, podemos notar inúmeras semelhanças entre a forma como o autor concebe o funcionamento dos mercados e da mente: esta também é vista como um sistema complexo adaptativo, composto por sinais transmitidos entre elementos de uma estrutura. Para que possamos identificar essas semelhanças, vejamos alguns elementos dessa teoria.

Hayek distingue entre três ordens de fenômenos: a ordem física do mundo externo, a ordem neural das fibras nervosas de nosso organismo (subconjunto da primeira) e a ordem mental das percepções sensoriais[41]. Ao contrário da crença vigente na época em que o livro foi escrito, o sistema nervoso central não conduz impulsos contendo propriedades do mundo físico: os estímulos que impressionam as células sensíveis do organismo resultam em impulsos

---

[40] HAYEK, F. A. *The Sensory Order*. Chicago: The University of Chicago Press, 1976 [1952].
[41] Idem. *Ibidem*. p. 39.

que são associados aos elementos do mundo físico apenas por meio do caminho que percorrem ao passar pelo sistema nervoso.

Isso coloca então o problema de explicar como certas relações entre os objetos da ordem física são reproduzidas de alguma forma na ordem sensorial, já que esta não acessa diretamente a primeira. Para Hayek, ao longo da evolução das espécies e dos indivíduos, os organismos desenvolveram um sistema de diferenciação de estímulos segundo o qual cada um deles ocupa uma posição em uma ordem que representa o significado que esse estímulo (em combinação com outros estímulos) tem para o organismo[42]. Desse modo, a formação de uma representação relacionada com o mundo físico, ainda que de forma imperfeita, confere vantagem evolutiva ao organismo.

A percepção sensorial e toda atividade mental são vistas então pelo autor como resultados de um aparato de classificação derivado de impulsos transmitidos por conexões formadas entre elementos de uma estrutura. Configurações de impulsos que ocorrem simultaneamente atingem fibras densamente conectadas entre si, percebidas como oriundas da mesma classe de estímulos.

Ao estudar a relação entre a formação de conexões no cérebro e os objetos físicos classificados por elas, Hayek utiliza a metáfora de um mapa, que consiste na representação das relações entre os estímulos que atuam no organismo, ou a rede de relações estáveis que definem a forma como percebemos o mundo[43]. A exposição do organismo a um meio ambiente particular resulta em um conjunto de estímulos que gera um padrão de impulsos que percorre esse mapa, resultando em um modelo[44] ou interpretação desse meio.

Como na tradição conexionista em geral, a memória não é um local que armazena informações sensoriais trazidas pelos impulsos, mas consiste justamente nos padrões de relações formadas no cérebro[45]. Como a essência dos fenômenos mentais é a relação entre elementos de uma estrutura, essas relações poderiam concebivelmente ser replicadas em outros materiais, resultando na emergência desse tipo de fenômeno[46].

---

[42] Idem. *Ibidem*. p. 42.
[43] Idem. *Ibidem*. p. 109.
[44] Idem. *Ibidem*. p. 114.
[45] Idem. *Ibidem*. p. 52.
[46] Idem. *Ibidem*. p. 47.

Como nas demais teorias do autor, Hayek também discute aqui suas consequências metodológicas, enfatizando que a teoria da ordem sensorial permite apenas a descrição de padrões de funcionamento da mente e a formulação de previsões de padrão[47]. Além dessa limitação do poder explanatório de teorias referentes a fenômenos complexos, Hayek aponta outro limite do conhecimento humano, derivado de sua teoria da mente: uma explicação completa do cérebro seria impossível, na medida em que um aparato de classificação deve ter um grau de complexidade superior ao objeto classificado para que possa entendê-lo em todos seus aspectos, de modo que a mente nunca seria capaz de explicar completamente a si mesma[48].

Neste ponto podemos novamente notar que, como nas suas outras teorias, também no estudo da ordem sensorial Hayek descreve um sistema auto-organizado: a mente é vista como um fenômeno emergente, constituído a partir de uma base material, mas que apresenta características diferentes dos elementos dessa base. A formação de uma ordem organizada é obtida por meio de processos evolucionários. Novamente, a essência da explicação envolve relações estruturais entre elementos que interagem localmente. Essa estrutura se adapta conforme entra em contato com os estímulos externos e envolve um processo de aprendizado que enfatiza as limitações do conhecimento.

A identificação desses elementos comuns leva naturalmente à analogia entre a teoria da mente e as teorias econômicas do autor: a propagação de impulsos através de uma estrutura de fibras nervosas lembra a adição de insumos produtivos a uma estrutura do capital ou ainda a transmissão, via sistema de preços, de sinais que permitem a coordenação nos mercados. Além dessas áreas, Hayek identificará também em sua teoria da evolução institucional, como veremos agora, a existência de ordens auto-organizadas com características análogas, de modo que podemos de fato reconhecer o papel central que as estruturas complexas e o conhecimento falível ocupam no programa de pesquisa do autor.

Tendo expandido a teoria de equilíbrio competitivo para um referencial mais amplo de processo de mercado, que busca explicar

---

[47] Idem. *Ibidem*. p. 34, 43, 182.
[48] Idem. *Ibidem*. p. 184-90.

a emergência espontânea da coordenação por meio de mecanismo de aprendizado por tentativas e erros, capaz de gerar adaptação ao perpétuo fluxo de mudanças de um modo que mecanismos de controle consciente não seriam capazes, nada mais natural do que ampliar novamente esse estudo comparativo para tratar explicitamente dos arcabouços institucionais que acompanham as diferentes formas de resolver o problema econômico fundamental.

Isso é de fato feito em outro subconjunto de obras do autor[49], que reúnem elementos econômicos, filosóficos, históricos e políticos em uma visão de mundo integrada a respeito dos fenômenos sociais[50], baseada, como afirmamos, em sua economia falibilista.

Um dos padrões complexos de que nos fala seus estudos metodológicos é o conceito de "ordem" em sociedade, estrutura reconhecida pela correspondência entre as expectativas sobre as formas de ação dos demais agentes e o comportamento efetivo dos mesmos. Existiriam dois tipos de ordens sociais: taxis, desenhadas conscientemente para certos propósitos e *cosmos*, ordens abstratas que evoluíram e não atendem a propósitos específicos.

As ordens espontâneas do segundo tipo, para o autor, são as únicas que possibilitam aumentos sustentados em seu grau de complexidade: o sistema de preços, a moeda, as línguas e as leis seriam exemplos de "*frutos da ação, mas não da intenção humana*"[51]. Esse grau

---

[49] HAYEK, F. A. *O Caminho da Servidão*. Trad. Anna Maria Capovilla, José Ítalo Stelle e Liane de Morais Ribeiro. São Paulo: Instituto Ludwig von Mises Brasil, 6ª Ed., 2010 [1944]; HAYEK, F. A. *Os Fundamentos da Liberdade*. Intr. Henry Maksoud; Trad. Anna Maria Capovilla e José Ítalo Stelle. Brasília / São Paulo: Editora Universidade de Brasília / Visão, 1983 [1960]; HAYEK, F. A. *Direito, Legislação e Liberdade: Uma Nova Formulação dos Princípios Liberais de Justiça e Economia Política*. Apres. Henry Maksoud; Trad. Anna Maria Copovilla, José Ítalo Stelle, Manuel Paulo Ferreira e Maria Luiza X. de A. Borges. São Paulo: Visão, 1985. 3v. [1973 / 1976 / 1979]; HAYEK, F. A. *Arrogância Fatal: Os Erros do Socialismo*. Trad. Ana Maria Capovilla e Candido Mendes Prunes. Porto Alegre: Editora Ortiz / Instituto de Estudos Empresariais, 1995 [1988].

[50] O autor é explicito sobre a importância da multidisciplinaridade: "Mas ninguém pode ser um grande economista se for somente um economista – e estou mesmo tentado a acrescentar que o economista que é somente um economista é provável que se torne um incômodo ou ainda um perigo positivo". HAYEK, F. A. "The Dilemma of Specialization". *In*: *Studies In Philosophy, Politics and Economics*. p. 123.

[51] HAYEK, F. A. "The Results of Human Action but Not of Human Design". *In*: HAYEK, F. A. *Studies in Philosophy, Politics and Economics*.

progressivo de complexidade se torna possível porque nesse tipo de ordem existem mecanismos evolutivos de aprendizado, que tornam possível contornar os limites do conhecimento humano.

Hayek associa assim diferentes doutrinas políticas a diferentes pressupostos sobre a natureza desse conhecimento. Como na distinção popperiana entre racionalismo ingênuo e crítico, Hayek traça paralelo entre racionalismo construtivista e evolutivo. O primeiro, cartesiano, valoriza apenas aquilo que possa ser racionalmente reconstruído, gerando preferência por ordens baseadas em controle consciente (*taxis*). O segundo, marcado por um ceticismo inglês, cônscio das limitações do conhecimento formal para controlar ordens complexas, valoriza instituições descentralizadas, que permitem, além do conhecimento formal, o uso do conhecimento disperso dos agentes, ampliando assim drasticamente a quantidade de informação levada em conta pelos mecanismos coordenadores.

Estes últimos se desenvolveram por meio de um processo de evolução cultural de normas. *Ex ante* não é possível antecipar que tipo de ordem emerge quando os indivíduos seguem conjuntos específicos de normas. Mas, historicamente, a adoção de regras que levaram à prosperidade, como o respeito à propriedade privada, surgiu como fruto da experimentação de indivíduos em grupos que adotaram tais regras, sendo imitados pelos demais indivíduos que seguiam outros conjuntos de regras.

A liberdade individual como motor para um processo de descoberta que aumenta a complexidade da ordem social tornou possível a existência de bilhões de pessoas interagindo com elevado grau de divisão do trabalho. Mas as instituições compatíveis com essa liberdade sofrem ataques, além daqueles desferidos pelo racionalismo construtivista, derivados dos instintos disfuncionais herdados do passado tribal da humanidade: a normas impessoais e abstratas que regulam as relações modernas geram estranhamento nas pessoas acostumadas com as regras adequadas para as relações em grupos menores, nos quais todos se conhecem. Dessa maneira, razão e instinto se rebelam contra a sociedade livre, dando origem ao totalitarismo. Depois de analisar o processo de evolução institucional e as ameaças coletivistas à sociedade livre, Hayek defende uma série de reformas institucionais concretas que pretendem livrar as pessoas dos monopólios impostos pelo Estado.

A obra de Hayek inclui muito mais do que foi possível cobrir no espaço de um artigo. Nada falamos sobre suas propostas de política monetária no início da carreira, sua defesa da desnacionalização do dinheiro, sua tese da inexistência de liberdade política na ausência de liberdade econômica, suas teses sobre direito e propostas de reformas constitucionais, além de várias de suas teses filosóficas ou seus inúmeros trabalhos no campo da história das ideias. Todas elas, porém, seguem o padrão ditado pelo tema central que enfatizamos neste artigo.

Hayek nos legou não um conjunto de teorias definitivas e ferramentas prontas para serem usadas, mas a oportunidade de expandir o horizonte de questões cruciais que estão sem respostas até hoje. Por isso, Hayek exerce fascínio não entre aqueles que buscam o conforto em certezas, mas entre os curiosos, que não se distanciam de problemas intrincados. Sua macroeconomia convida a uma fundamentação não em modelos, mas em problemas microeconômicos, de modo que os profissionais da área não se preocupem apenas com agregados em detrimento de distorções em estruturas. A teoria do capital ainda aguarda formas de representar o aumento da complexidade das conexões entre seus elementos durante o processo de crescimento e sua distorção durante os ciclos. Sua teoria de processo aguarda ainda integração maior com fundamentação explícita na teoria evolucionária. Sua teoria institucional, da mesma maneira, requer que os diferentes mecanismos seletivos sejam explicitados em diferentes contextos, para que possamos avaliar melhor e guiar processos de transição institucional desejáveis.

Todos esses desafios são derivados da tensão essencial existente entre os elementos de complexidade e subjetivismo: como representar a complexidade sem minar o aspecto criativo da ação? Como falar em coordenação de planos sem levar em conta os fatores externos que limitam esses planos? A preferência deste revisor, pelo menos como primeiro passo, é claramente pelo referencial da epistemologia evolucionária, que une esses dois elementos em uma teoria de aprendizado, preferência essa consistente com os caminhos tomados nas obras de Hayek, em especial seu último livro, que adota explicitamente esse rumo.

Por fim, devemos observar que Hayek também nos legou um exemplo de integridade intelectual: nunca se furtou de examinar problemas intratáveis que considerasse fundamentais, sempre se ateve às suas convicções minoritárias, mesmo em prejuízo de sua carreira, nunca desrespeitou oponentes intelectuais ou procurou distorcer suas opiniões, nunca apelou para autopromoção, omitindo os esforços dos autores que abordaram os mesmos problemas antes dele, sempre se inteirou das diferentes opiniões sobre um assunto, mostrando erudição sobre tudo em que se debruçava. Diante disso, somente o preconceito ideológico explica a falsa acusação de dogmatismo que periodicamente é lançada contra ele.

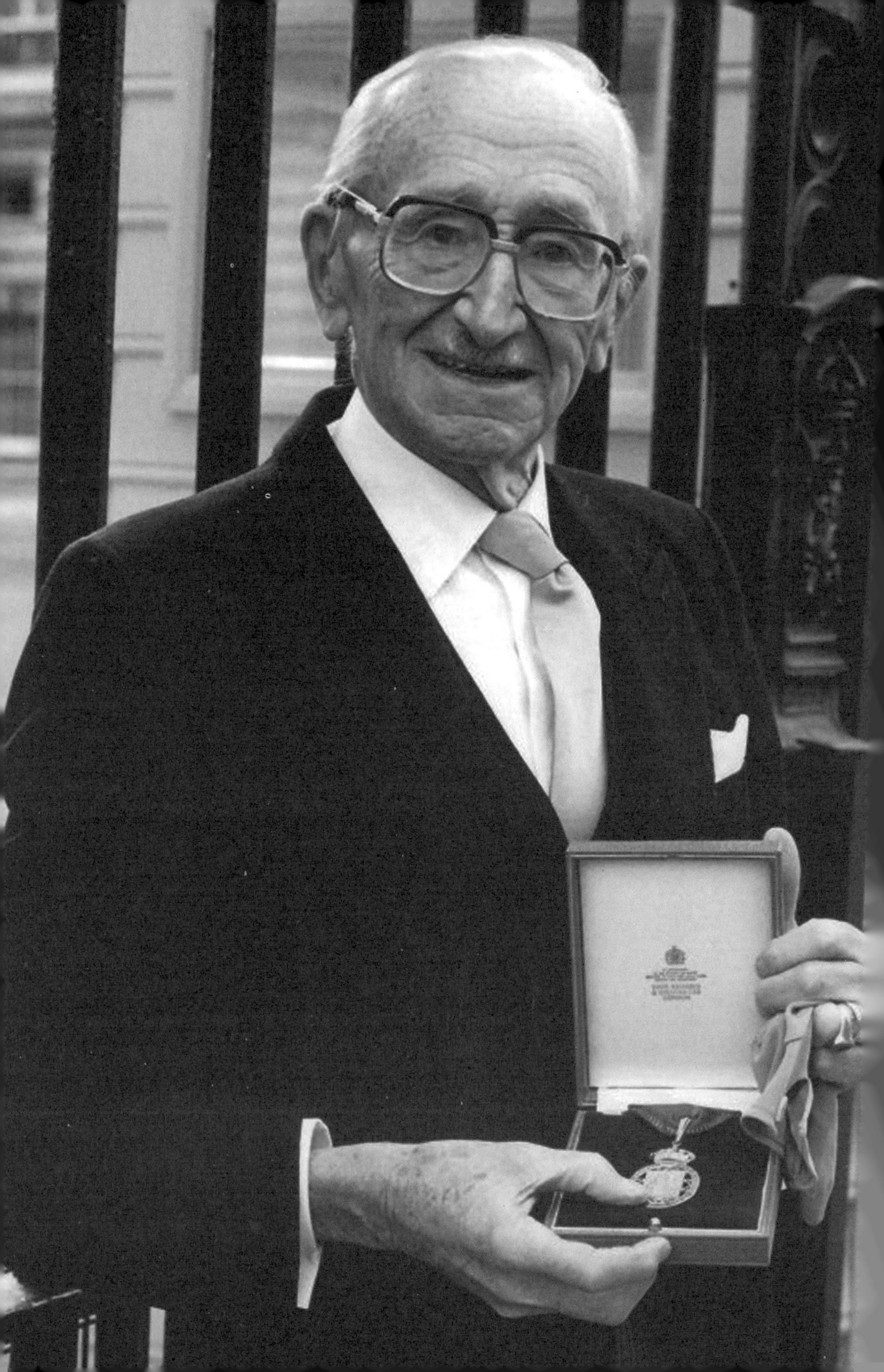

Capítulo 7

TENTATIVA E ERRO: A EVOLUÇÃO SOCIOECONÔMICA

Rosane Viola Siquieroli
Silvia Carolina Lebrón
Dennys Garcia Xavier

Introdução

Hayek revela uma certa tensão entre duas entidades que constantemente se contrapõem e que travam uma batalha pelo controle da mente humana: a razão, fruto de uma mente intelectual, e o instinto, resultado de um corpo animal. Hayek defende a ideia de que a ordem ampliada de cooperação humana não foi resultado de nenhum desígnio e muito menos de intenções humanas, mas surgiu espontaneamente, o que ele afirma ser uma espécie de seleção evolutiva. O ponto básico do seu argumento é que a moralidade não é criação da razão humana e se desenvolve pela evolução cultural, incluindo as instituições da propriedade, da liberdade e da justiça.

1. A tradição herdada de Aristóteles

Segundo o autor, Aristóteles, um dos principais filósofos da antiguidade grega, apesar do inquestionável alcance de seu pensamento, era cego à importância do comércio e carecia de qualquer compreensão da sua evolução. O estagirita, diante da impossibilidade de reunir dados empíricos para uma análise detalhada do comércio e de seu desenvolvimento – por conta da contemporaneidade entre o filósofo e o fenômeno, não foi capaz de observar com a devida nitidez o desenrolar de uma atividade que tomaria o mundo. Na introdução da obra *O caminho da servidão*, Hayek defende a ideia de que a história que possibilita uma análise acurada do desenrolar dos acontecimentos é a mesma que não prescinde do olhar distante do observador:

> Os acontecimentos contemporâneos diferem dos históricos porque desconhecemos os resultados que irão produzir. Olhando para trás, podemos avaliar a significação dos fatos passados e acompanhar as consequências que tiveram. Mas enquanto a história se desenrola, ainda não é história para nós. Ela nos conduz a um terreno desconhecido, e só de quando em quando podemos vislumbrar o que está à nossa frente (HAYEK, 2010, p. 29).

Posteriormente, o pensamento aristotélico, integrado e trabalhado por Tomás de Aquino, veio fortalecer as atitudes anticomerciais da Igreja medieval, até alcançar os filósofos franceses dos séculos XVII e XVIII. Foram justamente eles que começaram a questionar os valores e as instituições centrais da citada ordem ampliada.

2. O alvorecer da ciência moderna e o surgimento do racionalismo construtivista

O alvorecer da ciência moderna trouxe em seu bojo uma forma específica de racionalismo, pelo autor denominada de "construtivismo" ou "cientificismo". Nesse contexto, Hayek critica o conceito de "engenharia social", ou seja, a concepção de que pela razão humana se dá a evolução da sociedade, retirando-se o protagonismo do acaso e da espontaneidade. Durante sessenta anos conduziu uma profunda e séria investigação na condenação do poder atribuído à razão, com vista a uma desconstrução da hegemonia racionalista que insiste em se autoproclamar o fundamento de toda e qualquer questão humana. Diz ele:

> [...] tentei mostrar que essa forma de racionalismo é particularmente impensada, ao integrar uma falsa teoria da ciência e da racionalidade, na qual se abusa da razão, e que, mais importante aqui, leva inevitavelmente a uma interpretação errônea da natureza e do surgimento das instituições humanas (HAYEK, 2017, p. 68).

O economista identifica o surgimento desse tipo de racionalismo com o pensamento cartesiano e afirma que a razão pura, além de descartar a tradição, se alça a um patamar de superioridade quando se considera capaz de construir um novo mundo a partir de si mesma. Hayek defende o real valor da tradição e mostra o quão importante e necessária é a interação humana num complexo sistema de tentativa e erro para o desenvolvimento de uma sociedade, qualquer que seja ela – o que já havia sido detalhadamente demonstrado no ano de 1776, por Adam Smith, na obra *A Riqueza das Nações*. O trecho logo abaixo, transcrito da obra do filósofo e economista britânico, evidencia como a teia da ordem ampliada se manifesta à revelia da razão humana:

> [...] sem o esforço e a cooperação de milhares de pessoas, o homem mais insignificante de um país civilizado não poderia ser abastecido com aquilo de que necessita mesmo que a sua vida se resuma à simplicidade que, aliás, falsamente se lhe atribui (SMITH, 1974, p. 18).

Hayek não se exime de indicar a existência de outras correntes, dentro do que se pode chamar de "racionalismo", mas que tratam as mesmas questões de maneira completamente diferente, entre elas o pensamento de John Locke, que estaria isento do mal que contamina todo o racionalismo moderno.

Na sequência, o autor critica a influência do filósofo Jean-Jacques Rousseau, que agarrado ao pensamento de Descartes semeou a ideia de que todas as restrições à liberdade humana são, na verdade, "artificiais".

Essa tese defendida por Rousseau motivou os indivíduos a se libertarem das restrições que, ao promoverem a ordem, se constituíram na causa da produtividade dos mesmos. A concepção de liberdade em Rousseau, na visão de Hayek, se tornou o maior obstáculo à aquisição da liberdade, uma vez que, com suas ideias, permitiu que se abandonassem as restrições culturais e legitimou o que ele denominou de "libertação", ou seja, um ataque frontal aos fundamentos próprios da liberdade.

3. A influência religiosa na crítica à propriedade

Outra questão de fundamental importância na avaliação hayekiana é o ataque realizado à propriedade. Segundo ele, as objeções à propriedade e aos valores tradicionais não vieram apenas dos seguidores de Rousseau, visto que também ocorre uma influência religiosa no pensamento moderno. Isso aconteceu na medida em que movimentos revolucionários de grupos heréticos como os gnósticos, os maniqueístas, os bogomilos e os cátaros (alguns exemplos citados não de forma exaustiva) reviveram velhas tradições heréticas de revolta religiosa contra instituições básicas de propriedade e família. No século XIX, milhares de novos revolucionários religiosos se ocupavam de fomentar o combate contra a propriedade e a família. Crenças místicas e sobrenaturais, diz ele, eram invocadas para justificar restrições aos instintos, e ao mesmo tempo para embasar a liberação dos mesmos.

4. Racionalismo cartesiano vs racionalismo evolucionista

Ao identificar os caminhos trilhados por intelectuais adeptos do chamado "pensamento construtivista ou liberal", Hayek realiza uma crítica aberta aos liberais americanos que integram o Partido Democrata, a quem ele chama de "esquerdistas" – pois opõem-se à ordem de mercado. Segundo ele, existe certa confusão com a denominação "*liberals*" nos EUA e na Europa. Os que se autodenominam "liberais" são, na verdade, socialistas, dado que seguem o pensamento racionalista construtivista que supõe o homem capaz de traçar ele mesmo a distinção entre bem e mal. Nessa visão, todas as realizações humanas são resultado do uso da razão, única e exclusivamente. Hayek atribui esse modelo de pensamento a Descartes e por esse motivo a teoria recebe o nome de "racionalismo cartesiano".

Em contrapartida, Hayek adere a outra corrente, que faz oposição ao racionalismo cartesiano e que pode ser chamada de "antirracionalismo" ou, ainda, de "racionalismo evolucionista", representada por pensadores como Adam Smith, John Locke, Bernard Mandeville, David Hume, Josiah Tucker, Adam Ferguson, Edmund Burke, Alexis de Tocqueville, Lord Acton, entre outros.

> Esta é uma teoria social que olha para os determinantes da vida social do homem. Aqui, a abstração e ausência de total conhecimento são conceitos fundamentais; por isso, os pensadores dessa corrente afirmam que somos ignorantes em relação à maioria dos fatos que determinam nossas ações, e que necessitamos da ajuda de processos que não temos consciência para atingir a máxima eficácia da razão (JÚNIOR, 2009).

A moralidade e as instituições da propriedade, da liberdade e da justiça não são criações da razão humana, mas ao contrário, elas nascem e se desenvolvem num contexto de evolução cultural. Não se esgotam as críticas ao racionalismo cartesiano, que tanto ganhou espaço no mundo moderno.

> Minha objeção aos racionalistas é que eles declaram que seus experimentos são resultado da razão, vestem-nos duma metodologia pseudocientífica e, assim, enquanto cortejam recrutas influentes e sujeitam a ataques infundados práticas tradicionais inestimáveis (resultado de eras de experimentação evolutiva de tentativa e erro), protegem os próprios "experimentos" de escrutínio (HAYEK, 2017, p. 75).

5. O engano de intelectuais e cientistas

Hayek expõe uma ideia que pode parecer estranha à sua narrativa, mas que esclarece com autoridade. Admite que racionalistas tendem a ser inteligentes e intelectuais e que intelectuais inteligentes tendem a ser socialistas. O autor, surpreendido por essa constatação, diz que a surpresa diminui quando percebe que pessoas inteligentes superestimam a inteligência e depositam na conta da racionalidade humana todo o desenvolvimento social como fruto de uma "coordenação racional" de todo e qualquer empreendimento. Ele conclui que esse tipo de raciocínio é o responsável por uma disposição favorável ao planejamento e controle econômico centralizado, que surge como o coração do socialismo. A justificativa racionalista é que os intelectuais naturalmente alinham-se à ciência, à razão e aos seus progressos extraordinários, e difícil é para esses pensadores acreditarem que exista algum conhecimento valioso que não tenha surgido de uma experimentação deliberada, ou seja, da própria tradição da razão.

E nesse ponto o autor demonstra uma clareza argumentativa que facilmente tem o condão de aniquilar os seus oponentes. Ele defende a ideia de que a própria tradição da razão é aprendida e, portanto, de maneira alguma poderia ser uma faculdade inata. A racionalidade humana também é fruto da evolução, e engana-se aquele que acredita ser a razão algo de divino no homem.

Hayek garante que a ordem ampliada de cooperação humana não pode ser explicada apenas pelo pensamento racionalista e denuncia o trabalho daqueles que ele chamou de "vendedores de ideias de segunda mão": professores, jornalistas, comunicadores em geral que, a partir de contatos superficiais com o mundo da ciência, autoproclamam-se seus porta-vozes genuínos. Esses "intelectuais", no anseio de apresentar ideias novas ao público, insistem em ridicularizar tudo aquilo que está na esfera do convencional. A "verdade" é facilmente menosprezada em prol da "novidade" e da notícia em primeira mão.

A crítica estende-se também a cientistas renomados como Albert Einstein. Nos conta Hayek que, segundo um dos biógrafos do grande físico alemão, Einstein considerava uma obviedade que "a razão humana deve ser capaz de encontrar um método de distribuição que funcione com tanta eficiência quanto o da produção" (CLARK, 1971, *apud* HAYEK, 2017, p. 82). Registra, inclusive, que o cientista foi alvo de zombaria por ter extrapolado sua própria competência com declarações desse tipo. Hayek cita, ainda, várias figuras importantes do século XX que teriam feito declarações equivocadas: Jacques Monod (pai da biologia molecular moderna), Max Born, Arthur Eddington, W. Ostwald, dentre outros. A censura feroz do autor recai sobre o que ele considera uma litania de equívocos, ideias recorrentes que, em conjunto, constituem uma espécie de argumento e que originam o tal racionalismo presunçoso que ele chama de "cientificismo e construtivismo".

Os pensadores que aderem a essa maneira de reflexão do mundo, ao descartarem o conhecimento advindo da tradição, superestimam as conclusões da razão. Hayek alerta para o fato de que a razão erigida a um patamar absoluto de verdade estaria imune a qualquer crítica. Ao invés de investigar os limites da razão humana, a ciência moderna ascende a capacidade da razão ao infinito. Em consequência, o homem se torna cego aos seus equívocos e incapaz de compreender como a ordem ampliada veio a existir e como os eventos trouxeram a humanidade ao estágio atual de desenvolvimento.

6. O papel fundamental da tradição na evolução moral

Hayek atribui ao fardo da tradição, ou melhor, a nossa capacidade de nos submetermos aos limites impostos por ela, todos os benefícios da civilização. Ou seja, se não fosse a tradição moral imposta aos homens, até mesmo a sua própria existência estaria comprometida. Ele não vê alternativa à tradição e afirma que a falta dela traria pobreza e fome. Entre os benefícios estabelecidos pela tradição moral, a liberdade é tratada com especial atenção, tendo em vista que a vida em sociedade não permite uma liberdade ilimitada, ao contrário, exige de todos os cidadãos o reconhecimento de esferas individuais de liberdade que expressem direitos singulares sem ferir o coletivo. Nesse ponto, Hayek introduz a questão da propriedade, que se revela de vital importância na formação de uma personalidade individual e é seu próprio fundamento. O conceito de propriedade pressupõe uma esfera de liberdade individual e reconhecível, sem a qual não é possível determinar a personalidade com os seus direitos e deveres específicos.

A falsa ideia de que a liberdade sem restrições é uma possibilidade e um direito do ser humano tem gerado muita confusão. Essa suposição aparece em Voltaire, que afirmou: *"quand je peux faire ce que je veux, voilà la liberté"*[1]. Outro que segue a mesma linha de raciocínio é Jeremy Bentham, ao proclamar que "toda lei é má, pois

---

[1] "Quando posso fazer o que eu quero, eis a liberdade".

toda lei é uma infração da liberdade" (BENTHAM *apud* HAYEK, 2017, p. 88). Esses pensadores não perceberam que o ser humano não detém o domínio pleno de sua consciência e que entre o instinto e a razão o primeiro ainda permanece hegemônico no comando das ações humanas.

7. A felicidade limitada pela liberdade

A ciência jurídica estabelece um princípio básico que determina que o direito de alguém termina onde começa o de outrem. Então, fica evidenciada a total impossibilidade de uma liberdade irrestrita concedida a todos os cidadãos numa sociedade civilizada; a falta de limites de alguns seria, sem sombra de dúvida, o maior obstáculo aos direitos dos outros. Desse modo, uma certa restrição da liberdade se transforma, por conseguinte, em garantia da própria liberdade. A liberdade de todos os cidadãos deve ser uniformemente restringida por meio de regras abstratas, para que o cidadão individual possa ter mantida a sua esfera pessoal de liberdade, evitando-se, dessa forma, a coerção arbitrária ou discriminatória de uns pelos outros. Nesse caso, o governo se faz necessário apenas para fazer valer as regras abstratas e proteger cada cidadão contra invasões de sua esfera particular de liberdade. A ordem civilizatória depende de um mínimo de restrição das liberdades individuais, ou seja, a libertação total das restrições numa sociedade humana é origem e fator determinante do caos. Por isso, não existem motivos para "[...] esperar que a seleção de práticas habituais pela evolução produza felicidade" (HAYEK, 2017, p. 89).

A felicidade é um dos temas mais recorrentes em filosofia, e pensadores racionalistas de todos os tempos se debruçaram sobre o assunto na tentativa de descobrir como a tal felicidade poderia originar-se da razão consciente, finalmente libertando o homem de todo o sofrimento imposto por uma ordem moral preestabelecida. Hayek lembra aos leitores que não deve ser desprezada a possibilidade de que a ordem desenvolvida pelo processo civilizatório seja, ela mesma, a responsável pela felicidade alcançada pelos seres humanos, isso levando-se em consideração a vida dos povos primitivos, suas restrições e dificuldades naturais.

O autor identifica duas fontes para a alienação e a infelicidade modernas: a) intelectuais desde a época de Rousseau até Foucault e Habermas, ao depositarem a culpa das mazelas psicológicas do homem ao simples viver dentro de qualquer "sistema" e sob o crivo de uma ordem imposta, desprezam o fluxo contínuo da consciência instintiva e condenam seus seguidores ao sentimento de viver em uma "civilização insuportável" por definição; b) outro problema é a sensação de "consciência pesada" diante da fomentação exacerbada de sentimentos de altruísmo e solidariedade, que acabam por condenar todo e qualquer tipo de sucesso material, o que seria por si só contraintuitivo.

Considerações finais

Para Hayek, a civilização corre sérios riscos diante das sucessivas tentativas de desprendimento da moral tradicional, empreendida por aqueles que se julgam portadores de uma verdade absoluta baseada numa razão arrogante e irresponsável. As reiteradas reivindicações de "libertação" dos encargos da civilização – encargos do trabalho disciplinado, da responsabilidade, da aceitação de riscos, da necessidade de poupar, da honestidade, do cumprimento dos compromissos, assim como das dificuldades de refrear por meio de regras gerais as próprias reações naturais de hostilidade a estranhos e solidariedade com aqueles que são semelhantes – coloca sob ameaça severa a liberdade política. Em nome da falácia da "libertação", os seus apoiadores desejam destruir a base da liberdade, permitindo aos homens fazer aquilo que destruiria de forma irremediável as condições de existência da civilização. Essas ideias sem lastro e equivocadas nascem, sobretudo, da tradição do liberalismo racionalista que sugere que a tão desejada liberdade seria incompatível com toda e qualquer restrição às ações individuais. É certo que existe um custo de submissão à ordem ampliada e é certo também que, sem as regras de conduta impostas por ela, o ser humano estaria de volta ao estado de "liberdade" primitiva, aquela de que gozam os selvagens. Contudo, mesmo no estado selvagem, a liberdade não pode ser considerada total, tendo em vista que a vida em grupos isolados também exigia a obrigação de compartilhar da busca de objetivos concretos para o bem da comunidade e principalmente o dever de obediência ao comando de um chefe. Se a manutenção da civilização depende da manutenção primordial dos encargos morais, então as regras gerais e abstratas que devem ser consideradas em todas as decisões individuais, com absoluta convicção, é o maior bem que o ser humano pode almejar alcançar com o uso pleno da razão.

Bibliografia

ENGELS, F. *A Origem da Família, da Propriedade Privada e do Estado*. Tradução Leandro Konder. 9ª ed. Rio de Janeiro: Civilização Brasileira, 1984.

HAYEK, F. A. O *Caminho da Servidão*. 6ª ed. São Paulo, SP: Instituto Ludwig von Mises Brasil, 2010.

HAYEK, F. A. *Os erros fatais do socialismo: por que a teoria não funciona na prática*. Tradução Eduardo Levy. 1ª ed. Barueri: Faro Editorial, 2017.

JÚNIOR, A. M. *Regras, ordem e complexidade econômica – Hayek sobre o racionalismo cartesiano*. Disponível em: <http://www.mises.org.br/Article.aspx?id=346>. Acesso em: 17/fev/2018.

ROUSSEAU, J-J. *Do contrato social*. São Paulo: Nova Cultural Ltda., 1999.

SMITH, A. *Investigação sobre a natureza e as causas da riqueza das nações*. São Paulo: Abril Cultural, 1974.

Capítulo 8

ENTRE AS PALAVRAS E A REALIDADE: UMA QUESTÃO LINGUÍSTICA

Djalma Pizarro
Luciene Gomes dos Santos
Gilda Ribeiro Quintela

Introdução

Trataremos aqui da análise relativa ao texto "Nossa linguagem envenenada", do livro *Os erros fatais do Socialismo* (2017) de Friedrich A. von Hayek, sobretudo da parte referente à análise linguística proposta pelo autor, na qual ele visualiza uma contaminação vocabular engendrada pelos adeptos do socialismo. Conforme esclarecido pelo próprio Hayek, sua intenção não é fazer uma análise linguística aprofundada, mas demonstrar que a utilização indevida, por vez errônea, de vários vocábulos aproveitados pelos doutrinadores e comentaristas de viés socialista, implica em uma manipulação da linguagem a serviço dessa ideologia, defluindo desse conúbio aquilo que denomina por "ambiguidade terminológica". Além disso, propõe-se a tratar também do desgaste semântico dos termos "sociedade" e "social", entre outros, concluindo que existem palavras vazias de conteúdo. Após a explicação da tese do autor, faremos uma crítica com fincas na linguística, com suporte nos teóricos Frege e Saussure, principalmente, e no modelo da teoria da análise do discurso, para tentar demonstrar que aquilo que Hayek vê como anomalia linguística praticada por uma corrente ideológica, na verdade, segundo nosso ponto de vista, trata-se de um recurso (ou de vários) utilizado na conversação linguística de uma comunidade de falantes, por qualquer corrente ideológica, na defesa de seus interesses de poder. Trataremos, também, do referencial, proposto pelo lógico alemão Frege e de seus balizadores (sentido e referência), para contrapor a tese de Hayek.

1. As palavras como fios condutores da ação

Inicialmente, Hayek aborda a questão da linguagem não no sentido do aprofundamento das questões linguísticas, mas para utilização inicial no comércio, pois os mercadores deveriam conhecer algo da linguagem do país destinatário, para, ao menos, evitar agredir as regras de etiqueta linguística de outra cultura. A linguagem é o maior instrumento de interação entre sujeitos socialmente organizados, porque possibilita a troca de ideias, a circulação de saberes e riquezas e faz intermediação entre todas as formas de relação humanas. Quando queremos nos expressar verbalmente, seja de maneira oral (fala), seja na forma escrita, recorremos a palavras, expressões e enunciados de uma língua, os quais atuam em dois planos de sentido distintos: o denotativo, que é o sentido literal da palavra, expressão ou enunciado, e o conotativo, que é o sentido figurado da palavra, expressão ou enunciado.

Segundo o autor, devido ao crescimento demográfico, o aumento do comércio, a miscigenação sempre crescente dos povos e a migração contínua, torna-se necessário o conhecimento de outras línguas para que – um dos motivos – o falante de uma língua estrangeira entenda perfeitamente a distinção entre conotação e denotação, como forma de evitar deslizes (ou gafes linguísticas) contra a cultura dos povos visitados e também para compreender melhor os acordos comerciais. A intenção de Hayek não é fazer uma análise profunda sobre a linguagem, mas pontuar "alguns problemas relativos à linguagem que acompanham o conflito entre o grupo primitivo e a ordem ampliada". (HAYEK, 2017, p. 145).

A linguagem permite que haja uma interpretação dos objetos segundo os estímulos sensoriais, tendo cada cultura uma crença, possibilitando uma variedade de combinações, categorização e distinção muitas vezes vagas. Hayek serve-se de uma constatação de Goethe, "tudo aquilo que imaginamos ser factual já é teoria: o que 'sabemos' sobre os nossos arredores é nossa interpretação deles" (HAYEK, 2017, p. 146). Ou seja, cada um tem uma interpretação e a linguagem é a expressão daquilo que entendemos. O autor exemplifica que muitas crenças são aceitas de forma implícita nas palavras ou expressões que as implicam e com isso ocorre de jamais serem explicadas e sem possibilidade de serem criticadas, de forma que a "linguagem transmite não apenas sabedoria, mas também um tipo de insensatez que é difícil erradicar" (HAYEK, 2017, p. 146).

Também é difícil criar uma explicação com o vocabulário determinado, já que contém uma determinação e conotação preestabelecidas, assim não é possível trazer um novo significado ao significante linguístico, segundo o autor. Essas dificuldades levaram vários cientistas a criarem uma nova linguagem, inclusive os reformadores socialistas propuseram uma reforma deliberada a fim de que as pessoas se convertessem às suas convicções com maior facilidade, segundo a opinião de Hayek. No geral, o vocabulário tradicional continua muito primitivo.

> Assim, embora aprendamos muito do que sabemos por meio da linguagem, o significado de cada palavra nos induz ao erro: continuamos a usar termos que têm conotações arcaicas quando tentamos expressar nossa compreensão nova e melhor dos fenômenos aos quais eles se referem (HAYEK, 2017, p. 146-147).

Exemplo: "verbos transitivos atribuem a objetos inanimados uma espécie de ação intencional", (HAYEK, 2017, p. 147) isso faz com que a mente atribua vida sempre que haja movimento, também faz com que a mente ou o espírito sempre imagine que exista um propósito. Hayek cita Jean Piaget ao dizer que "a criança começa vendo um propósito em toda parte" (PIAGET, 1929 *apud* HAYEK, 2017, p. 147).

> Só em segundo lugar a mente se preocupa em diferenciar entre os propósitos das coisas em si (animismo) e os propósitos dos produtos das coisas (artificialismo). As conotações animistas prendem-se a muitas palavras básicas e particularmente àquelas que descrevem ocorrências que produzem ordem. Não só a palavra "fato" em si como também "causar", "coagir", "distribuir", "preferir" e "organizar", termos indispensáveis à descrição de processos impessoais, ainda evocam em muitas mentes a ideia e um agente pessoal (HAYEK, 2017, p. 147).

Em outro exemplo citado por Hayek, a palavra "ordem", antes de Darwin, era usada universalmente para designar um agente pessoal. No começo do século passado, afirmava-se que "ordem pressupõe um fim". O que se pode dizer, nesse contexto, é que, até a revolução subjetiva na teoria econômica de 1870, a compreensão da criação humana foi dominada pelo animismo. E mesmo hoje, fora do exame científico das leis, da linguagem e do mercado, os estudos dos temas humanos continuam a ser dominados por um vocabulário derivado, acima de tudo, do pensamento animista.

Segundo o autor, em um estudo mais aprofundado das obras dos escritores socialistas, prevalece a preservação e não a reforma do pensamento e da linguagem animista. Toma como exemplo a personificação de "sociedade" em Hegel, Comte e Marx, em sua contundente crítica à linguagem utilizada pelos socialistas: "O socialismo, com sua 'sociedade', é de fato a mais recente das interpretações animistas da ordem representada historicamente por várias religiões (com seus 'deuses')" (HAYEK, 2017, p. 148).

O mesmo autor assinala a influência do socialismo sobre a linguagem dos intelectuais e dos *experts* em história e antropologia. Braudel, citado por Hayek, desafia quem nunca falou, nos meios intelectuais, em luta de classes, mais-valia, superestrutura, meios de produção, força de trabalho, pauperização relativa, ditadura do proletariado, valor de troca etc. (BRAUDEL, 1982b, *apud* HAYEK, 2017, p. 148). Hayek credita essa popularização dos termos de cunho socialista a Karl Marx. A escolha do termo "sociedade", por Karl Marx, parece demonstrar e ditar uma liberdade, contra os termos "governo" e "Estado", mais a gosto de Hegel, que revelaria uma autoridade que

Marx tenta combater, segundo Hayek, mas somente para desdenhar aquele ar de liberdade que, na verdade, inexiste.

Hayek lamenta que as gerações sigam utilizando erroneamente os termos linguísticos enganosos, detectados no nosso momento máximo de cooperação humana de ordem ampliada, propondo-se a evitar os termos carregados de conotação enganosa, a seu ver os dois maiores: "sociedade" e "social". Segue todo esse argumento do autor para demonstrar o que, segundo ele, contamina a linguagem e as interações humanas.

Hayek faz um *mea* culpa de uma tradução errônea que fizera de um excerto de Confúcio, aposto em destaque antes do começo do cap. VII de sua obra: "Quando as palavras perdem o significado, as pessoas perdem a liberdade" (HAYEK, 2017, p. 145). Ele credita a correção a David Hawkes, de Oxford, que traduziu a mesma paráfrase para: "Se a linguagem for incorreta... as pessoas não terão onde pôr as mãos e os pés" (HAYEK, 2017, p. 150). Além disso, deve ser assinalado também que Hayek ignorou completamente as máximas de linguagem de Ferdinand de Saussure (SAUSSURE, 1977) acerca da correlação entre significante e significado e de sua indissociabilidade. Esse tema será mais bem explorado adiante. Por ora, causa espécie apenas o fato de Hayek ter mantido a tradução errônea da paráfrase de Confúcio, mesmo após a revisão de seu companheiro de Oxford.

2. Ambiguidade terminológica

Hayek demarca preferência pela expressão "propriedade separada" à "propriedade privada" citando "a trapaça proposital dos socialistas americanos" (HAYEK, 2017, p. 150-151), que se apropriaram do termo "liberalismo", pois, segundo ele, "os inimigos do sistema de iniciativa privada acharam por bem apropriar-se do seu rótulo" (HAYEK, 2017, p. 151).

Outras nações europeias, cujos partidos políticos de centro (e liberais) utilizam o termo "liberalismo" e se declaram liberais, entretanto, mantêm alianças com partidos socialistas, como a Alemanha Ocidental (à época). Hayek lamenta o fato de que vários autores considerados liberais desenvolvem pesquisas mais direcionadas ao socialismo, o que demonstra a evidência, segundo o autor, de que a linguagem está sendo utilizada incorretamente e essa constatação repete-se diuturnamente.

O autor entende que o par linguístico "socialismo/capitalismo" não detinha essa oposição semântica em Marx, por exemplo, já que esse autor nunca utilizou a expressão "capitalismo". Após Marx, quando alguns autores de economia passaram a utilizar a expressão "capitalismo" como um sistema para os proprietários de capital, que recebeu a oposição dos proletários, entretanto, eles eram os principais beneficiários do capital, segundo Hayek, bem-entendido. "O proletariado pode sobreviver e aumentar graças à atividade dos proprietários de capital, e, em certo sentido, foi até mesmo criado por eles" (HAYEK, 2017, p. 152).

Hayek critica a expressão "economia de mercado" para conceituar a ordem econômica ampliada, pois, para ele, a economia de mercado não é uma economia em sentido estrito, mas um complexo de variados encontros de economias individuais, sem que, no entanto, representem todo o universo ampliado. A economia de mercado, em seu verdadeiro significado econômico, está em uma hierarquia superior ao conjunto das economias privadas, e, por isso, o termo "economia de mercado" não ilustra, adequadamente, aquilo que se pretende nomear de "ordem ampliada de economia privada".

Hayek propõe a adoção do termo "*cataláxia*", oriunda do grego "*katalassein*" ou "*katalattein*", para definir a ciência teórica que explica a ordem do mercado, já que, segundo o autor, o termo não significa apenas "trocar", mas também "receber da comunidade" e "passar de inimigo a amigo" (HAYEK, 2017, p. 153). Mais à frente, em tópico próprio, colocaremos sob o viés da crítica essa nomenclatura sugerida pelo autor.

3. Animismo e Sociedade

Antes de adentrarmos ao conteúdo desse verbete, faz-se *mister* ajustar o conceito do vocábulo "animismo" utilizado por Hayek. *Anima* em latim quer dizer fôlego ou fôlego de vida – relativo à ideia de alma ou espírito. A palavra "animismo" foi usada pela primeira vez pelo antropólogo britânico Edward B. Tylor:

> Ao empregarmos o termo "animismo" para designar a doutrina dos espíritos em geral, estamos a afirmar que as ideias relativas às almas, aos demônios, às divindades e às outras classes de seres espirituais, são todas elas concepções com uma natureza análoga (TYLOR, 1871, vol. I, p. 425- 426).

O pesquisador Frederico Delgado Rosa, em sua obra *Edward Tylor e a extraordinária evolução religiosa da humanidade*, assim assinala seu conceito acerca do termo "animismo", sob o prisma do antropólogo Edward B. Tylor:

> O termo "animismo", formado a partir do latim *anima*, expressava a ideia de que todas as categorias religiosas, todas as crenças em seres espirituais, com suas muitíssimas variedades, seriam derivações psicológicas de uma categoria verdadeiramente onipresente: a noção de alma. Dito por outras palavras, Tylor estava persuadido que, entre todos, esse artigo de fé tinha constituído na pré-história uma espécie de protótipo a partir do qual tinham sido forjadas, também logo na pré-história, todas as outras crenças. Já sabemos que as categorias secundárias não eram forçosamente universais, pois sua presença variava consoante os povos, mas tinham apesar de tudo uma essência comum, uma essência animista, em relação com a noção de alma. Estava encontrada a ideia elementar, a categoria aglutinadora do patrimônio ideológico selvagem (ROSA, 2010, p. 300).

Na definição do *Dicionário Filosófico*, "animismo", em sentido estrito, é a explicação da vida pela presença, em cada organismo, de uma alma. Opõe-se ao materialismo (que a explica pela matéria inanimada) e se distingue do vitalismo (que não a explica). Em um sentido amplo, o termo "animismo" evoca a existência de uma alma em toda a parte, ou de um espírito – *animus* – presente também nos seres inanimados, nos animais e no mundo vegetal (SPONVILLE, 2003, p. 45).

Hayek assinala que as dificuldades de comunicação começam com a dificuldade da correta definição e nomeação dos objetos a serem analisados, e essa percepção animista do vocabulário conduz a um entrave na intercomunicação humana. Podemos acrescentar, em relação ao texto de Hayek, que as propostas de um discurso podem ser manipuladas segundo a ideologia que está por detrás do texto a ser comunicado. Nesse quadrante, não teríamos necessariamente uma versão de um vocabulário animista, ao revés, a linguagem seria predeterminada a transmitir um discurso segundo a ideologia condutora do texto.

A confusão linguística, segundo o autor, ocorre já quanto à adequada apreensão do termo "sociedade" (se é que alguém está ungido a confirmar o que seja "adequada apreensão" de um termo linguístico). "Sociedade" é uma palavra muito antiga, significando, no latim, "*societas*" ou "*socius*", que significa o companheiro que se conhece pessoalmente. Assim, na evolução do termo, "sociedade" passou a designar uma busca comum de propósitos ou desígnios, alcançados pela colaboração voluntária de duas ou mais pessoas, ou de um conjunto de pessoas. A cooperação humana, que deve ir além dos limites individuais, tende a ser compartilhada por uma rede abstrata, a que todos devem observância. Assim, as necessidades das pessoas passam a ser atendidas por pessoas desconhecidas dentro dessa rede abstrata societária. Entretanto, o termo "sociedade", dentro de um prisma individualista, passou também a significar um conjunto de pessoas que aspiram ao mesmo objetivo, ainda que insertos numa mesma rede social mais ampla, o que explica o conúbio do termo, no sentido individualista, com as corporações sociais, que pretendem o bem-estar daqueles envolvidos em sua sub-rede, ainda que em detrimento da rede maior de cooperação.

Segundo Hayek, o termo "sociedade" passou a designar qualquer grupo de pessoas cuja razão de coerência ou destinação de objetivos afins não carece de ser conhecido por todos, tornando o termo válido para sanar qualquer recurso de linguagem vazio de significação linguística (embora, veremos mais adiante, inexistir palavra sem significado)[1]. Nessa linha de raciocínio, a palavra "sociedade" passa a significar qualquer coisa aglomerada: bando, corporação, horda, tribo, nação etc.

O grupo reduzido é conduzido pela vontade de seus membros, ao passo que a "estrutura ampliada" (termo utilizado por Hayek) é uma

---

[1] O correto seria dizer que o significado foi equivocadamente alterado, em relação ao correspondente significante, já que, segundo Saussure, é indissociável a separação entre significante/significado.

sociedade harmônica, porque seus membros observam semelhantes regras de conduta, ainda que busquem finalidades individuais. Hayek considera errôneo considerar a sociedade pelo viés animista ou ainda personificar o termo, como se a sociedade tivesse vontade própria.

O termo "sociedade" recebeu também variada conceituação entre os filósofos e sociólogos, como se verá a seguir no trabalho desenvolvido por Orson Camargo:

> Para Émile Durkheim, o homem é coagido a seguir determinadas regras em cada sociedade, o qual chamou de "fatos sociais', que são regras exteriores e anteriores ao indivíduo e que controlam sua ação perante aos outros membros da sociedade. Fato social é a coerção do indivíduo, constrangido a seguir normas sociais que lhe são impostas desde seu nascimento e que não tem poder para modificar.
>
> Em outras palavras, a sociedade é que controla as ações individuais, o indivíduo aprende a seguir normas que lhe são exteriores (não foram criadas por ele), apesar de ser autônomo em suas escolhas; porém essas escolhas estão dentro dos limites que a sociedade impõe, pois caso o indivíduo ultrapasse as fronteiras impostas será punido socialmente.
>
> Para Karl Marx, a sociedade sendo heterogênea, é constituída por classes sociais que se mantêm por meio de ideologias dos que têm o controle dos meios de produção, ou seja, as elites. Numa sociedade capitalista, o acúmulo de bens materiais é valorizado, enquanto que o bem-estar coletivo é secundário.
>
> Numa sociedade dividida em classes, o trabalhador troca sua força de trabalho pelo salário, que é suficiente apenas para ele e sua família se manterem vivos, enquanto que o capitalista acumula capital (lucro), que é o símbolo maior de poder, de prestígio e *status* social.
>
> A exploração do trabalhador se dá pela mais-valia, a produção é superior ao que recebe de salário, sendo o excedente da produção o lucro do capitalista, que é o proprietário dos meios de produção. Assim se concretiza a ideologia do capitalista: a dominação e a exploração do operário/trabalhador para obtenção do lucro.
>
> Para Marx, falta ao trabalhador a consciência de classe para superar a ideologia dominante do capitalista e assim finalmente realizar a revolução, para se chegar ao socialismo.

Max Weber não tem uma teoria geral da sociedade concebida, sendo que está mais preocupado com o estudo das situações sociais concretas quanto às suas singularidades. Além da ação social, que é a expressão do comportamento externo do indivíduo, trabalha também o conceito de poder. A sociedade, para Weber, constitui um sistema de poder, que perpassa todos os níveis da sociedade, desde as relações de classe a governados e governantes, como nas relações cotidianas na família ou na empresa. O poder não decorre somente da riqueza e do prestígio, mas também de outras fontes, tais como: a tradição, o carisma ou o conhecimento técnico-racional.

O poder por meio da dominação tradicional se dá através do costume, quando já está naturalizada em uma cultura e, portanto, legitimada. Por exemplo, uma fonte de dominação tradicional é o poder dos pais sobre os filhos, do professor sobre o aluno etc.

O domínio do poder carismático ocorre quando um indivíduo submete os outros à sua vontade, por meio da admiração/fascinação e sem uso da violência. O líder carismático controla os demais pela sensação de proteção, que atrai as pessoas ao seu redor.

A ação racional com relação aos fins ocorre na burocracia, visando organizar as transações tanto comerciais como estatais, para que funcionem de forma eficiente. Por conta dessa organização, os indivíduos são submetidos às normas e diretrizes da empresa ou do Estado, para que o funcionamento dessas organizações seja eficiente e eficaz (CAMARGO, 2017).

4. Weasel word[2]

> *I can suck melancholy out of a song, as a weasel sucks eggs*[3]
> William Shakespeare

A doninha, conhecida cientificamente como Mustela, é do gênero de mamíferos da família *Mustelidae*, o mesmo que inclui os animais popularmente designados por doninhas e furões. A doninha tem por hábito alimentar-se de ovos, introduzindo um mínimo orifício na casca do ovo e esvaziando seu conteúdo sem deixar vestígios. Assim, numa analogia interessante de cunho linguístico, as palavras "doninhas" esvaziam de conteúdo qualquer significado, deixando-o intacto.

Ferdinand de Saussure (SAUSSURE, 1977) não aprovaria integralmente essa conceituação, ainda que tratássemos apenas de uma alusão semântica, pois a palavra é composta de significante e significado, como duas faces da mesma moeda. Assim, a imagem acústica estaria ligada ao significante, ao passo que o conteúdo transmitido seria o significado, resultando no que o linguista genebrino chamou de "signo linguístico". Num roteiro linguístico tutelado por Saussure, deveríamos corrigir a explicação "palavras vazias de conteúdo" por "palavras cujos significados restaram deturpados".

Em retorno ao texto de Hayek, podemos afirmar, como o autor, que a utilização do termo "social" é ainda mais conflitante do que "sociedade", pois seu uso indiscriminado nos tempos modernos

---

[2] Tradução livre: "palavra doninha"; na língua inglesa, expressão cotidianamente utilizada para "limpar" os conceitos de um termo multívoco, que se é obrigado a empregar, mas que se deseja eliminar as implicações que porventura ameacem as próprias premissas ideológicas.

[3] *"Eu sugo melancolia de uma canção como a doninha faz com os ovos"*, na tradução livre de Djalma Pizarro, de uma citação da obra de Shakespeare – *"As You Like It"* (publicado em português como *Como Gostas ou Como lhe Aproveitar*), é uma peça teatral do dramaturgo inglês William Shakespeare. Acredita-se que tenha sido escrita entre 1599 e o início de 1606. É classificada diversas vezes como uma das comédias shakespearianas mais maduras. O tradutor de Hayek preferiu a utilização do verbo "chupar" em vez de "sugar", entretanto, com menor força semântico-contextual, a nosso entender.

(isto é, do termo "social") tem desgastado o seu conteúdo. Todos os fenômenos passaram a ser carregados do adjetivo "social", assim como todos os modos de cooperação entre os homens. Ela tornou-se mais uma exortação ou palavra de ordem para a moral racionalista, que intenta substituir a moral tradicional, bem como substituiu o adjetivo "bom" com maior espectro e maior alcance linguístico-semântico. O nosso autor anota mais de 160 substantivos que foram agregados ao adjetivo "social", tais como: ação, acordo, ambiente, animal, bem, benefício, círculo, concepção, conhecimento, consciência, contrato, controle, corpo, crítica, decisão, democracia, desenvolvimento, dimensão, direito, doença, discriminação, dogma, espírito, estabilidade, estrutura, ética, evento, filosofia, força, grupo, função, harmonia, história, independência, instituição, mal, medicina, justiça, mente, migração, moral, mundo, necessidades, obra, obrigação, ordem, pensamento, pesquisa, percepção, poder, política, ponto de vista, posição, prazer, prioridade, privilégio, processo, progresso, propriedade, psicologia, reino, reivindicação, reunião, riqueza, saúde, segurança, serviço, significado, sistema, solidariedade, *status*, talento, tensão, teoria, utilidade, valor, vida, vontade, virtude entre outros.

O adjetivo "social", impregnando-se a qualquer substantivo, acabou por fossilizar a comunicação, desgastando-se o próprio termo e o substantivo que lhe precede. Segundo Hayek, o efeito dessa adjetivação foi triplo: primeiro, acentuou erroneamente que aquilo que foi gerado pelos processos impessoais e espontâneos da ordem ampliada seria resultado da criação humana deliberada; segundo, a palavra apela às pessoas que planejem o que não poderia ser planejado; terceiro, o vocábulo "social" esvazia o substantivo que qualifica (HAYEK, 2017, p. 158), como insinua a expressão inglesa *weasel word*[4].

5. Termos surrados: "justiça social" e "direito social"

O termo "justiça social" tem o mesmo efeito devastador do vocábulo "social" de que falamos em tópico anterior. Hayek, citando Curran, afirma que a expressão "justiça social" é, a bem da verdade,

---

[4] *Weasel word*, numa tradução livre, "palavra doninha".

"uma fraude semântica da mesma lavra de 'democracia popular'" (CURRAN, 1958, *apud* HAYEK, 2017, p. 160-161). Segundo Hayek, a tal "justiça social" se aplica a tudo que elimina as diferenças sociais e as diferenças de renda. A justiça social, nessa linha de raciocínio, vai projetar inexoravelmente uma justa distribuição de renda, quer dizer, teríamos então um exemplo de justiça distributiva, o que, para Hayek, é inconciliável com as regras da economia de mercado competitiva. Assim, "por meio desses erros, as pessoas passam a chamar de 'social' o que constitui o principal obstáculo à manutenção da 'sociedade'" (HAYEK, 2017, p. 161). Concluindo, segundo Hayek, "o social deveria ser chamado antissocial" (HAYEK, 2017, p. 161).

Hayek repele o termo "justiça distributiva", porque desprovido de sentido na ordem ampliada, já que o mercado é quem deve determinar o processo de recompensas, pois é ele, o mercado, quem determina a contribuição individual ao produto global. De fato, uma ética anticapitalista continua evoluindo com base em erros cometidos por pessoas que condenam as instituições geradoras de riquezas, o lucro, a concorrência, a propaganda, a propriedade privada, apoiando-se em uma linguagem contaminada, manobrando os discursos ideologicamente e imaginando que uma ordem racional igualitária possa organizar os esforços humanos, o que, na visão de Hayek, constitui "uma grave ameaça à civilização" (HAYEK, 2017, p. 162).

6. A crítica da teoria da análise do discurso

Hayek escreveu o livro *Os erros fatais do socialismo* num momento em que a Teoria da Análise do Discurso engatinhava em seus conceitos primevos e fundamentais, daí, muito provavelmente, ele não deve ter tido contato com esse postulado de ensino que procurava desvencilhar-se da linguística e ter pernas próprias. A análise do discurso rompe com o pragmatismo da linguagem e rompe também com a teoria do sentido, buscando suas explicações nos discursos ideológicos da sociedade. Assim, cada grupo ideológico propõe uma linguagem própria, segundo seu próprio viés ideológico. A análise do discurso é uma teoria da leitura, conforme ensina Sírio Possenti (POSSENTI, 2011), que rompe definitivamente com a análise do conteúdo, de um lado, e com a filologia, de outro; ela propõe uma noção de efeito de sentido entre os interlocutores.

Nesse contexto, aquilo que o autor Hayek chama de "linguagem envenenada do socialismo", na verdade, pode ser o oposto simétrico que se contraporia à "linguagem envenenada do capitalismo". Nesse sentido, qualquer lado ideológico pode "envenenar" o discurso do oponente. Pela análise do discurso, não há como separar um discurso textual de seu contexto histórico e ideológico. Assim, o que para Hayek trata-se de uma linguagem capciosa do socialismo, para a Análise do Discurso, as palavras e o discurso utilizados pelo socialismo nada mais são do que a evidenciação de uma utilização da linguagem em seu aparato histórico-ideológico atendendo aos interesses da ideologia correspondente. Obviamente, o capitalismo também se utiliza da linguagem nesse contexto histórico-ideológico, atento aos interesses de sua ideologia.

7. A linguística saussureana

Saussure pode ser considerado o primeiro cientista da linguagem, vez que ele promoveu a ruptura com os estudos de historicismo linguístico, propondo estudos sincrônicos da linguagem e dando ares de cientificidade à linguística. Hayek parece não ter considerado as lições de Saussure, pois, no início do cap. VII de sua obra *Os erros fatais do socialismo*, ele replica os versos de Confúcio: "Quando as palavras perdem o significado, as pessoas perdem a liberdade" (HAYEK, 2017, p. 145).

Ora, na lição do linguista genebrino, a informação acústica de uma palavra, que leva o nome de significante, não desgruda de seu corresponde significado, formando um todo, o signo linguístico, como se fossem dois lados de uma moeda. Um não convive sem o outro. Assim, as palavras jamais poderiam perder algum significado, parecendo correto supor que as palavras podem ter o significado alterado, deturpado ou coisa que o valha, mas, efetivamente, não se consegue examinar um significante sem o correspondente significado.

Não obstante isso, Hayek foi corrigido pelo seu colega de Oxford, David Hawkes, que apresentou outra tradução para o texto de Confúcio: "Se a linguagem for incorreta... as pessoas não terão onde pôr as mãos e os pés" (HAYEK, 2017, p. 150). Curiosamente, mesmo após a advertência do amigo e admitindo sua *mea culpa*, Hayek manteve a tradução incorreta no começo do capítulo VII, em nova edição.

8. O referencial segundo Frege[8]

Malgrado o autor Hayek tenha afirmado, no início do capítulo VII de sua obra, que deseja apenas "considerar alguns problemas de linguagem que acompanham o conflito entre o grupo primitivo e a ordem ampliada" (HAYEK, 2017, p. 145) sem adentrar na profundidade dos estudos da linguagem, o certo é que, ao analisar confrontos linguísticos e emitir opinião sobre o tema, ele acabou por se vincular ao próprio arcabouço teórico e científico que dá suporte às pesquisas linguísticas que já estavam em estágio adiantado, à época da publicação de sua obra. Saussure e Frege já eram considerados os teóricos científicos da linguagem: o segundo, autor consagrado no terreno da lógica e da matemática; o primeiro, em seara de linguagem e estruturalismo.

Assim, quando Hayek aponta para a má utilização da linguagem pelos adeptos do socialismo, ou, ainda, pelo arcaísmo de alguns termos, entendemos que põe de lado alguns parâmetros de referência e sentido, especialmente demonstrados por Frege. Nessa linha de raciocínio, a crítica de Hayek perde algum efeito, mesmo que pontual, pois o que ele aponta como incorreção da linguagem, na maioria dos casos exemplificados, pode ser esclarecida pelos suportes teóricos do referencial e do sentido, manuseados com sutileza por Frege. Ao se opor ao par linguístico "capitalismo/socialismo", bem como a sua opinião quanto à substituição do termo "economia de mercado" pelo heterodoxo "*cataláxia*", ou, ainda, ao preferir "propriedade separada" ao vocábulo "propriedade privada", Hayek não levou em consideração a base teórica das ciências da linguagem que já estavam à sua disposição, à sua época. Isso considerado, no âmbito da linguagem, resta uma análise cujos impactos são severos e se fazem sentir em termos reais.

---

[5] Friedrich Ludwig Gottlob Frege (1848-1925) foi um matemático, lógico e filósofo alemão. Trabalhando na fronteira entre a filosofia e a matemática, foi um dos principais criadores da lógica matemática moderna.

Considerações finais

Segundo Hayek, a *linguagem* é o maior instrumento de interação entre sujeitos socialmente organizados, porque possibilita a troca de ideias, a circulação de saberes e riquezas e faz intermediação entre todas as formas de relação humanas. O autor considera que, em um estudo mais aprofundado das obras dos escritores socialistas, prevalece a preservação e não a reforma do pensamento e da linguagem animista. Vai ainda mais longe em sua contundente crítica à linguagem utilizada pelos socialistas ao afirmar que "O socialismo, com sua 'sociedade', é de fato a mais recente das interpretações animistas da ordem representada historicamente por várias religiões (com seus 'deuses')" (HAYEK, 2017, p. 149).

Hayek lamenta que as gerações sigam utilizando erroneamente os termos linguísticos enganosos, detectados no nosso momento máximo de cooperação humana de ordem ampliada, propondo-se a evitar os termos carregados de conotação enganosa, a seu ver os dois maiores: "sociedade" e "social". Lamenta, também, o fato de que vários autores considerados liberais desenvolvam pesquisas mais direcionadas ao socialismo, o que demonstra, a evidência, segundo o autor, de que a linguagem está sendo utilizada incorretamente, e essa constatação repete-se diuturnamente. As dificuldades de comunicação começam com a dificuldade da correta definição e nomeação dos objetos a serem analisados e essa percepção animista do vocabulário conduz a um entrave na intercomunicação humana.

Na opinião do economista, a expressão "justiça social" se aplica a tudo que elimina as diferenças sociais e as diferenças de renda. A justiça social, nessa linha de raciocínio, vai projetar inexoravelmente uma justa distribuição de renda, quer dizer, teríamos então um exemplo de justiça distributiva, o que, para Hayek, é inconciliável com as regras da economia de mercado competitiva. Assim, "por meio desses erros, as pessoas passam a chamar de 'social' o que constitui o principal obstáculo à manutenção da 'sociedade'" (HAYEK, 2017, p. 161). Desse modo, uma ética anticapitalista continua evoluindo com base em distorções de uma visão que condena o lucro, a concorrência, a propaganda, a propriedade privada, apoiando-se em uma linguagem contaminada, manobrando os discursos ideologicamente e imaginado que uma ordem racional igualitária possa organizar os esforços humanos, o que, na visão de Hayek, constitui uma grave ameaça à civilização.

Impossível não concordar com Hayek, não obstante necessários ajustes pontuais, em suas ponderações acerca do desgaste de algumas palavras ou expressões, mormente "justiça social", "social", entre outras, visto que o adjetivo "social" foi devidamente profanado à exaustão, especialmente por causa de severos desvios ideológicos.

Bibliografia

ARAÚJO, Inês Lacerda. *Do signo ao discurso – Introdução à Filosofia da Linguagem*. São Paulo: Parábola Editorial, 2004.

BARBOSA, Marinalva Vieira. "A relação entre sentido e referência, sob o olhar de Frege". Rondônia: *Revista Primeira Versão*, 2004.

CAMARGO, Orson. *Sociedade*. Brasil Escola. Disponível em: <http://brasilescola.uol.com.br/sociologia/sociedade-1.htm>. Acesso em: 12/ nov/2017.

CURRAN, Charles. *The Spectator*, Londres: July, 6, p. 8. Citado por Hayek, Friedrich A. von, *Os erros fatais do socialismo*. Tradução Eduardo Levy. Barueri: Faro Editorial, 2017, 1ª ed., p. 161.

FREGE, G. *Sobre sentido e a referência. Lógica e Filosofia da Linguagem*. São Paulo: Cultrix/USP, 1978, pp. 59-86.

GREGOLIN, Maria Do Rosario Valencise. *A análise do discurso: conceitos e aplicações*. São Paulo: Unesp. *Revista Alfa*, 1995 – n. 39, p. 13-21.

HAYEK, Friedrich A. Von. *Os erros fatais do socialismo*. Tradução Eduardo Levy. Barueri: Faro Editorial, 2017, 1ª ed.

PÊCHEUX, M. Apresentação da AAD. In: GADET, F., HAK, H. *Por uma análise automática do discurso* (*Uma introdução à obra de Michel Pêcheux*). Campinas: Pontes, 1990.

POSSENTI, Sírio. Teoria do Discurso; um caso de múltiplas rupturas. In: "*Introdução à Linguística*", Organizadoras: Fernanda Mussalin e Anna Cristina Bentes. São Paulo: Cortez Editora, 2011. 353 a 391.

ROSA, Frederico Delgado. São Paulo: *Revistas USP – Cadernos de Campo*, n. 19, p. 297-308, 2010.

SAUSSURE, Ferdinand de. *Curso de Linguística Geral*. São Paulo: Ed. Cultrix, 1977.

SPONVILLE, André Comte-. *Dicionário Filosófico*. São Paulo: Martins Fontes, 2003.

TYLOR, Edward Burnett. *Primitive Culture: Researches into the Development of Mythology, Philosophy, Religion, Art, and Custom*. London: John Murray, 1871.

Capítulo 9

A TRANSFIGURAÇÃO DO LEGADO DA CRENÇA RELIGIOSA: PRESERVAÇÃO DA ORDEM AMPLIADA

Reginaldo Jacinto Alves
José Carlos Marra
Marco Felipe dos Santos

Introdução

É indispensável ler e refletir sobre as duas citações escolhidas por Hayek na abertura do último capítulo de seu livro, sob o título de "A religião e os guardiões da tradição" (HAYEK, 2017). As frases foram construídas por dois pensadores com respeito à visão de moralidade e à religião. Na primeira proposição, Adam Smith reconhece que a religião, apesar de sua forma elementar, autenticou as regras de moralidade muito antes do seu tempo e da própria filosofia. Em seguida, Bernard Mandeville expõe a verdadeira incoerência daqueles que querem exercer uma censura moral e não percebem a falta de alinhamento honesto na sua avaliação crítica (HAYEK, 2017, p. 183).

Hayek, na conclusão de sua obra, fez alguns comentários postulados como informais sobre o papel da crença religiosa, que efetivamente teve uma relação indispensável para compreendermos o argumento do seu livro, onde expõe a espécie humana numa dualidade que aflige o seu modo de ser, entre o instinto e a razão.

Como seria inevitável surgir os questionamentos sobre um assunto tão conflituoso, Hayek pergunta como foi possível que sistemas morais ou tradições religiosas que muitos não gostam ou não entendem foram capazes de ser transmitidos de uma geração a outra, com as suas influências, apesar de uma sociedade que aumentou numericamente de indivíduos, sendo competitiva e avançada tecnologicamente.

A primeira parte da resposta contempla a evolução das ordens morais pela seleção dos grupos que foram capazes de sobreviver e multiplicar. De fato, essa abordagem resumida não expressaria uma dimensão total para se compreender como essas regras de conduta surgiram e foram preservadas para beneficiar uma ordem ampliada, mesmo sofrendo intensa oposição dos instintos e especialmente na modernidade com os fortes ataques da razão.

1. Evolução das ordens morais pela seleção grupal: a valoração de "verdades simbólicas"

Para Hayek, a religião desempenhou um papel vital com os seus costumes e as tradições na seleção dos grupos e também sustentou a prática dos seus comportamentos, por meio dos totens e tabus. Algumas das crenças místicas provavelmente foram necessárias para equilibrar o conflito entre as regras de conduta com os instintos dos indivíduos.

Não podemos limitar a interpretação do procedimento humano apenas considerando os aspectos que envolvem a determinação dos meios e as motivações. É preciso encarar a determinação dos valores como uma das três dimensões apontadas por Aron[1] para um entendimento mais adequado nos sentidos dos atos humanos.

---

[1] Raymond Aron (1905-1983) foi um sociólogo francês, amplamente considerado um dos mais influentes intelectuais europeus do século XX. Considerava-se a si mesmo

A determinação dos valores é indispensável para a compreensão da atitude humana, que nunca é exclusivamente utilitária. O cálculo racional dos especuladores caracteriza uma atividade, mais ou menos difundida conforme as civilizações, sempre limitada por uma concepção de existência boa. O guerreiro e o trabalhador, o *Homo politicu*s e o *Homo economicus* obedecem também a crenças – religiosas, morais ou de costumes – e os seus atos igualmente exprimem uma escala de preferências. Um regime social é sempre reflexo de uma atitude com relação ao Cosmos, ao Estado ou a Deus. Coletividade alguma reduziu os valores a um denominador comum, riqueza ou poder. O prestígio dos homens ou das profissões nunca se mediu exclusivamente pelo dinheiro (ARON, 2016, p. 149).

Hayek reconheceu que as crenças místicas e religiosas, em particular as crenças monoteístas, foram as responsáveis para preservar e transmitir com segurança as suas tradições. Mesmo que muitos não gostem, como ele assim afirmou, a sobrevivência de algumas práticas que forjaram algumas civilizações não são crenças que podem ser verificadas ou testadas cientificamente. Essas crenças não foram produtos de argumentação racional, mas "verdades simbólicas" que promoveram o progresso da ordem ampliada.

Apesar de alguns intelectuais não estarem dispostos a acreditar numa divindade pessoal, Hayek considera que a perda da crença, verdadeira ou falsa, poderia gerar grandes dificuldades na ordem ampliada que desfrutamos.

2. O declínio da "religião secular do comunismo e da teologia da libertação"

2.1. Transformando a ideologia em idolatria

Conforme aponta Hayek, as evidências históricas demonstraram que as únicas religiões que sobreviveram ao longo de dois mil anos foram aquelas que sempre defenderam o direito da

---

como um social-democrata, rejeitando a face ideológica do marxismo-leninismo. Seu livro *O ópio dos intelectuais* é tido como uma das mais clássicas críticas políticas ao socialismo.

propriedade e da instituição da família. Diante dessa perspectiva, o comunismo não conseguiu se sustentar, pois na prática se opunha tanto à propriedade, quanto à família e até mesmo à religião.

Aron observou que o comunismo se desenvolveu a partir de uma doutrina econômica e política, numa época em que houve o declínio da autoridade e a vitalidade espiritual das igrejas (ARON, 2016, p. 276). O comunismo passou a ser uma ideologia inventada pelos intelectuais, com os seus valores e dogmas, que sugeria uma equivalente reforma de condição religiosa.

Keller afirma que a palavra "ideologia" pode ser usada para designar qualquer conjunto de ideias sobre determinado assunto, mas também pode ter uma conotação negativa próxima de uma palavra semelhante, a "idolatria". Uma ideologia, assim como um ídolo, é uma descrição parcial e limitadora da realidade, que pode ser promovida em nível de autoridade final sobre as coisas. Dessa maneira, os ideólogos acreditam que sua escola ou partido tem a resposta real e totalitária para os problemas da sociedade (KELLER, 2010, p. 100).

2.2. Ideologias Fracassadas

Hayek cita o político, historiador e escritor irlandês O'Brien para reconhecer que o comunismo teve o seu período de ascensão religiosa, mas também teve rápido declínio. Um exemplo de uma grande ideologia fracassada foi o comunismo. Por quase cem anos, houve um número grande de pensadores ocidentais que se frustraram em esperanças utópicas no que era chamado de "socialismo científico". Mesmo a "teologia da libertação", que se fundiu ao forte poder de nacionalização, foi capaz de produzir uma nova religião, porém as consequências se tornaram perceptivelmente caóticas para as pessoas que estavam em grandes dificuldades econômicas (HAYEK, 2017, p. 187).

Aquino afirma que o grande erro dos adeptos da teologia da libertação foi a enganosa mania de pensar que quem não aceita essa teologia não trabalha pelos pobres e oprimidos e não se preocupa com eles, pois se acham os únicos defensores dos excluídos (AQUINO, 2012).

O Papa Bento XVI expressou uma forte rejeição proferida pelo Vaticano contra a teologia da libertação e como ela afetou a Igreja

Católica (GREGG, 2010). Além de descrever os teólogos da libertação que apoiavam os conceitos marxistas, o Papa fez questão de deixar bem claro que a abordagem dessas ideias era um grande engano à fé cristã, pois eram caracterizadas pela rebelião, divisão, dissidência, ofensa e anarquia. O Papa também ressaltou que a fé cristã foi usada como um motor para esse movimento revolucionário, transformando-a em uma força política ("Bento XVI fala sobre a Teologia da Libertação", 2014).

Apesar de uma recente onda de reabilitação dessa teologia por parte do Papa Francisco, muitos continuarão em alerta a respeito dessa doutrina devido aos seus desvios fatais, que usam o discurso religioso com fins políticos sob a bandeira ideológica do socialismo.

3. Os benefícios da superstição nos padrões morais

3.1. O discernimento sobre o tabu na propriedade privada

O estudo notável do antropólogo britânico *sir* James Frazer[2] sobre a superstição resultou numa contribuição pertinente para fazer Hayek dedicar um apêndice no final do seu livro, no qual responde como a religião sustentou os seus costumes benéficos (HAYEK, 2017, p. 211).

Em determinadas circunstâncias, a superstição teria sido útil e contribuído vigorosamente para a manutenção da ordem civil. Por meio dos seus tabus, criou os impedimentos sexuais e favoreceu a moralidade, fora e dentro do casamento. O tabu tornou-se um poderoso instrumento para fortalecimento dos laços entre indivíduos que, sem dúvida, tinha a missão de defender a propriedade como a base para toda a sociedade.

Apesar de Frazer se mostrar à primeira vista como um advogado, convicto e defensor do grande serviço prestado à humanidade pela superstição, ele desejava, na realidade, separar ou colher "as sementes boas das sementes ruins" para expressar o seu

---

[2] James George Frazer (1854-1941) foi um influente antropólogo nos primeiros estágios dos estudos modernos de mitologia e religião comparada.

discernimento sobre a origem e a conservação do tabu na preservação da propriedade privada. Frazer concluiu que a superstição forneceu às multidões uma motivação errada, embora com uma ação correta.

> [...] é sem dúvida melhor para o mundo que os homens estejam certos pelos motivos errados que errados com as melhores intenções. O que interessa à sociedade é a conduta, não a opinião: contanto que nossas ações sejam justas e boas, não tem a menor importância para os outros que as nossas opiniões estejam equivocadas (FRAZER, 1909, *apud* HAYEK, 2017, p. 212).

Hayek reconheceu os efeitos benéficos através dos costumes morais produzidos pelas fortes crenças supersticiosas, que exerceram o seu papel de vantagem seletiva à medida que a ordem de interação humana se tornava mais ampliada e ameaçada, frente às demandas instintivas para a sua preservação. Mesmo que dessas crenças surgissem razões falsas, elas influenciavam as pessoas a fazerem o que era indispensável para manter a estrutura dos seus grupos em propagação (HAYEK, 2017, p. 187).

3.2. Crenças e costumes morais além do âmbito da racionalidade

Em suas reflexões finais, Hayek comenta que a ordem ampliada não foi uma criação de forma premeditada ou que existisse um elemento religioso de conspiração na moralidade, calculado friamente pelos pensadores e governantes para persuadir as massas em corresponder aos seus interesses. Apresenta, também, uma observação importante sobre algumas dificuldades na linguagem comum para descrever e avaliar o desenvolvimento das crenças e os costumes morais na sociedade.

Uma perspectiva de conhecimento estritamente racionalista não conseguiria explicar como os padrões de moralidade tão rígidos que a religião compartilhou poderiam ter sobrevivido e tornado eficaz o comportamento de seus seguidores na busca de uma sobrevivência prática na evolução cultural. Afinal, a moralidade entre o instinto e a razão tornou-se o meio pelo qual as pessoas conseguiriam sobreviver juntas e prosperar materialmente.

4. A confissão hesitante de um agnóstico

4.1. Rejeição interpretativa antropomórfica do vocábulo de "Deus" e a sua definição

Hayek confessa que não tem o direito de afirmar ou negar a existência do ser que as pessoas chamam de "Deus". Ele prefere reconhecer a sua incapacidade para entender o significado dessa palavra. Também rejeita toda interpretação antropomórfica e animista de Deus, por considerar como conceitos de uma arrogante e superestimada capacidade da mente humana (HAYEK, 2017, p. 189). De fato, ele dizia não poder admitir sentido de crença em Deus na sua cosmovisão.

É intrigante observar Hayek usar a palavra "Deus" literalmente, como aquele que sabe tudo, na ocasião do seu recebimento do Nobel de economia em 1974.

> Os escolásticos espanhóis do século XVI, que enfatizaram que aquilo que chamavam de *pretium mathematicum* – o preço matemático – dependia de tantas circunstâncias particulares que era impossível que o homem conhecesse todas elas. Somente Deus teria tal capacidade. Algumas vezes já desejei que nossos economistas matemáticos levassem a sério essa consideração (HAYEK, 1974).

Hayek afirmou que nunca soube o significado da palavra "Deus" e que tampouco acreditava em sua existência ou não, embora acreditasse que era de suma importância para a conservação das leis. Ele convidava a todos para admitir, simultaneamente, que ninguém teria a posse de toda a verdade. Fazia questão de enfatizar a expressão "de toda a verdade", porque se alguém quisesse definir Deus como a verdade então ele estaria disposto a usar a palavra "Deus". Disse, ainda mais, que sempre que alguém não pretenda deter toda a verdade então ele estaria preparado para trabalhar ao lado dessa pessoa para buscar Deus por meio da verdade (HINKELAMMERT, 2013, p. 227).

4.2. Assentimento da proibição religiosa contra a idolatria

Hayek de forma bastante cordial e objetiva não deixou de expressar a sua análise pessoal sobre as proibições religiosas em combate à idolatria. Possivelmente influenciado desde criança pela filosofia de Feuerbach, confessa que a expressão da religião atribuiu a uma divindade às características do homem. Ele declara que possivelmente o que muitos entendem quando falam em Deus seria apenas uma personificação de uma tradição moral e de valores que mantêm a existência viva de uma comunidade (HAYEK, 2017, p. 189).

Mesmo na tentativa de elaborar uma explicação satisfatória, Hayek vê com uma certa complexidade a maneira das pessoas se comportarem numa produção de imagens ou representações abstratas da vontade humana. No entanto, mesmo um agnóstico confesso sabe recepcionar bem as proibições religiosas contra a idolatria.

Para Calvino, até a idolatria nos serve para argumento em favor do senso da divindade [*sensus divinitatis*] gravado no coração de todos os seres humanos. Ele fez observações importantíssimas sobre os efeitos negativos da distorção do conhecimento humano acerca de Deus.

> Nisso há uma tácita confissão: está inscrito no coração de todos um sentimento de divindade. E a idolatria é um grande exemplo dessa concepção. Sabemos como o homem não se rebaixa de bom grado que coloque outras criaturas à sua frente. Por conseguinte, como o homem prefere antes cultuar um pedaço de pau e uma pedra a considerar que não há nenhum Deus, vê-se muito bem a que grau ele se deixa impressionar a respeito da divindade. De tal forma esta não pode ser apagada da mente dos homens, que é mais fácil que se corrompa a sua inclinação natural, como é de fato corrompida, quando o homem, altivo e soberbo, rebaixa-se espontaneamente ao que é ínfimo para que Deus seja reverenciado (CALVIN, 2008, p. 43-44).

Timothy Keller disse que os antigos pagãos não estavam fantasiando quando representavam praticamente tudo como um deus. Eles tinham deuses do sexo, do trabalho, da guerra, do dinheiro e da nação, pois qualquer coisa poderia servir como um deus que governasse o coração de uma pessoa ou de um povo. Por exemplo, a beleza física é algo agradável, mas se alguém a "diviniza" e a transforma na coisa mais importante de valor na sua cultura então essa pessoa terá Afrodite[3], não apenas a beleza.

Keller expõe que as pessoas e a cultura inteira estão agonizando o tempo todo em busca de melhorar a aparência, gastando tempo e dinheiro sem moderação, para simplesmente avaliarem o caráter das pessoas com base nisso. Se alguma coisa se torna mais fundamental que Deus para a felicidade de um indivíduo, certamente essa relação pode ser descrita indubitavelmente de adoração por um ídolo (KELLER, 2010, p. 16).

4.3. Um intelectual humilde que admitiu a contribuição importante da moral à civilização

Finalmente podemos compreender que Hayek era um intelectual sincero e humilde em suas considerações. Apesar de ser um agnóstico confesso, tinha o desejo de ajudar as pessoas religiosas na busca de entendimentos que fossem necessários, a fim de serem compartilhados. Soto narra um exemplo que comprovou essa disposição autêntica de Hayek através de uma conversa com o Papa João Paulo II.

> Por último temos que fazer um breve comentário sobre as relações entre Hayek e a religião. Batizado como católico, desde jovem abandona a prática religiosa e se vê agnóstico. No entanto, com o passar dos anos foi compreendendo cada vez melhor, de forma geral, o papel fundamental que a religião tem de estruturar o cumprimento das regras padronizadas da sociedade, com base particular na importância que os teólogos espanhóis da era de ouro tiveram como precursores da ciência econômica e social moderna. Além disso, o pensador católico Michael Novak surpreendeu o mundo intelectual quando ele tornou pública a extensa conversa pessoal que o Papa João

---

[3] Afrodite é a deusa do amor, da beleza e do sexo, segundo a mitologia grega. Era muito cultuada nas cidades de Corinto, Esparta e Atenas. Corresponde à deusa Vênus, na mitologia romana.

Paulo II e Hayek mantiveram antes de sua morte, de modo que há claros sinais de grande influência que o pensamento de Hayek teve na *Encíclica Centesimus Annus*, e nomeadamente, capítulos 31 e 32, todos cheios de importantes contribuições de Hayek. Nunca saberemos se ainda se declarava agnóstico nos últimos momentos de sua vida, ou se tomou as medidas que são necessárias para compreender e aceitar um Ser Supremo "antropomórfico que superou de longe sua capacidade de compreensão". Mas o que se pode ter certeza é que compreendeu melhor do que ninguém os riscos do "endeusamento" da razão humana e o papel fundamental da religião para evitar, na medida em que, como Hayek indica na última frase que ele escreveu em seu livro mais recente, "desta questão pode depender a sobrevivência da nossa civilização" (SOTO, 2010, p. 110-111).

A última expressão no livro de Hayek tem uma conotação extraordinária com o pensamento de Cícero sobre os efeitos negativos da possibilidade de se eliminar completamente a superstição. No Livro I da obra *A Natureza dos deuses*, o pensador romano Cícero afirmava indiscutivelmente que, se fosse eliminada a piedade para com os deuses, seriam extintos ao mesmo tempo o caráter sagrado e a religião. Após essa exclusão, seguiria a perturbação da vida e uma grande confusão, com a falta de confiança na relação comunitária do gênero humano e a sua mais excelente virtude, a justiça (CÍCERO, 2016).

Considerações finais

O último capítulo do livro de Hayek é o menor em relação aos anteriores, porém está recheado de importantes observações para uma compreensão desvelada a respeito do papel da crença religiosa. A mentalidade moderna observa com desdém as trevas da superstição e a credulidade primitiva, como afirmava Jung, mas as pessoas se esquecem completamente de que carregam em si mesmas todo o passado escondido nos esconderijos dos arranha-céus da sua consciência racional (JUNG, 2012, p. 52).

O escritor australiano Morris West em sua autobiografia romanceada pergunta: "Acredito eu em Deus?" Ao que responde: "Sim, acredito, embora essa resposta não possa apresentar provas de sua existência, apesar de não acreditar em tudo o que está escrito ou aprovar tudo o que é feito em nome de Deus". Ele confiava que toda a criação era a imagem de Deus e que as mais diversas crenças englobavam uma verdade essencial. West também afirmava que nenhuma crença poderia definir Deus. O mistério é que os homens procuram Deus da mesma forma que a semente brota do interior da terra escura em direção à luz do sol. Esta instintiva procura pela energia da vida ou o ato de voltar-se para a fonte do ser representa a natureza da experiência humana (WEST, 2003, p. 21-22).

De fato, as escolhas humanas que tentam caracterizar e definir Deus são, por si mesmas, finitas e imperfeitas. As definições humanistas, inúmeras vezes, são imagens que não elevam a realidade desconhecida. Historicamente, podemos comprovar que nem mesmo as epidemias de cólera ou de varíola da Idade Média roubaram a vida de tantos homens como as divergências de opinião ou os ideais políticos do socialismo no século XX.

A perspectiva hayekiana na transfiguração do legado na crença religiosa possibilita um ponto de apoio e equilíbrio ao nosso espírito de liberdade contra a máxima tenebrosa sempre presente, *homo homini lupus*[4].

Certamente, o objetivo destas simples considerações e as observações contidas no interior deste trabalho poderiam incorporar as seguintes palavras de Cícero.

> Na verdade, neste assunto, podemos tanto apaziguar os benévolos censuradores como refutar os críticos invejosos, de modo que uns se penitenciem por terem criticado e outros se alegrem por terem aprendido; pois, devem ser ensinados os que amigavelmente advertem e repelidos os que hostilmente atacam (CÍCERO, 2016, p. 19).

---

[4] Sentença latina, popularizada pelo filósofo inglês Thomas Hobbes, significa "o homem é o lobo do homem". Foi criada por Plauto (c. 254-184), em sua obra *Asinaria*.

Referências

AQUINO, F. "O que é a Teologia da Libertação?" 15/fev/2012. Disponível em: <https://blog.cancaonova.com/felipeaquino/2012/02/15/o-que-e-a-teologia-da-libertacao/>. Acesso em: 21/fev/2018.

ARON, R. *O ópio dos intelectuais*. Tradução Jorge Bastos. São Paulo: Três Estrelas, 2016.

Bento XVI fala sobre a Teologia da Libertação: "A uma tal falsificação da fé cristã é necessário se opor por amor aos pobres". *Fratres in Unum.com*, 7/mar/2014. Disponível em: <https://fratresinunum.com/2014/03/07/bento-fala-teologia-da-libertacao/>. Acesso em: 21/fev/2018.

CALVIN, J. *A instituição da religião cristã*. Tradução Carlos Eduardo de Oliveira. São Paulo: UNESP, 2008. v. Tomo I.

CÍCERO, M. T. *A natureza dos deuses*. Uberlândia, MG: EDUFU, 2016.

GREGG, S. *Declínio da Teologia da Libertação*. Movimento Ordem Vigília Contra Corrupção, 1/fev/2010. Disponível em: <http://movimentoordemvigilia.blogspot.com.br/2010/01/declinio-da-teologia-da-libertacao.html>. Acesso em: 21/fev/2018.

HAYEK, F. A. *A pretensão do conhecimento*. Disponível em: <http://www.mises.org.br/Article.aspx?id=222>. Acesso em: 21/fev/2018.

HAYEK, F. A. *Os erros fatais do socialismo: por que a teoria não funciona na prática*. Tradução Eduardo Levy. 1ª ed. Barueri: Faro Editorial, 2017.

HINKELAMMERT, F. J. *Crítica da razão utópica*. Tradução Silvio Salej Higgins. Chapecó: Argos, 2013.

INFOESCOLA. *Afrodite*. Disponível em: <https://www.infoescola.com/mitologia-grega/afrodite/>. Acesso em: 21/fev/2018.

JUNG, C. G. *Psicologia e religião*. Tradução Pe. Dom Mateus Ramalho Rocha. 10ª ed. Petrópolis: Vozes, 2012.

KELLER, T. J. *Deuses falsos: eles prometem sexo, poder e dinheiro, mas é disso que você precisa?* Tradução Érika Koblitz Essinger. Rio de Janeiro: Thomas Nelson Brasil, 2010.

SOTO, J. H. DE. *A escola austríaca*. Tradução André Azevedo Alves. 2ª ed. São Paulo: Instituto Ludwig von Mises Brasil, 2010.

WEST, M. *Do alto da montanha: o testemunho de um peregrino*. Tradução Jaime Rodrigues. 6ª ed. Rio de Janeiro: Record, 2003.

Capítulo 10

POR QUE ACABAR COM O DINHEIRO ESTATAL?

Gabriel Mendes

Introdução

O presente texto fala sobre aquele que talvez seja o tema mais controverso entre todos que o economista austríaco Friedrich von Hayek aborda em sua obra: a visão de que o Estado não deveria ser responsável pela emissão de moeda. Fato completamente compreensível, uma vez que a grande maioria das transações comerciais feitas no mundo todo são feitas através de moedas estatais de curso forçado. Isso faz com que, até mesmo pela falta de experiência prévia das pessoas em conhecer um sistema monetário diferente, muitas pessoas sequer imaginam como funcionaria um sistema em que uma empresa privada e sem qualquer intervenção estatal fosse responsável pela emissão de moeda.

Foi por isso que Hayek escreveu em 1976 o livro *The Denationalization of Money*, traduzido no Brasil como *Desestatização do Dinheiro*, no qual ele argumenta que várias moedas concorrentes no mercado são mais eficientes que um sistema de moeda estatal de curso forçado, como é o mais comum na maioria dos países.

A ideia de que o governo causaria inflação de preços a partir da manipulação da quantidade de moeda ofertada do mercado já é conhecida desde os pós-escolásticos que, para vários pensadores desenvolveram o embrião para a criação da atual Escola Austríaca de Economia, da qual Hayek é um dos integrantes. Entretanto, mesmo alguns de seus colegas austríacos, como seu mestre Ludwig von Mises, preferiam como o padrão ouro como alternativa ao sistema de curso legal.

Por isso, Hayek explica detalhadamente como o sistema funcionaria na prática e também demonstrou os motivos pelos quais criou-se a ideia de que o Estado deveria ser responsável pela emissão de moeda, como as manipulações políticas prejudicam a economia de um país e o aumento da oferta de moeda feito artificialmente gerou inflação de preços em diversas circunstâncias em toda a história.

Sabemos que a economia, como já dizia outro grande expoente da Escola Austríaca, Murray Rothbard, é uma ciência sombria. Por isso, a intenção deste texto não é fazer um tratado sobre teoria monetária, mas demonstrar, da maneira mais simples possível, a origem e as consequências da inflação, bem como os motivos pelos quais as propostas de Hayek são efetivas para acabar de vez com esta prática frequente dos governos que causa o aumento da coerção governamental e deixa as pessoas cada vez mais pobres.

A origem do dinheiro

Apesar de não ter sido objeto de estudo direto de Hayek, o estudo da origem do dinheiro é de suma importância para compreender os objetivos do economista para legitimar a sua defesa da desestatização do dinheiro. Afinal de contas, ele mesmo admitiu, "a ideia de abolir totalmente a prerrogativa milenar dos governos de ter o monopólio do dinheiro é ainda tão estranha e até mesmo alarmante para a maioria das pessoas, que não vejo qualquer possibilidade de ela vir a ser adotada em futuro próximo", o que não significa que a defesa do fim do monopólio estatal não deva ser feita.

Daí surge a importância de conhecer o que Carl Menger, considerado o fundador da Escola Austríaca, escreveu a respeito de como surgiu o dinheiro. Em 1892, Menger escreveu *A Origem do Dinheiro*, obra na qual ele demonstrou que o dinheiro não foi uma criação arbitrária do Estado, mas uma construção voluntária de pessoas interagindo e fazendo comércio livremente.

> A razão pela qual os metais preciosos se tornaram o meio de troca comumente circulante aqui e ali numa nação anterior a sua aparição na história, e na sequência entre todos os povos de civilizações de economia avançada é por causa de sua vendabilidade ser muito superior do que todas as outras *commodities*, e ao mesmo tempo porque são consideradas especialmente qualificadas para as funções concomitantes e subsidiárias do dinheiro. (MENGER, 2018, p. 34)

Não há dúvidas de que o dinheiro é uma inovação que foi criada para facilitar as trocas comerciais e permitir que diversos negócios passassem a ser feitos e que não eram feitos antes devido à dificuldade de se realizar escambo, resolver o problema da dificuldade de existir uma dupla coincidência de desejos. Por isso, para fins de facilitar a troca e não perder valor durante seu armazenamento, o dinheiro tem algumas características que são desejáveis, como a durabilidade, a divisibilidade e a escassez.

Vários objetos e produtos foram usados como dinheiro durante a história, mas durante muito tempo, os metais preciosos acabaram se destacando para o uso como moeda. Os motivos estariam na alta durabilidade, visto que é difícil destruir o ouro; na divisibilidade, já que é possível dividir o ouro em diferentes partes; na portabilidade, já que é relativamente fácil de transportar; na escassez, já que é difícil produzi-lo em grande quantidade, entre outros.

Como surgiu o papel moeda

Assim como a origem do dinheiro é um tema pouco difundido fora dos cursos de economia, há muitos equívocos de pessoas comuns acerca do valor do dinheiro, especialmente quando ele está em forma de papel. Fundamentos básicos sobre o tema que deveriam fazer parte do senso comum não são amplamente difundidos na sociedade. Mesmo hoje em dia, há muitas pessoas que acreditam que bastaria a impressão de dinheiro para resolver o problema da pobreza, por exemplo. Por isso, faz-se necessário compreender e difundir amplamente sobre a origem do papel-moeda e quais são as suas vantagens perante moedas metálicas.

Apesar de as moedas metálicas terem algumas vantagens práticas se comparadas a outras moedas adotadas anteriormente, havia, ainda assim, muitos problemas para a adoção de metais preciosos como moeda, tais como a dificuldade de transporte em caso de uma grande compra e também a falta de segurança. Peter Surda afirma que há três razões para a escolha de uma moeda: liquidez, custos de transação e reserva de valor. Apesar da alta liquidez, visto que era aceito por praticamente todo mundo, e de ser uma boa reserva de valor, devido à sua escassez na natureza, o ouro tem altos custos de transação, pois sempre era necessário pesar e verificar a pureza do ouro a cada compra.

Foi então que surgiu a ideia de se cunhar moedas em papel, que facilitariam a troca. O papel tem diversas vantagens num sistema de trocas pela sua facilidade de ter seu valor dividido, mais seguro e menos sujeito a intempéries. A facilidade de transportar e de não requerer a necessidade de pesar e verificar a pureza do metal era um atrativo. Porém, o papel tem pouco valor intrínseco e por isso é preciso compreender como o papel-moeda se tornou um objeto de manipulação de preços por parte do governo.

A princípio, a manipulação surgiu nos bancos. Os papéis-moedas nada mais eram do que a garantia de depósitos de ouro que as pessoas faziam em estabelecimentos bancários para que eles pudessem guardar as reservas das pessoas em segurança. Na Itália do período renascentista, havia bancos que custodiavam depósitos de ouro e emitiram um certificado dessa quantia para os clientes. Com o passar do tempo, as pessoas passaram a usar essas certificações para fazer transações comerciais, visto que era mais simples do que retirar o ouro dos bancos. Porém, com o passar do tempo, os bancos passaram a usar artifícios para fraudar o sistema. Aproveitando-se da boa-fé dos depositantes e da confiança do público em geral, vários bancos emitiam certificado de depósitos de uma quantidade de ouro que não estava guardado de fato, como explicou Bagus:

> Sempre havia uma quantidade básica de ouro que permanecia ociosa dentro dos cofres dos bancos, a qual não era redimida

pelos depositantes. Consequentemente, a tentação dos banqueiros em utilizar uma fatia deste ouro em benefício próprio se tornou praticamente irresistível. Os banqueiros normalmente utilizavam o ouro para conceder empréstimos a seus clientes. Eles começaram a emitir certificados de depósito falsos ou a criar novos depósitos sem que houvesse ouro lastreando-os. Em outras palavras, os bancos começaram a praticar reservas fracionárias, isto é, a manter apenas uma fração de ouro lastreando todos os seus depósitos. (BAGUS, 2012, p. 23)

Como os governos não criaram leis para impedir o esquema, tampouco protegeram as propriedades dos indivíduos que depositavam nos bancos, os banqueiros praticamente tiveram o privilégio de fabricar dinheiro. E não era incomum a ação do governo e dos bancos em conluio para que ele pudesse exercer essa prática impunemente enquanto o outro poderia conseguir empréstimos com maior facilidade.

Porque o governo não deveria produzir dinheiro

As intervenções do Estado chegaram também ao setor bancário e foi criado o papel-moeda de curso forçado. Os Estados nacionais passaram a reivindicar o monopólio da emissão de moeda em seu território e com considerável frequência manipulou o valor da oferta para poder ampliar seu orçamento. Ao aumentar a oferta de dinheiro, ampliava seu próprio orçamento, e isso tinha como consequência a inflação de preços. Hayek imaginou que isso seria pouco provável se a moeda estatal tivesse algum tipo de concorrência, uma vez que ela, para prosperar e ser usada por várias pessoas, deveria ter alguma credibilidade:

> O monopólio governamental sobre a emissão do dinheiro, que já era bastante ruim enquanto predominava o dinheiro metálico, tornou-se uma total calamidade depois que o papel-moeda (ou qualquer outro substituto de moeda) – que pode ser o pior ou o melhor dos dinheiros – caiu sob o controle político. Uma moeda cujo estoque fosse deliberadamente controlado por uma entidade cujo interesse próprio a forçasse a satisfazer os desejos dos usuários poderia ser a ideal. Por outro lado, um dinheiro

controlado de forma a satisfazer as exigências de interesses de grupos forçosamente será o pior possível. (HAYEK, 2011, p. 36)

Como se não bastasse a ampliação do poder governamental, a inflação é um sério comprometedor do poder de compra das pessoas, especialmente as mais pobres. Como qualquer outro produto que tem valor de troca, o dinheiro está sujeito à lei da oferta e demanda. Por isso, políticas de expansão monetária são mais nocivas até que o aumento de tributos, uma vez que o aumento generalizado dos preços pode gerar escassez de produtos e cria uma elite que recebe este novo dinheiro, como explica Mises:

> Quando o governo cobra impostos dos cidadãos e aplica essa soma no aumento do salário de seu pessoal, os contribuintes passam a ter menos o que gastar, mas os funcionários públicos passam a ter mais: os preços em geral não subirão. Mas, se o governo não busca, para esse fim, receita proveniente de impostos, se, ao contrário, recorre a dinheiro recém-impresso, consequentemente, algumas pessoas começam a ter mais dinheiro, enquanto todas as demais continuam a ter o mesmo que antes. Assim, as que receberam o dinheiro recém-impresso vão competir com aquelas que eram compradoras anteriormente. E uma vez que não há maior número de mercadorias que antes, mas há mais dinheiro no mercado – e uma vez que há pessoas que podem agora comprar mais do que ontem – haverá uma demanda adicional para uma quantidade inalterada de bens. (MISES, 2009, p. 63)

Uma das alegações dos defensores da moeda de curso forçado é que o governo poderia atuar emitindo dinheiro em situações de desemprego e crise econômica. Entretanto, Hayek afirmou de maneira categórica que a política monetária é justamente uma das principais causas de depressões. As causas das flutuações de preço se dão justamente devido a políticas monetárias irresponsáveis, que dão uma falsa aparência de prosperidade no curto prazo, mas que geram gravíssimos problemas econômicos no longo prazo.

A proposta de Hayek

Foi pensando em reduzir danos das políticas monetárias feitas pelos governantes (e não incomumente em conluio com os bancos), que Hayek propôs um sistema no qual não haveria qualquer intervenção do governo na fabricação e emissão de moeda.

A ideia é simples: os governos não devem impor qualquer obstáculo à livre negociação em qualquer moeda e a atividade bancária ficaria livre de restrições, abolindo também controles cambiais e de entrada de moedas em todos os países.

Para Hayek, a principal vantagem deste sistema seria a de disciplinar os agentes públicos, pois estes, que historicamente depreciaram a moeda para ampliar seus gastos, agora estariam sujeitos à aparição de potenciais concorrentes, e a ganância dos gestores públicos seria substituída pela necessidade de ser responsável, sob pena de que as pessoas optassem por alguma outra moeda.

Porque é melhor o padrão-ouro

Como visto anteriormente, o ouro passou a moeda predominante, até que surgiu o papel moeda, que facilitava as trocas, mas tornou comum haver fraudes ocasionadas pela emissão de moeda sem critério pelos bancos. Daí então foi proposto o padrão-ouro, que vigorou em boa parte do mundo durante praticamente todo o século XIX e terminou no começo do século XX, que consistia basicamente em determinar que a oferta de dinheiro de um país seria equivalente à sua reserva em ouro.

Este sistema é elogiado por economistas adeptos da Escola Austríaca, devido à criação de barreiras à expansão monetária patrocinada pelo governo e pelos bancos que geram instabilidade nos preços em longo prazo e retira a capacidade de poupança das pessoas. Economistas de escolas mais tradicionais criticam o padrão-ouro por impedir que o governo atue em crises econômicas pontuais e dificulta a expansão do crédito. Entretanto, como mostra Mises, deixar que o governo detenha poderes para manipular a oferta monetária não é, de forma alguma, uma boa ideia:

> O padrão-ouro, ao fazer com que o aumento da disponibilidade de ouro dependa da lucratividade de produzi-lo, automaticamente limita o poder do governo de recorrer à inflação. O padrão-ouro faz com que a determinação do poder aquisitivo da moeda seja independente das ambições e doutrinas dos partidos políticos e dos grupos de pressão. Isto não é um defeito do padrão-ouro; é a sua principal virtude. Qualquer manipulação do poder aquisitivo é necessariamente arbitrária. Todos os métodos para manipular o poder aquisitivo baseados na descoberta de um padrão de referência, supostamente objetivo e "científico", têm sua origem na ilusão de que as mudanças do poder aquisitivo podem ser "medidas". O padrão-ouro impede que os políticos possam provocar mudanças de origem monetária no poder aquisitivo. Sua aceitação geral implica no reconhecimento de que não se pode enriquecer as pessoas pela impressão de moeda. A aversão ao padrão-ouro origina-se na superstição de que governos onipotentes podem criar riqueza a partir de pequenos pedaços de papel. (MISES, 2010, p. 548)

É, portanto, evidente que aqueles que defendem menos poder e mais exigência de austeridade do governo, tendem a preferir o padrão-ouro do que uma moeda sem nenhum lastro, como ocorre atualmente em grande parte do mundo. Porém, Hayek percebeu que, ao invés de termos uma única moeda cujo valor depende de reservas governamentais de ouro, existe uma forma ainda melhor e mais eficiente de manter o poder de compra das pessoas, que é retirar o monopólio legal do governo de emitir moedas e deixar que exista um livre mercado de moedas.

O ouro, apesar de ser uma espécie de âncora que consegue manter o valor da moeda dentro de limites aceitáveis sem aumentar o poder dos governos, ainda assim não estaria cem por cento livre de fraudes, já que os governantes poderiam maquiar a verdadeira quantidade de reservas de ouro. Também é preciso ressaltar que o valor do ouro em si pode oscilar muito devido às variações do seu preço no mercado internacional. Por isso, Hayek defendia que a melhor forma de uma moeda não estar sujeita a perda de valor é a de a entidade que a emite ter sucesso em oferecer um dinheiro de qualidade. A entidade que emitir moeda estaria sujeita a rigoroso controle de qualidade e à mercê da satisfação dos seus consumidores, sendo obrigada a ser transparente em relação à quantidade de moeda emitida, visto que as pessoas só estariam dispostas a possuir uma moeda caso elas tivessem a segurança de que outras pessoas também as aceitariam. Hayek demonstra que, da mesma forma que Adam Smith percebeu que bons produtos e serviços surgem no mercado não pela benevolência, mas pelo autointeresse, uma boa moeda não surgiria graças a governantes de boa vontade:

> Sempre tivemos um mau dinheiro porque a empresa privada não teve permissão de nos fornecer um melhor. Num mundo dominado pela pressão de interesses organizados, a verdade importante a ter em mente é que não podemos contar com a inteligência ou a compreensão, mas apenas com o simples interesse próprio para nos fornecer as instituições de que precisamos. Bendito realmente seja o dia em que não mais será da benevolência governamental que teremos de esperar um bom dinheiro, mas do zelo dos bancos pelos seus próprios interesses. (HAYEK, 2011, p. 154)

Por isso, devemos ter em mente que o melhor lastro para uma moeda é a confiança naquele que a emite. Por várias vezes, em diferentes períodos de crise durante a história, pessoas compraram ouro como forma de evitar a depreciação da moeda corrente de curso forçado. Mas somente se protege da desvalorização quem tem algum conhecimento de teoria econômica, o que não ocorre com a grande maioria da população.

Considerações finais

A princípio, a proposta de Hayek pode parecer utópica e inviável na prática. Mas ao entendermos a dinâmica do governo e sua ânsia por mais recursos e, consequentemente, mais poder, fica claro que utopia é na verdade acreditar que devemos insistir em um modelo no qual o governo detém o poder de definir uma política monetária.

Dar ao governo a possibilidade de deter o monopólio da emissão de moeda gera consequências gravíssimas para a economia, afetando muitas vezes a poupança e a capacidade de investimento, especialmente das pessoas mais pobres. A ganância dos governantes e dos grupos de pressão que atuam em prol de benesses do governo acabam incentivando os detentores desse monopólio que desejam se manter no poder a atenderem aqueles que possam ajudar na sua manutenção. E assim, o dinheiro vale cada vez menos.

Em um ambiente de livre mercado, com instituições sólidas e garantia ao direito de propriedade, uma moeda só teria condições de existir em um momento que tivesse total credibilidade para ser usada por um número considerável de usuários, além de poder ser convertível para outras moedas. Por isso, como qualquer produto ou serviço, a existência de uma moeda estaria condicionada não à coerção estatal, mas ao julgamento de cada indivíduo livre. Mises dizia que o livre mercado é a democracia dos consumidores, e por isso, não há maneira mais democrática do que deixar os consumidores, e não burocratas encastelados no Banco Central, escolherem livremente qual moeda gostariam de usar.

Bibliografia

BAGUS, P. *Tragédia do Euro*. Disponível em https://www.mises.org.br/Ebook.aspx?id=71. Acesso em 3/jan/2019.

HAYEK, F. A. *Desestatização do Dinheiro*. Disponível em http://rothbardbrasil.com/wp-content/uploads/arquivos/dinheiro.pdf. Acesso em 15/nov/2018.

MENGER, C. *A Origem do Dinheiro*. Disponível em http://rothbardbrasil.com/wp-content/uploads/2017/08/Sobre-A-Origem-Do-Dinheiro-Carl-Menger-1.pdf. Acesso em 28/nov/2018.

MISES, L. *As Seis Lições*. Disponível em https://mises.org.br/Ebook.aspx?id=16. Acesso em 5/dez/2019.

SURDA, P. *Economics of Bitcoin*. Disponível em https://nakamotoinstitute.org/static/docs/economics-of-bitcoin.pdf. Acesso em 3/jan/2019.

Capítulo 11

JUSTIÇA SOCIAL: O CAMINHO PARA A SERVIDÃO

Anamaria Camargo

> *Como esta é uma época em que muitas pessoas estão preocupadas com "justa retribuição" e com "justiça social", qual é a sua "justa retribuição" por aquilo que outras pessoas construíram?*
>
> Thomas Sowell[1]

Introdução

De todos os temas relacionados aos erros do socialismo tratados por Hayek, talvez um dos mais relevantes para ele pessoalmente e para o entendimento do seu pensamento seja a essencialidade de nos atermos à defesa da igualdade perante a lei. O mau entendimento a respeito dos conceitos de mérito e valor e a

---

[1] Versão da autora, a partir do original de Thomas Sowell: *"Since this is an era when many people are concerned about 'fairness' and 'social justice,' what is your 'fair share' of what someone else has worked for?"*

manipulação política baseada em falsas premissas representam forte ameaça às nossas liberdades individuais, pois levam justamente à situação de desigualdade perante à lei. O modo mais comum dessa ameaça se apresentar é através da demanda por "justiça social" — uma miragem, nas palavras de Hayek, que intitulou o segundo volume de seu livro, *Law, Legislation and Liberty*[2], como "A Miragem da Justiça Social"[3].

Para ilustrar a importância do tema para ele, é preciso dizer que, mais do que uma simples miragem, Hayek considerava a ideia de "justiça social" absolutamente nefasta e ameaçadora:

> A busca sistemática pela ilusão da "justiça social", que chamamos socialismo, se baseia na ideia atroz de que a posição material de indivíduos e de grupos deve ser determinada por um poder político, alegando-se que sempre haverá uma transferência dos privilegiados para a massa. Foi graças à ordem de mercado que se espalhou durante os últimos dois séculos que todos perderam tal poder, que pode ser usado de forma arbitrária. De fato, foi essa ordem que garantiu a maior redução de poder arbitrário que já ocorreu. É este grande triunfo da liberdade pessoal que a sedução pela "justiça social" ameaça nos tirar. E não vai demorar para que os detentores do poder de fazer valer a "justiça social" entrincheirem-se em sua posição, usando benefícios de "justiça social" para pagar pelo poder que lhes foi concedido. Assim terão o apoio de uma guarda pretoriana — os beneficiados — para garantir que sua visão de "justiça social" prevaleça. (HAYEK, 1982, p. 99)

Ao longo deste capítulo, de forma bastante sucinta, serão apresentadas as razões que embasam o pensamento de Hayek sobre o tema.

A vacuidade conceitual

As tentativas mais comuns de definir o conceito de "justiça social" se baseiam na noção do igualitarismo. Para seus defensores,

---

[2] Em português: *Direito, Legislação e Liberdade*.
[3] Este título, assim como as citações das obras referenciadas neste capítulo foram traduzidas pela autora.

toda desigualdade material tem que ser justificada por algum interesse comum ao qual essas diferenças sirvam. Essa demanda por igualdade material se assenta na crença de que as desigualdades existentes se devem a decisões de alguém. Hayek explica que, ao observar fenômenos regulares, é comum que as pessoas ingenuamente os interpretem como se fossem sistemas ordenados racionalmente, planejados por alguém, e que, portanto, possam ser julgados como justos ou injustos. Essa é a visão que muitos têm do mercado: a de um sistema "personificado", que atua como um ente provido de moral, cujos efeitos positivos ou negativos sobre diferentes indivíduos se devem a atos de vontade ou deliberação. Ocorre que o que é recebido por indivíduos diferentes, sejam prejuízos ou benefícios, resulta de um processo sobre o qual ninguém em particular previu ou intencionou. Segundo Hayek, a ordem de mercado é um sistema impessoal, espontâneo e autorregulado; logo, não detém atributos morais, o que significa que exigir "justiça" de tal processo é claramente absurdo.

> É um processo que, como Adam Smith (e, aparentemente, os antigos estoicos antes dele) entendeu, em todos os aspectos importantes (exceto que normalmente não é seguido apenas como uma diversão) é totalmente análogo a um jogo; isto é, um jogo parcialmente de habilidade e parcialmente de sorte. Mais tarde, vamos descrevê-lo como o jogo da catalaxia. Ele funciona, como todos os jogos, de acordo com regras que guiam as ações de participantes individuais cujos objetivos, habilidades e conhecimentos são diferentes. Consequentemente, o resultado será imprevisível; haverá regularmente vencedores e perdedores. E enquanto que, assim como em um jogo, estamos certos em insistir que ele seja justo e que ninguém trapaceie, seria absurdo exigir que os resultados para os diferentes jogadores fossem justos. Eles serão necessariamente determinados em parte pela habilidade e em parte pela sorte. Algumas das circunstâncias que tornam os serviços de uma pessoa mais ou menos valiosos para seus pares, ou que torne desejável que ele mude a direção de seus esforços, não são de desígnio humano ou previsíveis por homens. (HAYEK, 1982, p. 71)

Não estamos errados na percepção de que em uma sociedade livre — a Grande Sociedade a que se refere Hayek —, os destinos de indivíduos diferentes não seguem um padrão que possamos identificar com princípios de justiça. Nosso erro é o de concluir que isso é injusto e que alguém deve ser culpado por essa injustiça. Assim como nos casos de calamidades e acidentes, os resultados do livre mercado não se devem à deliberação de alguém; logo, não há que se falar em "injustiça" de fato.

> Em uma sociedade livre, em que a posição dos diferentes indivíduos e grupos não é o resultado do projeto de alguém e que também não pode, dentro de tal sociedade, ser alterada de acordo com um princípio aplicável de maneira geral, as diferenças entre recompensas simplesmente não podem ser descritas como justas ou injustas. (HAYEK, 1982, p. 70)

O que é essencial para o justo funcionamento deste processo — o jogo da cataláxia — é que todos os jogadores ajam segundo as mesmas regras de conduta; que sejam iguais perante à lei. Quando as ações *intencionais* dos indivíduos seguem regras de conduta válidas para todos de modo que a competição entre eles se dá sem fraude, monopólio ou violência, os preços e remunerações são livremente determinados e a ordem de mercado é então garantida. Essa é toda a justiça que se deve esperar do mercado: a justa conduta. Foi dessa percepção que John Locke e seus contemporâneos derivaram a noção liberal clássica de justiça em que esta estava na competição e não nos resultados, que não poderiam ser justos ou injustos.

Hayek destaca, porém, que, ainda que o indivíduo possa efetivamente deliberar sobre sua conduta em particular, ele não é capaz de afetar a alocação de bens e serviços no mercado de modo a produzir *padrões de distribuição* — sejam eles justos ou injustos. Isto porque nem ele, nem qualquer outra qualquer pessoa, tem o conhecimento total sobre a multitude de circunstâncias que afetarão o mercado. Consequentemente, nenhum cidadão pode ser responsabilizado pelos efeitos que suas ações terão quanto à alocação de bens e serviços para as pessoas na sociedade.

> Mas não há princípios de conduta individual que produzam um padrão de distribuição que, como tal, pudesse ser considerado justo, e, portanto, também não há possibilidade para o indivíduo saber o que ele teria que fazer para garantir uma justa remuneração para seus pares. (HAYEK, 1982, p. 70)

Pior do que um conceito vazio

Claro que o que move Hayek na sua análise e crítica racional da demanda por "justiça social" não é simplesmente a questão da vacuidade semântica do termo, mas os riscos que tal visão hegemônica impõe à sociedade:

> O que temos de lidar no caso da "justiça social" é simplesmente com uma superstição quase-religiosa, do tipo que deveríamos respeitosamente ignorar, desde que apenas fizesse felizes aqueles que a têm, mas contra a qual devemos lutar quando ela se tornar pretexto de coagir outros homens. E a crença prevalecente na "justiça social" é, atualmente, provavelmente a mais grave ameaça à maioria dos outros valores de uma civilização livre. Contra essa ameaça, só podemos nos proteger sujeitando à dissecação racional implacável até mesmo nossos mais queridos sonhos de um mundo melhor. (HAYEK, 1982, p. 66)

Ainda assim, Hayek admite que alguns dos que demandam "justiça social" são movidos por "sonhos de um mundo melhor" e não por igualitarianismo:

> Embora a maioria das reivindicações estritamente igualitárias se origine exclusivamente da inveja, devemos reconhecer que muito do que parece ser uma reivindicação em favor de maior igualdade é, na verdade, uma reivindicação de distribuição mais justa das boas coisas deste mundo e, portanto, é movida por motivos bem mais dignos de crédito. (HAYEK, 2011, p. 156)

Ele igualmente reconhece que as condições iniciais do indivíduo, afetadas por seu ambiente físico e social, exercem impacto nos seus resultados. E concede que, em vários aspectos, isto pode ser alterado por alguma ação governamental:

> Também há muito a dizer em favor do governo que fornece, em condições de igualdade, os meios para a escolarização de menores que ainda não são cidadãos plenamente responsáveis, embora haja sérias dúvidas sobre se devemos permitir que o governo os administre. (HAYEK, 1982, p. 84)

E também não se opõe à proteção governamental de pessoas que sofrem privação extrema, garantindo a essas, uma renda mínima. Defende inclusive que tais ações podem muito bem ser do interesse de todos, mas complementa:

> Desde que tal renda mínima uniforme seja fornecida fora do mercado a todos aqueles que, por qualquer motivo, não puderem se manter adequadamente através do mercado, isto não leva a uma restrição da liberdade ou a um conflito com o Estado de Direito. Os problemas com os quais estamos aqui preocupados surgem apenas quando a remuneração pelos serviços prestados é determinada por uma autoridade, e o mecanismo impessoal do mercado que orienta a direção dos esforços individuais é, assim, suspenso. (HAYEK, 1982, p. 87)

Ainda assim, isto não equivaleria à criação de reais oportunidades iguais para todos, mesmo para pessoas que tivessem as mesmas habilidades. Para garantir tal igualdade, o governo teria que controlar o ambiente físico e humano de todas as pessoas e quanto mais interferência houvesse, maior seria a demanda para que qualquer potencial diferenciador fosse eliminado ou compensado pelo governo. O limite seria um total controle governamental sobre toda e qualquer circunstância que pudesse afetar o bem-estar de qualquer pessoa; ou seja, a ideia inicialmente atraente de "igualdade de oportunidade", de ilusório ideal passaria a pesadelo real caso se tentasse concretizá-lo.

Em nome de um desejo virtuoso, não se teria apenas a decepção pelo objetivo não atingido — pois trata-se de uma miragem — mas seriam produzidos efeitos extremamente nefastos, particularmente a destruição do ambiente indispensável para o exercício dos valores morais, principalmente o valor da liberdade individual.

> Não é suficiente reconhecer que "justiça social" é uma frase vazia sem conteúdo determinável. Tornou-se um poderoso encantamento que serve para apoiar emoções profundas que ameaçam destruir a Grande Sociedade. Infelizmente não é verdade que se algo não pode ser alcançado, lutar por esse algo não traz danos. Como a busca por qualquer miragem, é provável que produza resultados que, se previstos, seria melhor tê-los evitado. Muitos objetivos desejáveis serão sacrificados na

vã esperança de tornar possível o que sempre frustrará nosso alcance. (HAYEK, 1982, p. 133)

É justamente para os riscos desta aparente inocência que Hayek chama a atenção do leitor. "Justiça social" não é apenas mais um valor moral a ser encaixado na estrutura de valores morais existente. A adoção completa do que o termo implica significaria uma completa mudança na ordem social, cujos valores teriam que ser sacrificados. Para Hayek, as pessoas não se dão conta dos efeitos de tais transformações na sociedade: acreditando na miragem da "justiça social", elas concedem a governantes o poder de decidir sobre suas vidas para satisfazer às crescentes demandas de grupos de interesse.

Hayek também alerta para a tendência à auto-aceleração, uma vez adotada esta visão:

> (...) quanto mais dependente das ações do governo torna-se a posição dos indivíduos ou grupos, mais eles insistirão que os governos visem algum esquema reconhecível de justiça distributiva; e quanto mais os governos tentam realizar um padrão preconcebido de distribuição desejável, mais eles precisam sujeitar a posição dos diferentes indivíduos e grupos ao seu controle. Enquanto a crença na "justiça social" governar a ação política, esse processo deve se aproximar cada vez mais de um sistema totalitário. (HAYEK, 1982, p. 68)

Esta tendência à auto-aceleração serve bem a propósitos tirânicos e reforça a razão pela qual o termo "justiça social" traz em si as aspirações mais caras ao socialismo: a "justa" distribuição de riquezas. Os socialistas perceberam que tal distribuição poderia ser feita com menor resistência por parte da população se fosse realizada por meio de impostos, ao invés da socialização dos meios de produção. É, portanto, a partir dessa visão socialista que nossa sociedade está se transformando: ao invés de uma sociedade governada por princípios de conduta *individual* justa, uma sociedade que delega o dever da justiça a *autoridades*, dando-lhes o poder de decidir o que as pessoas devem fazer.

> Pode-se dizer de fato que a principal diferença entre a ordem da sociedade que o liberalismo clássico visava e o tipo de sociedade em que agora está sendo transformada é que a primeira foi

governada por princípios de conduta justa do indivíduo. Já a nova sociedade existe para satisfazer as exigências de "justiça social" — ou, em outras palavras — que a primeira exigia uma conduta justa dos indivíduos, enquanto que a segunda cada vez mais delega a obrigação da justiça a autoridades com poder de determinar o que as pessoas devem fazer. (HAYEK, 1982, p. 65)

A justiça da autoridade

Se em uma sociedade de livre mercado não existe um sistema de regras de conduta que garanta igualdade material, qualquer tentativa (ainda que vã) de se atender à demanda por "justiça social" exigirá que o processo produtivo seja planejado por alguma autoridade. Na tentativa de controlar como o trabalho de cada um ajuda ou prejudica a todos na sociedade, essa autoridade precisará coordenar todo o sistema, decidindo sobre o que cada um deve produzir e quanto cobrar, dentro de cada período específico.

> O termo "Justiça social" só faz sentido em uma economia dirigida ou baseada no comando (como um exército), na qual indivíduos recebem ordens sobre o que fazer; e qualquer concepção de "justiça social" só poderia ser posta em prática em um sistema assim, dirigido de maneira centralizada. (HAYEK, 1982, p. 69)

A partir dessa direção centralizada, as autoridades deverão determinar um padrão de distribuição de riquezas. Tal determinação, segundo Hayek:

> Impede, em outras palavras, que os vários indivíduos ajam com base em seu próprio conhecimento e a serviço de seus próprios fins, o que é a essência da liberdade. E exige que os indivíduos sejam obrigados a agir da maneira necessária, de acordo com o conhecimento da autoridade dirigente, para a realização dos fins escolhidos por essa autoridade. (HAYEK, 1982, p. 86)

Portanto, qualquer modelo de distribuição preconcebido é irreconciliável com a liberdade, já que significa que alguém ou um grupo de pessoas terá o poder de decidir o que cada um merece. Como ninguém tem efetivamente esse conhecimento, as decisões serão necessariamente baseadas em preconceitos acerca do mérito de cada um.

> Não nos opomos à igualdade enquanto tal. Apenas o que acontece é que a reivindicação de igualdade é o objetivo declarado da maioria dos que desejam impor à sociedade um padrão preconcebido de distribuição. Nós somos contrários a toda tentativa de impingir à sociedade qualquer modelo de distribuição preconcebido, quer ele implique uma ordem de igualdade ou de desigualdade. (HAYEK, 2011, p. 150)

Diante da demanda por "justiça social", o governo terá que impedir que os indivíduos se valham de seus talentos, sua sorte, ou o azar de outros para que decidam livremente em que empreender. Para diminuir desigualdades materiais, o governo precisa tratar as pessoas de forma diferente, o que significa necessariamente, perder aquilo que é pré-condição para uma sociedade livre: a igualdade perante a lei. A premissa básica para uma sociedade livre e moral é que as regras devem ser as mesmas para todos. Logo, se para se ter igualdade material, pessoas devem ter privilégios às custas de outros, a sociedade não é nem livre nem moral.

> Igualdade perante a lei e igualdade material não são, portanto, apenas categorias diferentes, mas mesmo conflitantes; podemos obter uma ou outra, mas não as duas ao mesmo tempo. A igualdade perante a lei, que a liberdade exige, conduz à desigualdade material. (HAYEK, 2011, p. 150)

Dentro do planejamento do governo, para que todas as funções sejam cumpridas, ainda que todos ganhem igual, pessoas serão obrigadas a fazer trabalhos *diferentes*. Essas decisões não serão baseadas em alguma forma de justiça e sim em noções de eficiência e conveniência para o governo. Ou seja, ainda que não haja desigualdade material, as pessoas seguirão sendo desiguais. A diferença é que essas desigualdades serão determinadas autoritariamentee.

> A plena igualdade para a maioria não pode deixar de significar a submissão igual das grandes massas ao comando de alguma elite decidindo sobre suas atividades. Enquanto a igualdade de direitos sob um governo limitado é possível e é uma condição

essencial para a liberdade individual, uma reivindicação por igualdade de posição material só pode ser satisfeita por um governo com poderes totalitários. (HAYEK, 1982, p. 83)

Mérito, valor e remuneração

Quando a maioria das pessoas não compreende a utilidade de uma atividade, frequentemente porque erroneamente a considera prejudicial (o "especulador" — muitas vezes combinado com a crença de que somente atividades desonestas podem trazer tanto dinheiro), e especialmente quando ganhos vultosos são usados para acumular fortunas (novamente devido à crença errônea de que seria desejável que fossem gastos em vez de investidos), surge o clamor sobre a injustiça da remuneração. No entanto, a estrutura complexa da Grande Sociedade moderna claramente não funcionaria se as remunerações de todas as diferentes atividades fossem determinadas pela opinião da maioria sobre seu valor. Ou mesmo se elas dependessem da compreensão ou do conhecimento de alguém sobre a importância de todas as diferentes atividades necessárias para o funcionamento do sistema. (HAYEK, 1982, p. 77)

Infelizmente, este é precisamente o erro que se comete na tentativa de atingir igualdade material: além de decidir o que cada um deve fazer, autoridades precisam definir padrões de remuneração a partir de sua avaliação pessoal sobre o mérito de cada um. Julgam — erradamente — o valor que cada serviço tem "para a sociedade". O mesmo erro que se comete ao personificar o termo "mercado" para demandar "justiça social" no que se refere à distribuição de riquezas, acontece com o termo "sociedade" para se julgar o valor de um serviço.

Ora, a sociedade não é um ente racional, mas uma ordem estruturante de ações que resultam da obediência de regras abstratas por seus membros. É para esses membros que serviços têm valor e, ainda que sejam membros da mesma sociedade, essa valorização se dará de formas diferentes. Hayek alerta que serviços só têm o mesmo valor para todos em uma sociedade quando ela é totalitária; ou seja, quando não existe liberdade individual:

Nem mesmo a performance de uma sonata de Beethoven, uma pintura de Leonardo ou uma peça de Shakespeare têm

> "valor para a sociedade", e sim, valor apenas para aqueles que as conhecem e apreciam. (HAYEK, 1982, p. 76)

Em uma economia de mercado, os preços de tipos diferentes de trabalho e de outros fatores de produção são afetados pelo esforço, interesse, habilidade, necessidade etc. Como não é possível quantificar essas circunstâncias, que não são afetadas pelo desejo de ninguém nem conhecidas na sua totalidade, uma análise racional para definir preços e remunerações também não é possível.

> As remunerações que os indivíduos e grupos recebem no mercado são portanto determinadas pelo que esses serviços valem para aqueles que os recebem (…) e não por algum fictício "valor para a sociedade". (HAYEK, 1982, p. 76)

Muitos dos que clamam por "justiça social" alegam que há injustiça nesse processo de mercado porque a remuneração dada é frequentemente maior do que a que seria necessária para que o serviço fosse ofertado. Hayek admite que isso seja verdadeiro, mas acrescenta que é necessário que seja assim para que esse serviço se mantenha lucrativo enquanto sua oferta cresce e para que seja respeitada a liberdade de compra e venda pelo preço dado pelo mercado. Hayek explica que as pessoas têm dificuldade em aceitar que remunerações que consideram "injustas" sejam definidas pelo mercado porque vivemos em uma sociedade na qual se acredita que o sucesso ou o fracasso de alguém deve ser proporcional ao esforço empreendido, sem a interferência de sorte ou azar: o mérito deve ser sempre recompensado.

Nesse ponto, é necessário que se esclareça o que Hayek quer dizer com "mérito":

> A dificuldade de esclarecer este ponto se dá porque o termo "mérito" — o único disponível para definir o que quero dizer — é também usado em um sentido mais amplo e mais vago. Aqui ele será empregado exclusivamente para descrever os atributos que tornam uma conduta merecedora de louvor, ou seja, o caráter moral da ação e não o valor do seu resultado. (HAYEK, 2011, p. 157))

A verdade é que o valor que um serviço ou produto tem para as pessoas frequentemente não terá qualquer relação com o mérito ou necessidade individual de quem o vende. O que vai garantir a recompensa para o indivíduo que produz e que vai indicar a direção dos seus esforços não são nem suas boas intenções nem suas necessidades, mas o quanto as outras pessoas valorizam o que ele produz, qualquer que seja o motivo dessa valorização. E é isto, precisamente o que impulsiona as sociedades livres:

> Uma sociedade na qual a posição dos indivíduos tivesse que corresponder a conceitos humanos de mérito moral seria justamente o oposto de uma sociedade livre. Seria uma sociedade em que as pessoas receberiam recompensa pela obrigação cumprida e não pelo sucesso; na qual cada ação do indivíduo seria pautada por aquilo que os outros achassem que ele deveria fazer, e na qual o indivíduo estaria, consequentemente, isento da responsabilidade e do risco de decidir. (HAYEK, 2011, p. 161)

O ponto mais importante, segundo Hayek, é que ninguém sabe qual é o valor de cada serviço a não ser que o mercado informe. É por isso que apelar para a ideia de "justiça social" para determinar quanto cada serviço ou produto deve remunerar quem o oferece é inútil, no sentido de que ninguém em particular jamais saberá seu valor para os outros. E, principalmente, é autoritário porque implica que todos devem concordar com a opinião de quem decide, sem apresentar razões que não seus próprios preconceitos.

> (...) em um sistema livre não é nem conveniente nem praticável que as recompensas materiais correspondam àquilo que os homens entendem por mérito. Uma sociedade livre se caracteriza pelo fato de que a posição de um indivíduo não deve depender, necessariamente, da opinião que os outros têm sobre o mérito por ele conquistado. (HAYEK, 2011, p. 157)

Em uma sociedade livre, as pessoas usam de conhecimentos e estratégias que estão fora do controle dos outros; por isso, não é possível distinguir quanto do sucesso de alguém se deve às suas circunstâncias e quanto ao seu esforço. A justificativa filosófica da liberdade rejeita especificamente a ideia de que podemos conhecer, e conhecemos, tudo aquilo que orienta as ações de um indivíduo. Logo, só uma sociedade não livre pode defender que se recompense alguém pelo esforço que se julga que ele fez. Podemos medir o resultado, mas não o esforço empregado em um trabalho.

> A possibilidade de um julgamento exato do mérito depende, portanto, justamente da presença daquelas condições cuja ausência constitui a principal justificativa da liberdade. Pois é precisamente porque desejamos que as pessoas usem conhecimentos que não temos, que as deixamos decidir por si próprias. Mas, na medida em que queremos que elas tenham a liberdade de usar capacidades e conhecimentos de fatos que não temos, não temos condições de julgar o mérito das suas realizações. (HAYEK, 2011, p.159)

Na verdade, Hayek destaca, muito mérito, no sentido de esforço empreendido, nem é desejável; o ideal é que ele seja o menor possível.

> O que ocorre, evidentemente, é que nós não pretendemos que as pessoas conquistem o máximo de mérito, mas um máximo de utilidade com um mínimo de esforço e sacrifício e, portanto, um mínimo de mérito. Não apenas nos seria impossível recompensar todo o mérito com justiça, como também não seria nem mesmo conveniente que as pessoas aspirassem a conquistar, sobretudo, o mérito máximo. (HAYEK, 2011, p. 160)

O valor da ordem de mercado

A forma mais prevalente de percepção de "injustiça social" se dá provavelmente diante de pessoas que têm sua renda reduzida devido a circunstâncias que fogem ao seu controle. Entretanto, são esses infortúnios que garantem o direcionamento e os necessários ajustes do mercado. São eles que indicam que atividades devem ser reduzidas, de modo que esforços e riquezas são direcionados para onde são necessários para a manutenção da sociedade. Resultados imprevisíveis, muitas vezes diferentes do que o indivíduo intencionou obter, servem como sinalização para o mercado e podem ser utilizados como informação quanto ao direcionamento dos esforços dos outros participantes.

Neste jogo da catalaxia que é o mercado, tanto a sorte quanto a habilidade *de cada participante* têm impacto nos resultados de todos. E, embora as pessoas se ressintam do fato de que sua remuneração dependa em parte do destino ou da sorte, isso é precisamente o que é necessário para que a ordem do mercado se ajuste prontamente às inevitáveis e imprevistas mudanças nas circunstâncias. Esse é o preço que pagamos para viver em um sistema em que as chances de progresso de todos são maiores: indivíduos e grupos estão sujeitos ao fracasso ou ao sucesso "imerecido".

> Não há nenhum indivíduo ou grupo cooperante de pessoas contra o qual aquele que se sente prejudicado possa ter uma queixa justa. Também não há regras concebíveis de conduta individual justa que pudessem garantir uma ordem funcional e, ao mesmo tempo, evitar tais decepções. A única culpa implícita nessas queixas é a de que toleramos um sistema no qual cada um pode escolher sua ocupação e, portanto, ninguém pode ter o poder e o dever de assegurar que os resultados obtidos correspondam aos nossos desejos. (HAYEK, 1982, p. 69)

Hayek chama a atenção para o fato de que ainda que não tenhamos o poder de garantir recompensas proporcionais à habilidade e ao esforço por meio do mercado, é de interesse geral seguir acreditando que o sucesso passado das escolhas de alguns torna provável o sucesso de outros no futuro. Por isso, vale a pena induzir indivíduos a continuar tentando obter riquezas no mercado. Há, no entanto, um dilema acerca de como usar o "mérito" como atrativo para esse fim: ao se encorajar indivíduos a crer que seu bem-estar depende principalmente dos seus esforços e decisões, motivamos os indivíduos a determinarem metas para si mesmos e a agirem com eficiência para alcançá-las. Hayek acredita que é graças a essas pessoas que a maioria dos membros de uma sociedade de mercado consegue importantes avanços materiais e morais. Por outro lado, muitos são levados a uma confiança exagerada na generalização de que seus esforços sempre garantirão seu bem-estar e, ao falharem, sentem-se injustiçados.

Hayek considera um infortúnio que se defenda o livre comércio alegando-se que os merecedores são sempre recompensados: não é uma ideia alentadora para o futuro da ordem do mercado que essa seja a única defesa entendida pelo público em geral.

É, portanto, um verdadeiro dilema decidir até que ponto devemos encorajar nos jovens a crença de que, quando eles realmente tentarem, terão sucesso; ou deveríamos enfatizar que inevitavelmente alguns serão bem-sucedidos sem merecer enquanto que alguns merecedores fracassarão. Devemos permitir que prevaleça o ponto de vista daqueles que têm confiança excessiva que os capazes e esforçados serão recompensados de forma justa e que, em consequência, trarão benefícios para o resto? Sem tais crenças parcialmente errôneas, muitos deles tolerarão diferenças reais em recompensas, que serão baseadas apenas parcialmente em conquistas e em parte em mero acaso? (HAYEK, 1982, p. 74))

Liberdade e igualdade perante a lei

Ao longo do seu texto, a defesa da igualdade perante a lei aparece sempre como premissa para a liberdade. Não por sermos iguais ou para termos riquezas iguais, como pregam os defensores de "justiça social", mas por sermos diferentes.

> Não é por presumir que os indivíduos sejam, de fato, iguais, ou por pretender torná-los iguais, que nossa justificativa filosófica da liberdade exige que o Estado trate todos da mesma maneira. De fato, essa justificativa não apenas reconhece que os indivíduos são muito diferentes como também se baseia, em grande parte, nesse postulado. Ela afirma que essas diferenças individuais não justificam que os governos tratem os indivíduos de maneira diferente. Além disso, opõe-se às desigualdades de tratamento dispensado pelo Estado que se tornariam necessárias se fosse preciso garantir, a pessoas efetivamente diferentes, iguais posições na sociedade. (HAYEK, 2011, p. 148)

Para Hayek, usar o argumento de que todos somos iguais para defender maior igualdade material entre todos prejudica a própria reivindicação. A se crer nessa premissa — para ele, obviamente falsa — de que somos iguais e, portanto, devemos ser tratados de maneira igual, estariam justificados tratamentos desiguais sempre que diferenças factuais fossem provadas. Hayek dá a entender que, como indivíduos efetivamente diferem entre si, tais provas de suas diferenças poderiam ser usadas contra eles para justificar tratamento desigual:

> Defender a igualdade de tratamento de minorias nacionais ou raciais com o argumento de que elas não são diferentes dos outros homens equivale a admitir, implicitamente, que a desigualdade de fato justificaria tratamento desigual; e a prova de que certas diferenças de fato existem não tardaria a aparecer. (HAYEK, 2011, p. 149)

E mais: "É essencial à reivindicação de igualdade perante a lei que as pessoas sejam tratadas do mesmo modo, embora sejam diferentes umas das outras". (HAYEK, 2011, p. 149). A essência do que ele defende é que pessoas devem ser tratadas de forma igual perante a lei não por serem iguais, mas apesar de serem diferentes. Isto deve valer mesmo que signifique que algumas pessoas terão menos do que outras, pois é essa igualdade de tratamento que nos permite viver em paz.

> A princípio, pode parecer paradoxal que a evolução moral leve à redução de obrigações específicas em relação aos outros: ainda assim, deve desejar isso quem acredita que o princípio da igualdade de tratamento de todos os homens — provavelmente a única chance de paz — é mais importante do que ajuda especial ao sofrimento visível. (HAYEK, 1982, p. 91)

Quanto mais todos se submetem às regras do mercado, maiores as chances de pessoas conseguirem uma boa posição material. Por isso, pedir que se quebrem essas regras para proteger alguém contra a possível perda de sua posição significa negar a outros justamente aquilo que permitiu que ele chegasse aonde chegou.

> Todos nós devemos os benefícios que recebemos da operação dessa estrutura, não à intenção de qualquer um de conferi-los a nós, mas aos membros da sociedade que, em geral, obedecem a certas regras na busca de seus interesses. Dentre elas, está incluída a regra de que ninguém pode coagir outros a fim de garantir para si (ou para terceiros) um rendimento específico. Isso significa que temos a obrigação de respeitar os resultados do mercado também quando ele se volta contra nós. (HAYEK, 1982, p. 95)

A despeito do que foi dito acima, frequentemente, grandes grupos representando setores poderosos da economia demandam privilégios, na forma de proteção contra maus resultados. Em nome de "justiça social", conseguem angariar a simpatia das pessoas, pois uma perda grande para eles afetaria aqueles que deles dependem, seus empregados, por exemplo. Pouco se fala, no entanto, no impacto que tais privilégios causam nos outros participantes do mercado, gente com menos poder de influência, cujas chances de conseguir bons resultados são significativamente reduzidas. Vê-se, portanto, regras, que deveriam ser as mesmas para todos, sendo manipuladas para garantir privilégios em nome de "justiça social".

> O que espero ter deixado claro é que a expressão "justiça social" não é, como a maioria das pessoas provavelmente pensa, uma expressão inocente de boa vontade para com os menos afortunados. Esta expressão se tornou uma insinuação desonesta de que se deve concordar com alguma demanda de algum interesse especial para a qual não existe qualquer justificativa real. Para que a discussão política se torne honesta, é necessário que as pessoas reconheçam que o termo é intelectualmente desprezível, a marca da demagogia ou do jornalismo barato que os pensadores responsáveis deveriam ter vergonha de usar porque, uma vez reconhecido seu vazio, seu uso é desonesto. (HAYEK, 1982, p. 97)

A "virtude" da inveja

O fato de ser contra o uso de coerção para obter distribuição mais equânime de riquezas não significa ser contra menos desigualdade material. No entanto, Hayek enfatiza que há limites para a busca deste objetivo:

> Se contestamos o uso da coerção que visa promover uma distribuição mais equitativa ou mais justa, isso não significa que não possamos considerar tal distribuição desejável. Mas, se quisermos que uma sociedade se mantenha livre, é essencial reconhecermos que a vontade de implantá-la não é suficiente para justificar o emprego da coerção. (HAYEK, 2011, p. 150)

É preciso, portanto, estar atento ao frequente apelo por "justiça social" a qualquer custo. Segundo Hayek, tal demanda se expandiu graças à gradual tomada da bandeira, inicialmente restrita aos socialistas, por outros movimentos políticos e, especialmente por alguns setores da sociedade. Além da maioria dos professores, Hayek destaca os pregadores da moralidade, particularmente o clero de denominações cristãs que, aparentemente vêm trocando a promessa de justiça celestial pelo consolo em uma "religião social" que sirva como guia de suas boas ações. E certamente, os vários governos autoritários modernos igualmente proclamam "justiça social" como seu objetivo primeiro. A esse propósito, Hayek comenta que o comprometimento com a "justiça social" se tornou o traço distintivo dos virtuosos, dos que se têm consciência moral.

Por outro lado, mostrou também que tal "virtude" frequentemente disfarça sentimentos pouco nobres:

> Não estamos familiarizados com o conceito de sistemas de moral não viáveis e certamente não podemos observá-los em nenhum lugar na prática, uma vez que as sociedades que os experimentam desaparecem rapidamente. Mas eles estão sendo pregados, muitas vezes por figuras "sagradas" amplamente reverenciadas, e as sociedades em decadência que podemos observar são frequentemente aquelas que têm escutado o ensino de tais reformadores morais e que ainda reverenciam os destruidores de sua sociedade como bons homens. Mais frequentemente, porém, o evangelho da "justiça social" visa sentimentos muito mais sórdidos: a antipatia pelas pessoas que estão em melhor situação do que a de quem as despreza, ou simplesmente as inveja — "a mais anti-social e mais perversa de todas as paixões" como John Stuart Mill. A animosidade para com a grande riqueza, representando como um "escândalo" que alguns possam desfrutar de riquezas, enquanto outros têm necessidades básicas insatisfeitas, e que camufla sob o nome de justiça, o que nada tem a ver com a justiça. Todos aqueles que desejam roubar os ricos, não porque esperam que alguns mais merecedores possam desfrutar dessa riqueza, mas porque consideram a própria existência dos ricos como um ultraje, não apenas não podem reivindicar qualquer justificação moral para suas demandas, como também cedem a uma paixão totalmente irracional e, de fato, prejudicam aqueles para cujos instintos predadores eles apelam. (HAYEK, 1982, p. 98)

Apesar da já explicada vacuidade conceitual e além de servir como justificativa para a inveja, a demanda por justiça social tornou-se o argumento mais eficaz em discussões políticas. A miragem da "justiça social" tem sido usada por grupos de interesses específicos para guiar ações políticas que, teoricamente, farão a sociedade mais justa ao garantir recompensa a quem "merece". Para Hayek, no entanto, não há justificativa de merecimento moral sobre algo que não existiria se não pela decisão de quem arriscou seus próprios recursos em sua criação.

Hayek afirma que quem ataca a riqueza privada não entende que ela é construída, não graças a esforço físico ou poupança ou investimento, mas principalmente através do direcionamento dos recursos para os usos mais produtivos. E os que conseguem fazer isto e acumulam fortunas por meio de novas indústrias ou empreendimentos semelhantes beneficiam mais pessoas, pela criação de empregos, do que se tivessem doado parte de sua riqueza para os pobres. E ele conclui dizendo que, embora de fato existam meios menos meritórios de acumular fortunas — e isso deve ser combatido por meio de melhoras nas regras do sistema — o principal é que investimentos devem ser direcionados para o que melhore a produtividade do trabalho. Isso é algo que governos, dada sua natureza burocrática e não competitiva, sempre falham em fazer.

Conclusão

Hayek dedicou grande parte de sua obra a apontar os erros do socialismo e os riscos que medidas que provocam mudanças, mesmo que graduais, representam para uma sociedade que se quer livre. Talvez as piores ameaças estejam justamente em medidas que aparentam partir de iniciativas virtuosas, mas que trazem em si não apenas a capacidade de se auto-acelerar como apontam para a direção inequívoca: a servidão ao totalitarismo socialista. Esse é precisamente o caso das mudanças provocadas pela demanda por "justiça social" e, não por outra razão, Hayek conclui:

> Como resultado de longos esforços para rastrear o efeito destrutivo que a demanda por "justiça social" teve sobre nossa sensibilidade moral e de repetidamente encontrar até mesmo pensadores eminentes que usam a expressão sem pensar, eu posso ter me tornado indevidamente alérgico a ela. Mas cheguei à firme conclusão que o maior serviço que ainda posso prestar aos meus semelhantes seria que eu pudesse fazer com

que os oradores e escritores dentre eles se envergonhassem de empregar o termo "justiça social" novamente. (HAYEK, 1982, p. 97)

Bibliografia

HAYEK, F. A. *The Constitution of Liberty*: The Definitive Edition. Ronald Hamowy, ed. The Collected Works of F A. Hayek. *University of Chicago Press*, 2011.

HAYEK, F. A. *Law, Legislation and Liberty*: A new statement of the liberal principles of justice and political economy. Routledge & Kegan Paul Ltd., 1982.

Capítulo 12

COMENTÁRIO AOS APÊNDICES D'*OS ERROS FATAIS DO SOCIALISMO*, DE FRIEDRICH A. VON HAYEK

Gabriel Oliveira de Aguiar Borges
Dennys Garcia Xavier

Introdução

Em algumas das linhas mais emblemáticas de seu pensamento, Hayek destaca a dificuldade de classificar o que é "natural" e o que é "artificial", buscando rever algumas dessas dificuldades de classificação, na esperança de que certa familiaridade com os obstáculos ao entendimento possa de fato promovê-lo:

> O significado original de seu radical latino, assim como do radical grego de seu equivalente "físico", deriva de verbos que descrevem tipos de crescimento [...], de modo que seria legítimo definir como "natural" tudo o que nasceu de maneira espontânea e não foi planejado de propósito por uma mente.

> Nesse sentido, nossa moral tradicional, evoluída de forma espontânea, é perfeitamente natural e não artificial, e pareceria adequado chamar essas regras tradicionais de "lei natural". (HAYEK, 2017, p. 193)

Quando se estudam os primórdios das organizações sociais, temos que algumas regras são verdadeiras imposições feitas pela coletividade aos demais homens para garantir uma convivência pacífica entre todos. Contudo, algumas outras surgem de maneira "natural".

Poder-se-ia dizer que o Direito é "artificial", ao passo que a moral é "natural", já que ela surgiu sem nenhuma imposição, tendo nascido de maneira espontânea e não planejada e evoluído com a mesma espontaneidade com que surgiu.

Contudo, não se pode olvidar que várias normas jurídicas – talvez as principais delas – coincidem em conteúdo com normas advindas da moral. Isso ocorre com várias normas constitucionais, penais ou mesmo de direito privado. Aliás, o próprio Direito positivo sofre incidência da moral social. Manuel Atienza (2012, p. 107) cita como exemplo a hipótese de nova regulamentação de questão controversa, como o aborto, por exemplo: tal alteração legislativa influirá nas opiniões morais das pessoas, aumentando o número daqueles que consideram tais condutas moralmente lícitas.

Sendo assim, há elementos naturais no Direito, assim como há elementos artificiais na moral. E o sistema jurídico é apenas um dos vários em que os conceitos de "natural" e "artificial" dialogam. Se não em todos, em quase todos os sistemas há essa interseção entre o natural e o artificial. Afinal,

> Se apenas [...] reações inatas são definidas como "naturais" e se – para piorar as coisas – apenas o que é necessário para preservar uma situação existente, particularmente a ordem do pequeno grupo ou da comunidade imediata, é definido como "bom", temos de designar como "antinaturais" e "maus" até mesmo os primeiros passos dados rumo à observância das regras e, portanto, à adaptação a condições mutáveis – isto é, os primeiros passos rumo à civilização (HAYEK, 2017, p. 193-194).

A dicotomia excludente entre "natural" e "artificial", bem como a dicotomia análoga e relacionada entre "paixão" e "razão" contribui assim, em grande medida, para que se negligencie e se confunda o crucial processo *exossomático* da evolução cultural das tradições que determinaram o crescimento da civilização. Contudo, se formos além dessas dicotomias rudimentares, veremos que o verdadeiro oposto da paixão não é a razão, mas a moral tradicional. Essas regras tradicionais *cresceram* naturalmente no curso da evolução. (*Ibidem*, p. 194)

Hayek trata ainda de "evolução", lembrando que há dois tipos de processo evolutivo: a evolução biológica (ou genética) e a cultural:

> Há dois tipos distintos de processo evolutivo – ambos perfeitamente naturais. A evolução cultural, embora um processo distinto, continua, sob importantes aspectos, mais similar à evolução genética ou biológica do que aos desenvolvimentos guiados pela razão ou pela previsão dos efeitos das decisões (*Ibidem*, p. 194).

Contudo, essa visão sobre o natural e o artificial não é unânime. Inclusive, Hayek lembra que

> Hume [...] de forma lamentável, escolheu o termo "artificial" para definir as tradições morais que eu de fato preferiria chamar de naturais [...]. Por ironia, isso fez com que ele fosse considerado o fundador do utilitarismo, apesar de ter salientado que, "embora as regras da justiça sejam *artificiais*, elas não são arbitrárias" e que, portanto, não é sequer "impróprio chamá-las leis da *natureza*" [...]. Ele tentou se preservar dos equívocos construtivistas explicando que "supõe-se apenas que se formem imediatamente reflexões que na realidade aparecem de modo imperceptível e por graus" [...]. Hume chegou perto de uma interpretação evolutiva, percebendo até que "forma alguma pode persistir a não ser que possua os poderes e os órgãos necessários à sua subsistência: uma nova ordem ou economia deve ser experimentada, e assim por diante, sem interrupções; até que por fim uma ordem capaz de se sustentar e se manter é alcançada" e que o homem não pode "ter a pretensão de isentar-se do destino de todos os animais vivos [pois a] perpétua guerra entre todas as criaturas vivas" deve continuar [...]. Como foi dito com acerto, ele praticamente reconheceu que "existe uma terceira categoria entre o natural e o artificial que compartilha certas características de ambos". (HAYEK, 2017, pp.195-196)

Registrada essa citação, pedimos a devida vênia para avançarmos breve digressão com o escopo de explicar, em pouquíssimas linhas, ao leitor leigo o que vem a ser *utilitarismo*, de modo que a citação referida se torne quase que autoexplicativa.

Quando o professor de Harvard Michael J. Sandel, em sua aclamada obra *Justiça – O que é fazer a coisa certa* (2016, p. 45-47), introduz a doutrina utilitarista, começa contando a história dos quatro náufragos ingleses – o capitão Dudley, o oficial Stephens, o marinheiro Brooks e o taifeiro Parker, de 17 anos de idade – que, no verão de 1884, se encontravam em um bote à deriva a 1.600 km da costa. Tudo o que tinham eram alguns nabos em conserva e nenhuma água potável. Em dado momento, já sem ter o que comer, Dudley sugeriu que fizessem um sorteio para decidir qual deles deveria morrer para que os outros sobrevivessem, mas, ante uma objeção de Brooks, não houve sorteio. Contudo, no dia seguinte, Dudley e Stephens decidiram que Parker devia ser morto e, após, uma oração, ceifaram-lhe a vida e os três sobreviventes se alimentaram do corpo de Parker até que a ajuda chegou.

De volta à Inglaterra, foram julgados por homicídio e a defesa argumentou que, dadas as circunstâncias extremas, foi preciso eliminar uma vida para salvar três.

Exposto o quadro, Sandel traz que a doutrina de Jeremy Bentham, o utilitarismo, prega que "o mais elevado objetivo da moral é maximizar a felicidade, assegurando a hegemonia do prazer sobre a dor. De acordo com Bentham, a coisa certa a se fazer é aquela que maximizará a utilidade" sendo que "utilidade" é qualquer coisa que produza prazer ou felicidade e evite dor e sofrimento. Eis que, nessa linha argumentativa, temos que prazer e dor nos governam em tudo o que fazemos e determinam o que se deve fazer, advindo os conceitos de "certo" e "errado" dos conceitos de "prazer" e "dor" (Cf. BENTHAM, 1996).

Esclarecido este ponto, retornemos à questão da evolução enquanto evento natural ou artificial.

Talvez o autor mais importante a tratar de uma nova ordem evolutiva seja Adam Smith. Hayek (2017, p. 197) lembra que, segundo Adam Ferguson, *a Riqueza das nações* só perdia em importância para a Bíblia. Inclusive, "análises recentes dos cadernos de Charles Darwin

[...] sugerem que a leitura de Adam Smith no ano crucial de 1838 levou Darwin à sua decisiva descoberta" (HAYEK, 2017, p. 197).

Em Smith,

> (...) a análise dos processos auto-ordenáveis deve ser a principal tarefa de toda ciência da ordem de mercado. [...] Carl Menger, pouco mais de cem anos depois de Adam Smith, percebeu claramente que "esse elemento genético é inseparável da concepção da ciência teórica" [...]. Foi em grande parte graças a esse esforço visando a compreensão da constituição da interação humana pela evolução e da formação espontânea da ordem que essas abordagens se tornaram os principais instrumentos para lidar com fenômenos tão complexos, que as leis mecânicas de causalidade unidirecional já não são mais adequadas para explicá-los (HAYEK, 2017, p. 197).

Eis que, para o nosso autor,

> (...) nada ilustra melhor a origem humanista do conceito de evolução do que o fato de que a biologia teve de tomar emprestado seu vocabulário das ciências humanas. O vocábulo "genético", que se tornou hoje talvez o termo técnico fundamental para a teoria da evolução biológica, foi usado pela primeira vez, ao que tudo indica, em sua forma alemã (*genetisch*) (Schulze, 1913:1, 242) nas obras de J. G. Herder (1767), Friedrich Schiller (1793) e C. M. Wieland (180), muito antes de Thomas Carlyle introduzi-lo na língua inglesa. Foi usado, sobretudo na linguística quando sir William Jones descobriu, em 1787, a origem comum das línguas indo-europeias; e quando foi elaborado em 1816 por Franz Bopp, o conceito de evolução cultural se tornara lugar-comum. [...] Só depois da obra *Problems of Genetics*, de William Bateson (1913), é que "genética" logo se tornou o nome distintivo da evolução biológica. Aqui, devemos nos ater ao seu emprego moderno, estabelecido por Bateson, no sentido de herança biológica através dos "genes", para distingui-lo de herança cultural através do aprendizado – o que não significa que se possa sempre fazer a distinção com exatidão. (HAYEK, 2017, pp. 198-199).

Esse apêndice é muito importante porque dele se pode inferir que o sistema capitalista surgiu de maneira natural, sendo que um dos "*erros fatais do socialismo*" foi o de tentar impor à força um sistema artificioso, contrário a características próprias do ser humano e da sociedade.

2. A complexidade dos problemas de interação humana

No segundo apêndice, Hayek procura tratar especificamente da interação entre os homens para chegar à explicação dos processos de mercado que instituem os valores e preços dos bens.

> Os métodos e modelos mecânicos de simples explicação causal se aplicam cada vez menos à medida que avançamos para os fenômenos complexos. Em particular, os fenômenos cruciais que determinam a formação de muitas estruturas complexíssimas de interação humana, ou seja, os valores econômicos ou preços não podem ser interpretados por simples teorias causais ou "nomotéticas", mas requerem explicação em função dos efeitos conjuntos de uma quantidade maior de elementos distintos do que jamais seríamos capazes de observar ou manipular individualmente (HAYEK, 2017, p. 200).

E continua:

> Foi apenas a "revolução marginalista" da década de 1870 que produziu uma explicação satisfatória dos processos do mercado que Adam Smith descrevera muito antes com sua metáfora da "mão invisível", expressão que, apesar de seu caráter ainda metafórico e incompleto, foi a primeira descrição científica de tais processos auto-ordenáveis. (HAYEK, 2017, pp. 200-201)

Importante, aqui, explicar o que foi a "revolução marginalista". Para tanto, vamos nos socorrer da lição de Ricardo Feijó, que ensina que

> A crítica ao historicismo e os novos preceitos filosóficos colocam os austríacos e Max Weber numa arena comum que viria a caracterizar um importante ramo do pensamento social no século XX. Mas os austríacos firmaram-se como economistas e Weber nunca se considerou enquanto tal, portanto entre eles

somente a Escola Austríaca procurou particularizar o fenômeno puramente econômico na esfera social.

[...]

Não se pode negar que Menger tenha o seu nome associado aos famosos anos de 1871 a 1874 que assistiram ao aparecimento de outras duas importantes obras, além do *Grundsätze, a Teoria da Economia Política*, de William Stanley Jevons, e os *Elementos de Economia Política Pura*, de Leon Walras. Episódio esse que se tornou conhecido, um tanto inapropriadamente, na historiografia das ideias como Revolução Marginalista. Hoje sabemos que não se tratava de uma "revolução científica". Do ponto de vista técnico, as duas ideias mais importantes associadas a esse movimento foram a teoria do valor subjetivo e o uso da ferramenta do cálculo marginal. Sabemos, entretanto, que a teoria do valor subjetivo já tinha na época uma longa tradição desde os tempos remotos de Aristóteles e que tinha sido ostensivamente articulada na explicação do valor econômico muitas décadas antes pelo alemão Hermann Gossen, inteiramente desconhecido no período da "revolução" (FEIJÓ, 2000, p. 28-29).

De toda forma, o que interessa saber sobre a "revolução marginalista" é que ela foi o surgimento, por volta da década de 1870, de várias novas teorias que fundamentariam uma nova abordagem da Economia a que se deu o nome de "marginalismo", fundada na ideia de que o valor econômico resulta da utilidade marginal, compreendida pelo fato de que quanto mais escasso é um bem, maior o seu valor econômico – o que explica, por exemplo, o fato de o diamante ter maior valor econômico que a água.

Voltemos, agora, a Hayek, que, nesse ponto, desfere golpe mortal contra os marxistas:

> A economia marxista ainda hoje tenta explicar ordens de interação extremamente complexas em função de certos efeitos causais únicos antes como fenômenos mecânicos que como protótipos dos processos auto-ordenáveis que nos permitem chegar à explicação de fenômenos complexíssimos. Vale a pena mencionar, entretanto, que, como Joachim Reig salientou [...], ao que parece, depois de tomar conhecimento das obras de Jevons e Menger, o próprio Karl Marx abandonou por completo

obras futuras sobre o capital. Se assim foi, seus seguidores evidentemente não eram tão sábios quanto ele. (HAYEK, 2017, p. 202)

Marx procura explicar o valor econômico das coisas com base na "mais-valia", em uma explicação bastante simplória no sentido de que o valor de um bem depende única e exclusivamente da quantidade de trabalho empregado para sua produção, o que fora totalmente refutado pelos marginalistas antes mesmo de Marx tecer sua teoria: ora, de nada adianta um bem empregar muito trabalho para sua produção se for um bem abundante no mercado e houver maior oferta do que demanda por esse bem.

3. O tempo, a emergência e a reprodução de estruturas

No terceiro apêndice, Hayek volta ao conceito de evolução ao tratar da possibilidade de reprodução e multiplicação de estruturas:

> O fato de que algumas estruturas podem se constituir e multiplicar porque outras estruturas similares já existentes podem transmitir suas propriedades a outras (sujeitas a variações ocasionais), e de que as ordens abstratas podem, assim, sofrer um processo de evolução no curso do qual passam de uma encarnação material para outras que surgirão apenas porque o padrão já existe, deu ao nosso mundo uma nova dimensão: a flecha do tempo (Blum). No decorrer do tempo, surgem novas características que não existiam antes, estruturas em evolução e autoperpetuação que, embora representadas a cada momento apenas por encarnações materiais específicas, tornam-se entidades distintas que persistem sob várias manifestações ao longo do tempo. (HAYEK, 2017, p. 203)

Assim, durante o processo evolutivo, as instituições, estruturas e a própria sociedade humana vão reproduzir o que já existia, trazendo, quando possível e cabível, inovações evolutivas, resultando no que chamamos de "evolução".

A possibilidade de formar estruturas por um processo de reprodução dá aos elementos que têm capacidade de fazê-lo mais chances de multiplicar-se. Os elementos que serão selecionados preferencialmente para multiplicação são aqueles capazes de constituir estruturas mais complexas e o aumento do número de seus membros levará à formação de ainda outras estruturas similares [...]. Nas estruturas de interação, os modelos de atividades dos grupos são determinados por práticas transmitidas por indivíduos de uma geração aos da seguinte; e essas ordens preservam seu caráter geral apenas pela mudança constante (adaptação). (HAYEK, 2017, p. 203)

Ou seja, a evolução consiste não só da capacidade de se construir estruturas mais complexas, como, também, de multiplicar essas estruturas.

4. Alienação, renegados e as reivindicações dos parasitas

No quarto apêndice, Hayek tece críticas ácidas àqueles que esperam que uns deveriam sustentar os outros (os "parasitas").

> Rousseau forneceu credenciais intelectuais e literárias a reações que outrora as pessoas cultas desprezavam por considerá-las simplesmente vulgares. Considerar o natural (leia-se, o "instintivo") bom ou desejável é, na obra dele, uma expressão de nostalgia pelo simples, pelo primitivo, mesmo pelo bárbaro, baseada na convicção de que se deve antes satisfazer aos próprios desejos que obedecer aos grilhões supostamente criados e impostos por interesses egoístas. (HAYEK, 2017, p. 204)

Apresenta-se o problema com o fato de que

> A mera existência não é capaz de conferir direitos ou reivindicações morais a nenhuma pessoa contra nenhuma outra. Pessoas ou grupos podem incorrer em deveres para com indivíduos específicos; mas, como parte do sistema de regras comuns que ajudam a humanidade a crescer e se multiplicar, nem mesmo todas as vidas existentes têm direito moral à preservação. Aquele costume de algumas tribos esquimós que nos parece tão cruel – abandonar os membros senis à morte no início da migração sazonal – pode bem ser necessário para que

consigam fazer com que seus descendentes cheguem à próxima estação. E é no mínimo uma questão em aberto se é um dever moral prolongar a vida de doentes incuráveis enquanto a medicina moderna puder fazê-lo. Essas questões surgem antes mesmo que nos perguntemos a quem seria válido dirigir tais reivindicações. (HAYEK, 2017, p. 204-205)

Com base nessa última citação, se poderia epitetar Hayek de cruel, egoísta, ou dizer que ele não se preocupava com o próximo.

De fato, ainda mais nos tempos atuais, há que se reconhecer que alguns grupos (os idosos, as crianças, os consumidores, os trabalhadores) estão em situação de vulnerabilidade, razão pela qual surge, na Alemanha, nos tempos atuais, a expressão *"direito privado solidário"* (*Solidarprivatrecht*), cunhada por Hannes Rösler (2004, p. 93), que defende uma mudança no padrão legislativo do direito econômico, civil e empresarial, por intermédio da proteção aos consumidores, o que faz sentido, já que é o consumidor que faz o mercado girar.

Os juristas gaúchos Cláudia Lima Marques e Bruno Miragem explicam que

> (...) esta bela expressão da nova doutrina alemã procura simbolizar o processo contemporâneo de mudança e de surpreendente ressistematização (ou reconstrução) do direito privado pelo conjunto de valores e ideais da Modernidade (liberdade, igualdade e fraternidade), agora sob uma nova roupagem. No meio do caminho entre o interesse centrado em si (*egoísmus*) e o interesse centrado apenas no outro (*altruismus*) está a solidariedade, com seu interesse voltado para o grupo, o conjunto social, o indivíduo na função e no papel de cada um na vida em sociedade (*humanitas*). Seria um novo direito privado com função social, um *direito privado solidário*. (MARQUES; MIRAGEM, 2014, p. 27)

De fato, temos, por exemplo, um Código de Proteção e Defesa do Consumidor, um Estatuto do Idoso e um Estatuto da Criança e do Adolescente que protegem grupos tidos como vulneráveis (consumidores, idosos, crianças e adolescentes, respectivamente), mas não nos parece que a crítica de Hayek se dirige à possibilidade de existirem tais legislações (até porque o fenômeno de proteger esses sujeitos é posterior à doutrina de Hayek).

O que o autor parece criticar é uma concepção deturpada que alguns esquerdistas, especialmente de formação keynesiana, têm de que o Estado é obrigado a manter a população como se fosse uma mãe, sem lembrar, contudo, que é a população que mantém o Estado.

Vejamos:

> Os direitos derivam de sistemas de relações dos quais o requerente tornou-se parte por contribuir para a sua manutenção. Se ele deixa de fazê-lo ou jamais o faz (ou ninguém o fez por ele), não existem justificativas que poderiam fundamentar essas reivindicações.
>
> [...]
>
> O socialismo instruiu muitas pessoas de que têm direitos independentemente de sua conduta, independentemente de sua participação. À luz da moral que produziu a ordem ampliada da civilização, os socialistas, na verdade, incitam os indivíduos a infringir a lei. (HAYEK, 2017, p. 205)

O que se depreende das citações supra é que Hayek defende que não cabe à sociedade a manutenção de pessoas que com ela não contribuem. Não cabe ao Estado dar moradia, alimentação, lazer etc., àqueles que vivem no ócio. Nada é "gratuito", pois tudo o que o Estado "oferece" advém de tributos pagos pelo esforço físico ou intelectual de alguém. Não existe "dinheiro público", mas apenas "dinheiro do contribuinte"[1].

Por fim, Hayek arremata:

> Não questiono o direito de nenhum indivíduo de retirar-se voluntariamente da civilização. Mas que "direito" legal essas pessoas têm? Devemos subsidiar seus eremitérios? Não pode existir o direito de ser isentado das regras sobre as quais a civilização repousa. Podemos ser capazes de assistir os fracos e os incapacitados, os muito jovens e os velhos, mas apenas se os sadios e os adultos se submeterem à disciplina impessoal que nos dá os meios de fazê-lo. (HAYEK, 2017, pp. 205-206)

---

[1] Nomenclatura ironicamente atribuída pelo Direito Tributário àquele que se vê obrigado a pagar tributos. Dizemos ironicamente porque nos parece quase bizarro chamar de "contribuinte" uma pessoa obrigada a dispor de seus bens para que o Estado os administre da forma que julgar conveniente.

5. O jogo, a escola das regras

No quinto apêndice, nosso autor, em poucas linhas, usa a metáfora do "jogo", em que se deve obedecer regras para buscar propósitos conflitantes em busca de uma ordem geral, para explicar como as interações humanas globais devem gerar aumento da produtividade.

Vejamos:

> O jogo é de fato um claro exemplo de um processo no qual a obediência a regras comuns por elementos que buscam propósitos diferentes e mesmo conflitantes resulta numa ordem geral. Ademais, a teoria do jogo moderno demonstrou que, enquanto alguns jogos fazem com que os ganhos de um lado sejam igualmente contrabalançados pelos ganhos do outro, outros jogos podem produzir benefício líquido global. O desenvolvimento da estrutura ampliada de interação tornou-se possível pelo ingresso do indivíduo em jogos desse tipo, que levam ao aumento global da produtividade. (HAYEK, 2017, p. 207)

6. Observações sobre a economia e a antropologia da população

No sexto e último apêndice, Hayek busca explicar que, quanto mais complexa a sociedade, maior o desenvolvimento econômico nela.

> É possível afirmar que a ciência da economia começou em 1681, quando sir Willian Petty (colega um pouco mais velho de *sir* Isaac Newton e um dos fundadores da Royal Society) ficou fascinado com as causas do rápido crescimento de Londres. Para surpresa geral, ele descobriu que a cidade se tornara maior do que Paris e Roma juntas e, no ensaio *The Growth, Increase and Multiplication of Mankind* [O crescimento, o aumento e a multiplicação da espécie humana], explicou que maior densidade populacional permitia maior divisão do trabalho.
>
> [...]

> Uma nação na qual existem 8 milhões de pessoas é mais que duas vezes mais rica do que a mesma superfície de terra em que vivem apenas 4 milhões; pois os administradores que são o grande encargo podem servir quase tão bem ao número maior quanto ao menor. Infelizmente, ao que parece, o ensaio especial que ele escreveu sobre "a multiplicação da espécie humana" se perdeu [...], mas é evidente que o conceito geral foi transmitido a partir dele através de Bernard Mandeville [...] a Adam Smith, que notou [...] que a divisão do trabalho é limitada pela dimensão do mercado e que o crescimento populacional é crucial para a prosperidade de um país. (HAYEK, 2017, pp. 208-209)

De fato, temos uma grande diferença entre cidades de alta população e aquelas em que a população é menor.

Ao comparar a liberdade dos antigos à dos modernos, Benjamin Constant afirma que entre os antigos o indivíduo, quase sempre soberano nas questões públicas, é escravo em todos seus assuntos privados. Como cidadão, ele decide sobre a paz e a guerra: como particular, permanece limitado, observado, reprimido em todos seus movimentos (CONSTANT, 1819, p. 3). Por outro lado, entre os modernos, o indivíduo independente na vida privada, mesmo nos Estados mais livres só é soberano em aparência. Todas as repúblicas antigas eram fechadas em limites estreitos. A mais populosa, a mais poderosa, a mais importante delas não era igual em extensão ao menor dos Estados modernos. Como consequência inevitável de sua pouca extensão, o espírito dessas repúblicas era belicoso; cada povo incomodava continuamente seus vizinhos ou era incomodado por eles.

E chega-se à modernidade, em que

> (...) o mundo moderno oferece-nos um espetáculo totalmente oposto. Os menores Estados atualmente são incomparavelmente mais vastos que Esparta ou Roma durante cinco séculos. [...] uma massa de homens existe agora sob diferentes nomes, sob diversos modos de organização social, mas essencialmente homogênea. Ela é suficientemente forte para não temer hordas bárbaras. E suficientemente esclarecida para não querer fazer a guerra. Sua tendência é para a paz.
> [...]

> A guerra é anterior ao comércio; pois a guerra e o comércio nada mais são do que dois meios diferentes de atingir o mesmo fim: o de possuir o que se deseja. O comércio não é mais que uma homenagem prestada à força do possuidor pelo aspirante à posse. E uma tentativa de obter por acordo aquilo que não se deseja mais conquistar pela violência. (CONSTANT, 1819, p. 4)

Sendo assim, forçoso concluir que, de fato, quanto mais complexa a sociedade, mais desenvolvida sua economia.

Considerações finais

Com base nos apêndices da obra, podemos entender claramente que, na doutrina de Hayek, o sistema capitalista advém da evolução humana, em uma sociedade que foi se tornando paulatinamente mais complexa até chegar ao modelo atual. Esperar que, à força, se destitua tal modelo para a ascensão de um novo, artificial, que não adveio da evolução natural humana, mas de uma teoria, é uma utopia que, vindo de alguns, soa pueril e, de outros, soa como má-fé.

Tanto é assim que o socialismo, teoria engendrada no século XIX, foi largamente "implantado" no século XX em tentativas sempre fracassadas, que originaram ditaduras sanguinárias – já que o único meio de se impor um modelo artificial é pela força –, responsáveis por milhões de mortes, e que, ao final, em sua maioria, acabaram cedendo ao capitalismo, sistema que, com todos os seus problemas e pontuais desajustes, tem se mostrado o mais eficiente da história humana na distribuição de riquezas e conhecimentos.

Bibliografia

ATIENZA, Manuel. *O sentido do direito*. São Paulo: Zamboni, 2012.

BENTHAM, Jeremy. *Introduction to the principles of moral and legislation*. Oxford: Oxford University Press, 1996.

CONSTANT, Benjamin. *Da liberdade antiga comparada à dos modernos*. Discurso pronunciado no Athénée Royal de Paris, 1819. Disponível em: http://www.fafich.ufmg.br/~luarnaut/Constant_liberdade.pdf (acesso em 03/fev/2018).

FEIJÓ, Ricardo. *Economia e Filosofia na Escola Austríaca*: Menger, Mises e Hayek. São Paulo: Nobel, 2000.

HAYEK, Friedrich August von. *Os erros fatais do socialismo*. Por que a teoria não funciona na prática. Trad. Eduardo Levy. Barueri: Faro Editorial, 2017.

MARQUES, Cláudia Lima; MIRAGEM, Bruno. "*O novo direito privado e a proteção dos vulneráveis*". 2. ed. São Paulo: Revista dos Tribunais, 2014.

RÖSLER, Hannes. *Europäisches Konsumentenvertragsrect*. Munique: Beck, 2004.

SANDEL, Michael J. Justiça. *O que é fazer a coisa certa*. Trad. Heloísa Matias e Maria Alice Máximo. 21. ed. Rio de Janeiro: Civilização Brasileira, 2016.

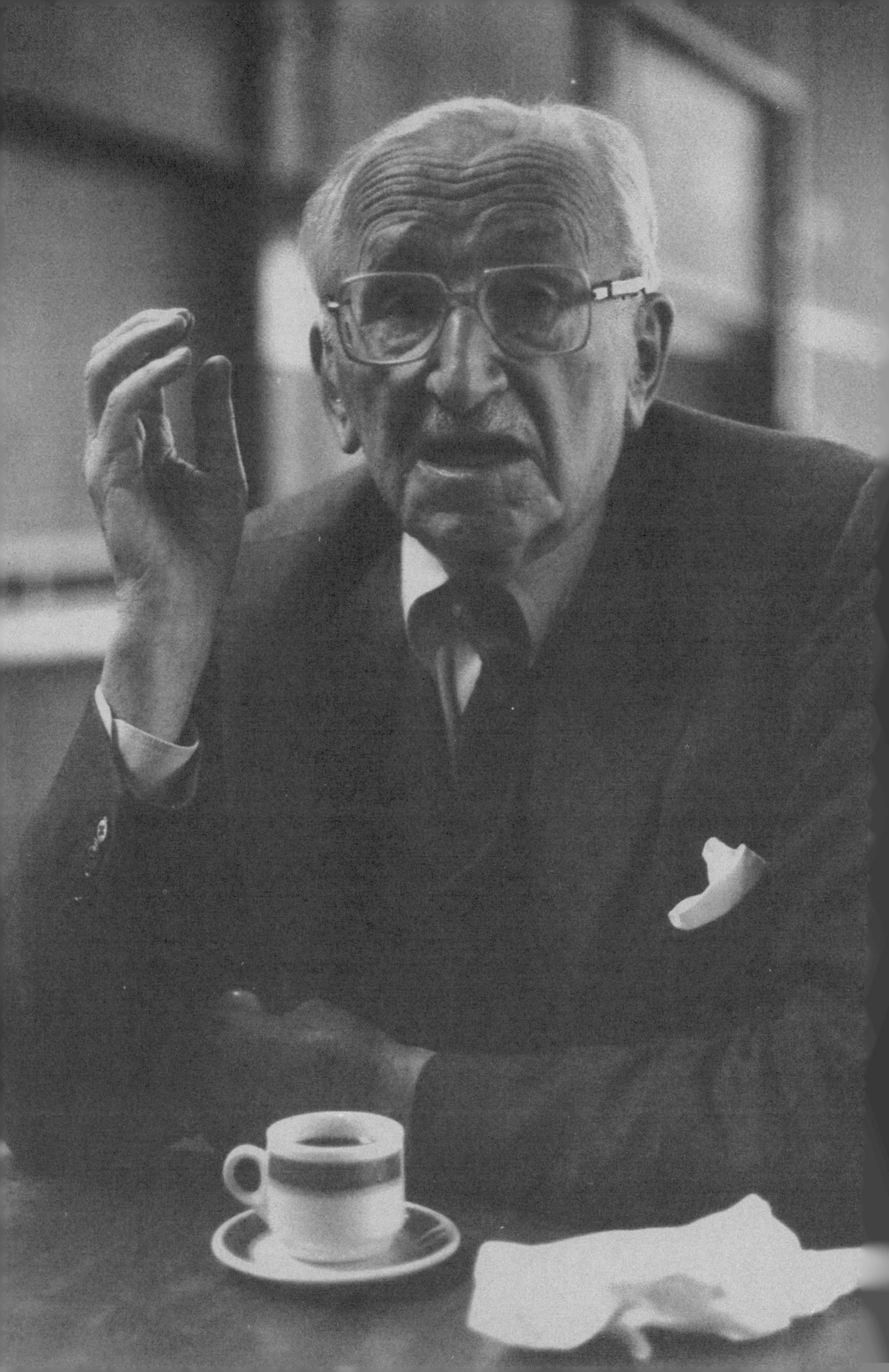

Epílogo

EXULTAVIT UT GIGAS (ERGUEU-SE COMO UM GIGANTE)!

Ubiratan Jorge Iorio

Introdução

No *Saltério* há uma frase que sempre achei um tanto estranha: "*Exultavit ut gigas ad currendam viam*". E que assim prossegue: "*A summo caelo egressio eius; et occursus eius usque ad summum eius, nec est qui abscondat a calore eius*", que, em tradução livre, significa algo como: "Levantou-se como um gigante e pôs-se a percorrer o seu caminho. Ele saiu do alto do céu e está caminhando para o seu destino e não há ninguém que se possa esconder do seu calor".

Não pude deixar de lembrar-me desses versos de David assim que aceitei o honroso convite para escrever um capítulo para um livro inteiramente dedicado ao pensamento de Friedrich August von Hayek. Ao mesmo tempo, meu pensamento voltou mais de um século, para fixar-se naquela foto de família de 1911, mostrando um pequeno Fritz, que iria se transformar anos adiante em um dos maiores gigantes intelectuais de todos os tempos, ao lado de outros dois meninos – seus irmãos mais novos, Erich e Heinz –, todos vestidos de marinheiros[1].

Sem dúvida, o século XX foi quase que exclusivamente uma *era de coletivismo explícito*, em que os Estados e seus governantes provocaram o maior número de mortes da história em nome da "sociedade", com centenas de milhões de pessoas tendo suas vidas interrompidas por seus próprios governos. Foi um dos mais turbulentos da história da civilização, com duas Guerras Mundiais arrasadoras – durante e depois dos conflitos armados –, os flagelos do nazismo e do comunismo, a *Guerra Fria* e muitos outros acontecimentos perturbadores. Nas ciências sociais, foi também uma longa época de predominância da crença quase mística no poder que teria o Estado de melhorar a vida das pessoas, especialmente na área econômica, porque a partir da segunda metade dos anos 30 e principalmente no pós-II Guerra, grande parcela dos intelectuais e acadêmicos, mesmo os que se diziam simpáticos ao capitalismo, se deixou seduzir pelas ideias enganosas do *welfare state*. Todos eram *keynesiano*s! Menos o próprio Keynes, que mudara de ideia, mas falecera precocemente em 1946. Logicamente, o fracasso era inevitável, porque a colocação em prática de ideias ruins só pode provocar consequências ruins.

No entanto, os economistas da Escola Austríaca jamais se iludiram com aquelas propostas em moda durante muitas décadas e sempre se posicionaram com firmeza, remando contra a maré em defesa do liberalismo na economia, na política e na cultura e jamais se deixando abalar com as chuvas de críticas despejadas sobre eles. Foram dois gigantes[2] e devemos em boa parte agradecer à sua têmpera e destemor o fato de o valor fundamental da liberdade individual não ter desaparecido por completo e também o de ter renascido com vigor, a partir dos anos setenta, sobretudo nos mais recentes.

---

[1] Kresge, S. e Wenar, Leif (eds.). *Hayek on Hayek: An Autobiographafical Dialogue*. Londres: The University of Chicago Press, The Bartley Institute, Routledge, 1994, p. 6 do encarte fotográfico.

[2] Por óbvio, houve alguns outros defensores da liberdade individual, como, por exemplo, Milton Friedman e seus colegas da Universidade de Chicago a partir dos anos 50 e, na década seguinte, James Buchanan na Universidade de Virgínia. Porém, em termos de coerência metodológica e de linha de pensamento, Mises e Hayek foram insuperáveis.

A defesa intransigente da liberdade em ambientes sempre hostis, por si só, já seria suficiente para justificar a grandeza de Hayek que, ao lado de Mises, formou a dupla mais famosa da Escola Austríaca no século XX. Uma trajetória iniciada como jurista e, mais tarde, estendida para a Economia, Filosofia Política e uma variedade impressionante de ciências sociais. Passeou, em trinta livros, centenas de artigos e ao longo de sete décadas como intelectual e acadêmico, sempre com erudição e desenvoltura, pelas áreas do Direito, Economia, Filosofia Política, História, Antropologia, Psicologia e até mesmo Biologia, como de resto por tudo que se refere às ciências sociais. Ficou, porém, mais conhecido como um dos grandes economistas do século XX, premiado com o Nobel de Economia em 1974 e um dos mentores do liberalismo moderno. Porém, creio que deveríamos reverenciá-lo conferindo-lhe crédito bem mais amplo, o de um dos maiores cientistas sociais do século que Paul Johnson chamou de esquisito[3].

Seus artigos *Economics and Knowledge* (Economia e Conhecimento), de 1937 e *The Use of Knowledge in Society* (O Uso do Conhecimento na Sociedade), de 1945, especialmente o segundo, sem nenhum favor devem ser necessariamente incluídos entre as mais importantes contribuições à teoria econômica e às ciências sociais, não apenas do século XX, mas desde que o primeiro intelectual, no passado remoto, usou uma pena de ganso para escrever sobre esses assuntos.

Naqueles famosos artigos o Professor Hayek analisou magistralmente como o processo de coordenação da ação humana em um mundo em que o conhecimento é inescapavelmente insuficiente e disperso e mostrou com clareza irrepreensível que a solução está no livre mercado e no sistema de preços e jamais na economia planejada pelos governos. Mas foi mais longe, ao extrapolar os limites estreitos da Economia: ele acendeu em povos cativos do comunismo o desejo de lutar pela liberdade e apontou para a possibilidade de sua vitória, ao enfrentar corajosamente a tendência do mundo do pós-guerra.

Fez isso não apenas olhando pelo retrovisor a destruição explícita promovida pelo totalitarismo nazista da Alemanha e de sua Áustria e o comunismo da União Soviética, mas advertindo

---

[3] Johnson, Paul. *Tempos Modernos: O Mundo dos Anos Vinte aos Oitenta*, Rio de Janeiro: Instituto Liberal, 1990, cap. 1

para os perigos da chamada *terceira via* – a social democracia – que implicitamente representava um totalitarismo escondido, com as mesmas tendências à centralização de decisões, ao planejamento estatal, ao controle da economia e ao progressivo solapamento dos direitos individuais.

O *Caminho da Servidão*, publicado em março de 1944, tornou-se rapidamente o grande libelo de todos os amantes da liberdade. Vacláv Klaus, que viveu em seu país, a então Tchecoslováquia, a opressão do totalitarismo soviético, assim expressou o impacto do livro:

> Confesso que se tornou quase uma bíblia para aqueles que viveram décadas sob o comunismo. Hayek atraiu nossa atenção à estrada escorregadia que começa no intervencionismo governamental limitado e, à primeira vista, quase "inocente", decaindo para um sistema autoritário e repressor[4].

Foi Hayek também um precursor dos modernos *think tanks* liberais. Em 1947, organizou em Mont-Pèlerin, na Suíça, uma conferência internacional para discutir o presente e traçar os rumos futuros do liberalismo clássico, tendo em vista a necessidade de enfrentar o intervencionismo então predominante. Ali, juntamente com um grupo de trinta e oito acadêmicos convidados – economistas, historiadores e filósofos – do porte de Ludwig von Mises, Karl Popper, Milton Friedman, Frank Knight, George Stigler e Bertrand de Jouvenel e outros nasceu a *Mont-Pèlerin Society*, uma entidade que atualmente conta com seiscentos membros espalhados pelo mundo, todos adeptos das várias manifestações e correntes do pensamento liberal e da qual foi o primeiro presidente, de 1947 a 1961. Seu presidente atual é o Professor Peter Boettke, da *George Mason University*, no estado americano da Virgínia.

A Mont-Pèlerin enfeixava – como até hoje – um grupo bastante influente de respeitados liberais, críticos do intervencionismo, do *keynesianismo*, da social-democracia, do socialismo, do comunismo e de todas as expressões do coletivismo e vem promovendo periodicamente reuniões internacionais, sempre em países diferentes, desde que foi

---

[4] Boudreaux, Donald J. *Menos Estado e Mais Liberdade*. Barueri: Faro Editorial, 2018. Prefácio de Vacláv Klaus. p. 11.

fundada, tendo contribuído sobremaneira para o renascimento do liberalismo.

Foi novamente a influência direta de Hayek que inspirou a criação do *Institute of Economic Affairs*, em 1955, em Londres. Antony Fisher, um jovem empreendedor inato, ex-piloto de caça da RAF e condecorado na II Guerra por ter inovado a técnica de treinamento da artilharia, depois de ler O *Caminho da Servidão* entusiasmou-se e chegou a pensar em dedicar-se à política para combater as ideias socialistas e intervencionistas. Hayek, porém, sugeriu-lhe que criasse um instituto de pesquisa que pudesse municiar intelectuais e empresários com argumentos sólidos. O IEA foi a primeira instituição a inspirar-se nas ideias de Hayek e foi de importância extraordinária para transformar as políticas liberais – antes rejeitadas quase que por completo –, em realidade no Reino Unido, a começar por Margaret Thatcher, que fazia parte de seu corpo desde os primeiros anos. Não é exagero afirmar que o IEA foi um dos motivos do grande sucesso da *Dama de Ferro*, bem como o de Ronald Reagan e, portanto, do fim da *Guerra Fria*, da derrubada do muro de Berlim em 1989 e da implosão do império soviético em 1991.

A premiação, em 1974 – quando já havia deixado de escrever sobre Economia – com o Nobel de Economia – compartilhado estranhamente com o economista socialista sueco Gunnar Myrdal –, por seus trabalhos no campo da teoria monetária e as flutuações econômicas e as análises da interdependência entre economia, sociedade e instituições, foi uma recompensa pelos anos de ostracismo que teve que suportar por defender a liberdade em uma era solapada por ideologias que a viam sempre com desconfiança. Foi, sem dúvida, uma enorme alegria e um grande estímulo para aquele professor, então em seus setenta e cinco anos.

Em seu discurso Nobel, *The Pretence of Knowledge* (A Pretensão do Conhecimento), uma versão menor do famoso artigo de 1945, *The Use of Knowledge in Society*, enfatizou as diferenças entre ciências físicas e ciências sociais e a impropriedade da utilização da metodologia das primeiras por parte das segundas, procedimento que denominou de *scientism* (cientificismo). E fez questão de enfatizar o que pensava sobre a profissão de economista, tanto ao criticar a crença na capacidade de previsão de modelos teóricos quanto na famosa advertência de que para ser um bom economista não basta dominar apenas a teoria econômica, mas é preciso conhecer com clareza como ela interage com os outros campos das ciências sociais.

Um apóstolo itinerante da liberdade

Friedrich August von Hayek teve uma vida longa e repleta de percalços e mudanças, digna de um filme. De Viena à fronteira com a Itália, onde foi condecorado por bravura na artilharia, porém perdeu parte da audição do ouvido esquerdo[5]; de novo, Viena; de lá, para Nova York e, novamente, Viena; depois, Londres; da City a Chicago; em seguida, Friburgo, na então Alemanha Ocidental; e, por fim, na agradável Salzburgo, em sua Áustria, até o desfecho, em Friburgo[6].

Nascido em 8 de maio de 1899 em Viena, a belíssima e imponente capital do então glorioso Império Austro-Húngaro, em uma família de intelectuais, em 1917 teve que interromper os estudos para servir ao Exército como oficial de artilharia na fronteira com a Itália e ao regressar a Viena para concluir sua formação acadêmica o império já se perdera, o mapa da Europa se modificara bastante e a economia da Áustria vivia tempos dificílimos, inclusive com uma hiperinflação aberta. Matriculou-se então em 1918 na Universidade de Viena, na faculdade de Ciências Jurídicas e Sociais, onde também aprendeu Filosofia e Economia. Concentrou-se no Direito, tornando-se *doctor juris* em 1921. Em 1923 e após ter sido aluno de Friedrich von Wieser, doutorou-se novamente, dessa vez em Economia Política.

Com a ajuda de Wieser conseguiu um emprego em tempo parcial, para colaborar em temas econômicos e jurídicos na elaboração do *Tratado de Saint Germain*[7]. Foi onde conheceu Ludwig von Mises, que seria depois o seu mentor.

---

[5] No artigo *"Friedrich Hayek as a Teacher"*, publicado pelo Mises Institute em 5 de agosto de 2009, seu ex-aluno David Gordon relata que Hayek nas aulas sempre se referia com bom humor a esse fato, dizendo que "era uma coincidência histórica ele ter perdido parte da audição da orelha esquerda, enquanto Karl Marx havia perdido parte da audição da orelha direita". *Link*: https://mises.org/library/friedrich-hayek-teacher, acesso em 6/mar/2019.

[6] Hayek fez três visitas ao Brasil, entre os anos de 1977 e 1981, a convite do empresário Henry Maksoud, em que fez conferências e deu entrevistas nas cidades de São Paulo, Rio de Janeiro, Brasília e Santa Maria.

Em março de 1923, foi para Nova York para completar a pós-graduação e por lá esteve até junho de 1924, como assistente de pesquisa do Prof. Jeremiah Jenks, da *New York University*.

Voltando a Viena em 1924, foi levado por Mises para trabalhar na Abrechnungsamt (Escritório de Faturamento), uma repartição de cobranças de dívidas mantida pelo novo governo republicano austríaco.

Em 1927, foi o braço direito de Mises na criação do *Österreichisches Institut für Konjunkturforschung* (Instituto Austríaco para a Pesquisa dos Ciclos de Negócios), de onde foi o primeiro diretor, posto em que permaneceu até a partida para Londres, em 1931. Em 1929, ingressou na Universidade de Viena como palestrante e no mesmo ano publicou seu primeiro livro, *Monetary Theory and the Trade Cycle* (Teoria Monetária e o Ciclo de Comércio).

Diante de sua fama futura como símbolo do liberalismo, não deixa de ser curioso, embora não incomum naqueles tempos e até hoje entre os jovens, que tenha se interessado pelas belas promessas do *socialismo fabiano*, assentadas na crença de que a intervenção do Estado sempre era necessária para melhorar a sociedade. Chegou a manifestar discordância com a vigorosa postura liberal de Ludwig von Mises e as críticas duras dele ao socialismo. Porém, ao refletir sobre a crítica demolidora a esse sistema desenvolvida magistralmente por Mises em sua famosa obra *Socialism*[8], Hayek passou a olhar com mais simpatia o liberalismo clássico da tradição de Carl Menger e, finalmente, compreendeu a superioridade das teses liberais sobre as do "socialismo democrático" de Wieser, convertendo-se em um excelente

---

[7] O Tratado de Saint-Germain-en-Laye, cidade francesa, foi celebrado em 10 de setembro de 1919 pelos vencedores da Guerra (França, Rússia e Grã-Bretanha) e a nova República da Áustria. Declarou dissolvida a Monarquia Austro-Húngara e criada a nova República da Áustria, que enfeixava a maior parte das cidades de língua alemã do antigo Império. Reconheceu, também, a independência da Hungria, da Polônia, da Tchecoslováquia e do antigo reino dos sérvios, croatas e eslovenos.

[8] Mises. L., *Die Gemeinwirtschaft: Untersuchungen über den Sozialismus* (Socialismo: Uma Análise Econômica e Sociológica). Gustav Fischer Verlag. Jena. 1922. Nesse importante livro, reflexo de seu famoso debate com o economista socialista Oskar Lange sobre a possibilidade ou não de existência de cálculo econômico no socialismo, Mises demonstrou que tal possibilidade não existe, porque o socialismo é um sistema que, ao abolir a propriedade privada, faz com que não existam mercados e, portanto, com que também não existam preços, mas apenas pseudopreços, o que torna impossível qualquer avaliação realista de custos e benefícios.

discípulo e juntando-se ao famoso e disputado círculo acadêmico de Mises naquela vigorosa Viena dos anos 20.

Primeira parada: London Town

Em janeiro de 1931, a convite de Lionel Robbins, que também se destacara como aluno nos seminários de Mises, proferiu quatro palestras na *London School of Economics e Political Science*, que foram publicadas em livro naquele mesmo ano, com o título de *Prices and Production* (Preços e Produção). Foi, então, nomeado como *Professor Tooke* de Ciências Econômicas e Estatística na LSE e mudou-se no final de 1931 para a capital britânica.

Lá, rapidamente, começou a ser reconhecido como um eminente economista e também velozmente envolveu-se em um famoso debate com John Maynard Keynes e com os seus seguidores da Universidade de Cambridge. Fez inicialmente pesadas críticas ao livro de Keynes, *A Treatise on Money*, de 1930. Keynes as rebateu e mais tarde pediu a um admirador, Piero Sraffa, um economista socialista italiano, que criticasse o livro de Hayek, que também rapidamente respondeu ao "enviado especial" de Keynes.

Porém, depois da publicação da *Teoria Geral* em 1936, Hayek não publicou imediatamente nenhuma crítica à nova "bíblia" dos economistas, por algumas possíveis razões: para afastar-se de mais controvérsias; porque conhecia as tendências liberais democráticas de Keynes no plano político; porque, diante da mudança radical da forma de pensar do Keynes do final dos anos 20 – o do Treatise –, para o da primeira metade dos anos 30 – o da Teoria Geral – e sabedor de que seu colega e adversário era conhecido por mudar frequentemente suas opiniões, Hayek acreditou que ele rapidamente se arrependeria do que escrevera no novo livro e que não haveria, portanto, perigo de economistas *keynesiano*s continuarem produzindo propostas políticas intervencionistas, já que a transformação no pensamento do líder influenciaria seus seguidores. A mudança de opinião de fato aconteceu, em encontro pessoal entre ambos, confessado mais tarde pelo próprio Keynes, mas Hayek talvez esperasse que algum dia seu colega se manifestasse por escrito, o que não aconteceu. Infelizmente, o *keynesianismo*, em que nem o próprio Keynes acreditava mais, tinha vindo para ficar.

F. A. Hayek e a Ingenuidade da Mente Socialista

Em 1941, Hayek publicou seu *The Pure Theory of Capital*, em que procurava integrar as teorias do capital, da moeda e dos ciclos econômicos em contraposição à Macroeconomia de Keynes, mas na época, devido em boa parte à guerra em pleno andamento, a obra não conseguiu atrair atenção.

Com isso, ficou a impressão de que Hayek perdera a batalha, bem como vários jovens economistas ingleses que já o seguiam, para o modismo pretensamente "científico" e politicamente mais palatável do *keynesianismo*, que passou a tomar conta do mundo. Sem dúvida, eram impopulares – embora corretas – as recomendações políticas de Hayek, que desenvolvera, do final dos anos 20 até antes da Segunda Grande Guerra, em linguagem mais técnica, as ideias brilhantemente semeadas por Cantillon, Turgot, Galiani, Say, Bastiat, Balmes e outros protoaustríacos, absorvidas por Menger e formuladas por Mises em 1912, no tratado *The Theory of Money and Credit*.

Para Hayek, durante o período de expansão do ciclo, o governo deveria atacar as raízes do problema e abolir todo o crédito bancário e a emissão de moeda e durante a recessão deveria deixar às próprias forças de mercado a correção dos investimentos equivocados feitos no passado por indução do governo.

Questionado posteriormente sobre o que pensava do fato de que suas teorias teriam perdido o confronto para as teorias de Keynes, eis sua resposta:

> Existem duas explicações para isso. Uma é que, enquanto vivo, Keynes era disputado – muito mesmo –, depois de sua morte ele foi elevado à santidade. Em parte porque Keynes sempre estava muito disposto a mudar suas opiniões, seus alunos procuraram desenvolver uma "ortodoxia própria": você poderia pertencer a ela ou não.

E prossegue, em tom coloquial, na mesma página:

> Acho que tem um mais aspecto. Nunca simpatizei com Macroeconomia ou Econometria. Elas se tornaram a grande moda durante o período, graças à influência de Keynes. O caso da Macroeconomia é claro. Mas o próprio Keynes não aceitava bem a econometria, e até pelo contrário. No entanto, de alguma forma, sua ênfase nos agregados, na renda agregada, demanda agregada, incentivou o trabalho tanto na Macroeconomia

quanto na Econometria. Então, muito contra seus próprios desejos, ele tornou-se o pai espiritual desse desvio [da ciência econômica] para a economia matemática e econométrica. Como sempre, expressei minhas dúvidas sobre essa abordagem, isso não me fez muito popular entre a geração reinante de economistas. Fui tido como antiquado, sem simpatia por idéias modernas, esse tipo de coisa[9].

Em plena Grande Depressão, eram duas enxurradas de ideias completamente contrárias: de um lado, Keynes dizendo que todos deveriam imitar a cigarra, gastando sempre mais, principalmente o governo, e de outro Hayek sugerindo que a sabedoria estava na austeridade da formiga; para Keynes, a depressão fora provocada por poupança de mais e investimento de menos, enquanto que para Hayek acontecera exatamente o oposto, poupança de menos e investimento de mais. Muitos se referem a essa controvérsia como o *duelo do século*.

Foi em Londres, em 1944, que iniciou sua extraordinária incursão além das fronteiras da ciência econômica, quando escreveu e publicou o livro que transportou sua fama muito além dos círculos acadêmicos, o festejado *The Road to Serfdom* (O *Caminho da Servidão*), que obteve extraordinário sucesso depois da II Guerra e que, nas palavras do já citado Vacláv Klaus, Professor da Universidade de Praga e Presidente da República Tcheca entre 2003 e 2013: "... *se tornou desde o seu lançamento o texto mais importante para todos os amantes da liberdade*"[10].

Nesse livro fenomenal, que vendeu mais de dois milhões de cópias e até hoje é citado e que ele dedicou "aos socialistas de todos os partidos", atacou o socialismo e a chamada *terceira via* (a social-democracia), argumentando que o intervencionismo econômico é invasivo, porque não pode restringir-se a controlar um mercado ou qualquer outro segmento isolado da vida humana separando-o do resto, dado que tentativas desse tipo sempre levarão à necessidade de controlar os meios necessários para todos os fins.

Isso significa que os regimes socialistas, assim como os parcialmente socialistas ou intervencionistas, necessariamente

---

[9] Kresge, S. e Wenar, Leif. p. 127.
[10] Boudreaux, Donald J. p. 11.

tendem a se tornar no longo prazo regimes totalitários. Portanto, o totalitarismo não é um "azar" nem um "acidente histórico" decorrente de escolhas erradas de políticos por parte dos eleitores, senão o resultado logicamente inevitável do planejamento movido a controles que caracteriza o intervencionismo e o socialismo.

Chicago, *My kind of town*

Em julho de 1950, ainda em Londres, Hayek divorciou-se de Helen Berta Maria von Fritsch, a antiga secretária do escritório de cobranças do governo austríaco com quem se casara em agosto de 1926 e com quem gerou dois filhos (Christina Maria Felicitas e Lorenz Josef Heinrich), para maridar-se com sua prima e ex-namorada Helene Bitterlich. As circunstâncias da ruptura, somadas ao fato de que após o divórcio ele raramente visitava seus filhos, fizeram com que muitos dos seus amigos da Inglaterra se afastassem dele, a começar pelo próprio Lionel Robbins.

Em 1950, convidado por Robert Hutchins, então presidente da Universidade de Chicago, Hayek, muito provavelmente pela má repercussão do divórcio, deixou a LSE e a Inglaterra e foi morar no Illinois, às margens do lago Michigan. Porém, como Hutchins e o famoso Departamento de Economia de Chicago viviam às turras, a indicação de Hayek foi rejeitada e ele teve que ser nomeado professor de Ciências Sociais e Morais em um departamento de Pensamento Social. Uma "bola fora" dos "*Chicago boys*" da época, os professores de Economia que rejeitaram um futuro laureado com o Nobel de... Economia! Aliás, parece que os economistas de Chicago até hoje não foram capazes de compreender que a Escola Austríaca é muito mais do que o que eles chamam de "economia intuitiva", porque é teoria econômica de alta qualidade.

Durante aqueles anos, surgiram indícios de problemas de saúde, surdez e fases depressivas, que o afastaram dos holofotes. O franzino gigante, então, deitou-se, mas para levantar-se mais tarde de maneira gloriosa.

Mesmo assim, ele trabalhou e produziu conhecimento, deslocando seu foco original da Economia para as áreas afins da Epistemologia, Direito, Filosofia Política e Psicologia, realizando seminários bastante concorridos. Em Chicago, ficou até 1962, tempo em que publicou artigos hoje aceitos como importantes e o denso *The Constitution of Liberty*, de 1960.

De volta à Europa, com um pulinho na Califórnia

Em 1962, Hayek deixou a Universidade de Chicago e os Estados Unidos para assumir a cátedra de Política Econômica na Albert-Ludwigs-Universität Freiburg, criada pelos Habsburgos em 1457, em Freiburg im Breisgau (em português, Friburgo em Brisgóvia, ou simplesmente Friburgo), na Alemanha. Lá, cercado pela Floresta Negra, permaneceu até o ano de 1968, quando se aposentou. Mais tarde, referiu-se àqueles anos como tendo sido os mais frutíferos.

Depois, ainda em 1968, ingressou como Professor Visitante na Universidade da Califórnia e em 1969 voltou para o país natal, para lecionar na Universidade de Salzburgo, onde ficou até 1977. Faleceu em 23 de março de 1992, em Freiburg, quando a Alemanha já estava reunificada após a queda do Muro de Berlim em 1989 e o fim da dominação comunista soviética da Europa Oriental.

Um resumo do pensamento de Hayek

Hayek escreveu praticamente sobre tudo o que diz respeito às ciências sociais, sempre com impressionante erudição e é muito difícil resumir toda a riqueza de seu pensamento. Mas é possível montar um quadro sinóptico para esquematizá-lo. É uma forma de visualizar a estrutura e a organização de suas ideias.

A tabela seguinte tenta condensar o pensamento *hayekiano* em quatro áreas, Epistemologia, Economia, Filosofia Política e Direito. Aqui, faz-se necessário colocar duas advertências. A primeira é que, obviamente, o quadro não representa todas as áreas e todos os temas desenvolvidos por Hayek ao longo de praticamente todo um século. E a segunda é que cada um de todos os assuntos listados em cada uma das quatro colunas quase sempre está interligado com muitos dos temas enumerados nas demais, tal a riqueza, a abrangência, a erudição e o caráter interdisciplinar, características não apenas dele, mas que representam uma tradição consagrada entre os intelectuais da Escola Austríaca.

Quadro sinóptico do pensamento de F. A. Hayek
Protoplasma: a premissa gnosiológica da limitação do conhecimento
Eixo central: a teoria da *ordem espontânea*

Epistemologia	Economia	Filosofia política	Direito
modelos x fatos	processo de mercado	*nomos, cosmos, thesis, taxis*	lei x legislação
ciências sociais	cálculo econômico	evolucionismo social	*common law*
Imprevisibilidade	teoria dos preços	divisão do poder	justiça social
-	teoria monetária	contenção do poder	Constituição
-	teoria do capital	democracia	Demarquia
-	ciclos econômicos	crítica ao construtivismo	-

Passemos a uma condensação de algumas dessas ideias.

Epistemologia

Como expliquei em livro de 1997[11], a teoria hayekiana do conhecimento tem quatro traços bem característicos. O primeiro enfatiza os limites da razão. O segundo nega a possibilidade de justificação das teorias como verdades, isto é, repudia o *justificacionismo* e adota o *falsificacionismo*, ao admitir a inexorabilidade e a importância da *incerteza* e da *ignorância*, que levam ao *erro*. O terceiro enfatiza a dispersão e a fragmentação do conhecimento, com base em que cada indivíduo detém apenas uma pequena fração do conhecimento total existente na sociedade. E o quarto rejeita a previsibilidade histórica, uma vez que a capacidade de previsão do curso futuro dos acontecimentos exigiria algo não factível, a saber, capacidade de antever a evolução futura de nosso conhecimento.

Para compreendermos a epistemologia de Hayek, precisamos reconhecer que a ignorância do ser humano é um fato, ou um dado irredutível, como diria Mises. O homem não conhece tudo, não possui todas as informações importantes, desconhece todas as condições

---

[11] Iorio, Ubiratan J. *Economia e Liberdade – A Escola Austríaca e a Economia Brasileira.* Rio de Janeiro: Forense Universitária, 1997 (2ª ed). Cap. 1. p 11.

das possíveis situações e, portanto, não pode tomar decisões apenas baseado na lógica, o que implica a impossibilidade de construção de uma ordem social completamente fundada na razão.

Por isso, o problema econômico, a seu ver, não é o de alocar recursos limitados da maneira mais eficiente, mas o de descobrir os meios para assegurar que qualquer indivíduo fará o melhor uso alternativo dos recursos conhecidos, porém, para fins cuja importância relativa é diferente para cada indivíduo. Portanto, ele enfatiza o problema da *limitação* e o da *dispersão do conhecimento* entre os indivíduos de uma sociedade. E sempre argumenta que a cooperação e a competição entre indivíduos e organizações participantes do processo de mercado são as melhores formas de transmitir conhecimento.

A dispersão do conhecimento faz com que seja impossível uma autoridade central organizar a sociedade por meio exclusivo da razão. Distingue conhecimento científico e não científico ou tácito, ou das circunstâncias de tempo e lugar.

Um professor de Economia pode executar mal alguma tarefa "econômica" como, por exemplo, a de vender tecidos atrás de um balcão, apesar de teoricamente ter se preparado para não falhar, da mesma forma que, digamos, um jornaleiro que jamais tenha estudado Economia pode pronunciar-se acertadamente sobre algum aspecto da política econômica, como a reforma da previdência. Minha netinha de dois anos fala português, embora ainda não tenha frequentado nenhuma escola, assim como um festejado professor de Português pode saber que se marcar alguma frase em um texto e apertar ao mesmo tempo as teclas *Ctrl* e *C*, estará dando o passo inicial para copiar e colar esse texto, mesmo sem ter conhecimento teórico de TI.

Significa isso que a dispersão do conhecimento tem efeitos positivos sobre a sociedade, pois executamos muitas tarefas utilizando o conhecimento que outras pessoas, especialistas, tornaram tacitamente disponível para todos. Em certo sentido, o velho ditado "quem sabe, faz; quem não sabe, ensina" parece prestar homenagem à importância desse conhecimento prático, não científico. Portanto, o fato de que a razão não consegue explicar certas ações não tira o valor das ações ligadas ao *know how* e não ao *know why*.

Hayek sempre enfatizou a complexidade das ciências sociais, em que não é possível destacar à parte muitos fatores em permanentes mudanças, o que por si só já é suficiente para a impropriedade da aplicação nas ciências sociais da metodologia científica das ciências naturais.

Por meio da competição, os indivíduos aprendem ao longo do tempo os melhores usos do conhecimento limitado que têm, em um processo não deliberado ou planejado de formação de regras formadas espontaneamente e que são seguidas muitas vezes sem que sequer se perceba que existem. As regras consagradas pelos usos e costumes, as *ordens espontâneas*, são as que se revelaram mais eficazes e que permitiram a *evolução* da sociedade, em um processo permanente de conformação às condições de momento do tempo.

Hayek é, assim, defensor de um maior uso de normas sociais criadas de forma espontânea sem um objetivo pelos indivíduos, o que está ligado ao *racionalismo crítico* ou *evolucionista*, em contraste ao *racionalismo construtivista* ou, na nomenclatura de Karl Popper, respectivamente, *racionalismo crítico* e *racionalismo ingênuo*, com origem em Descartes, que sustenta ser possível criar pelo uso exclusivo da razão uma ordem que conforme a um objetivo previamente especificado, como a segurança para Hobbes e a igualdade para Rousseau.

Seguindo Popper e a tradição de Locke, Hume e Stuart Mill, que perceberam que nossa ignorância é inevitavelmente infinita e nosso conhecimento, também inescapavelmente, é finito, Hayek sustenta que, diante da impossibilidade de uma fundamentação positiva para o que julgamos ser nosso conhecimento, o que nos resta é a tentativa de livrarmo-nos dos erros e das falsas hipóteses ou crenças, isto é, a postura humilde de reconhecer que, do ponto de vista epistemológico, não devemos nos atrever a ir além do método dedutivo que caracteriza o *falsificacionismo-negativismo*.

O *racionalismo crítico* ou *evolucionista* defende que, perante as limitações cognitivas, a *ordem espontânea* entre indivíduos é a forma correta de utilizar o conhecimento limitado que cada um de nós tem. Sendo assim, *por tentativas e erros* as regras de comportamento vão sendo aprimoradas de forma involuntária, em um processo em que aquelas regras que se mostrem mais adequadas são transmitidas e/ou imitadas por outros.

No entanto, é preciso enfatizar, como escreveu Bernardo Martinho Blanco, que:

Para este *learning from experience* poder acontecer é necessário haver *liberdade* individual. É preciso ser livre de impedimentos para tentar, errar, imitar, pensar, criticar, refutar, contra-argumentar, partilhar, ser livre para aprender através da competição e da cooperação. Deste modo, qualquer regime que limite a liberdade, impedindo os indivíduos de arranjarem soluções para os problemas da sociedade, e veja a centralização como fórmula para o sucesso está condenado ao fracasso, à não evolução, à não adaptação à mudança. É preciso ser livre de coerção para poder agir[12].

Economia

Os argumentos a favor da ignorância humana e da *ordem espontânea* levam Hayek obviamente a defender a *cataláxia* – o livre mercado, baseado no sistema de preços, como a melhor forma interpessoal de comunicação – como a forma mais eficaz, através da cooperação, imitação e competição entre agentes, de evolução da Sociedade Aberta.

O fato de o mercado conseguir que pessoas que não se conhecem e com interesses diferentes tenham ações coordenadas, isto é, que uns enquanto procuram atingir os seus objetivos contribuam para que os outros também consigam atingir os seus, tudo isso de forma não deliberada, é o que revela que a *ordem espontânea* é melhor do que a ordem organizada.

Por isso mesmo, Hayek defende também uma descentralização do poder político: unidades de governo locais, subordinadas a uma Lei geral e igual para todos.

Hayek foi um defensor ardoroso da economia de mercado e da tese de que ao Estado caberia apenas assegurar o respeito à lei, especialmente os direitos fundamentais à vida, à liberdade e à propriedade. Durante algum tempo, aceitou fazer algumas concessões, para o que chamou de "situações de desespero", porém sempre advertindo que esse desespero não poderia ser permanente.

---

[12] Blanco, Bernardo Martinho. *Resumo da Filosofia Política de Hayek*. Instituto Mises Portugal. 2016. Link: http://mises.org.pt/2016/04/resumo-hayek-parte-i/, acesso em 6/mar/2019.

O mercado é formado por indivíduos com conhecimento, interesses e objetivos diferentes e dispersos que agem livremente mediante as trocas que realizam entre si. Mostrou com clareza que em sistema em que o conhecimento está sempre espalhado entre os participantes do mercado os preços servem para coordenar as diferentes ações da multidão de agentes, porque eles são a melhor forma de comunicar informação e conhecimento, mesmo que os participantes dos mercados não percebam isso.

Suponhamos que um quilo de feijão preto esteja sendo vendido em um supermercado a um preço x e que depois de algum tempo aconteça uma crise na lavoura de feijão. Seu preço vai subir, porque a oferta será menor para a mesma demanda. Os produtores agora vendem aos atacadistas a um preço superior ao anterior; eles, por sua vez, vendem aos varejistas também a um preço maior e esses retalhistas aumentam o preço para os consumidores. O preço do quilo de feijão preto na prateleira do supermercado, que antes era x, agora é, suponhamos, $(x + x/5)$.

Qual será a reação dos consumidores a essa nova informação que lhes é comunicada? Os economistas da Escola Austríaca, Hayek entre eles, dirão que tudo vai depender da utilidade subjetiva que os consumidores atribuirão ao produto. É absolutamente imprevisível, dado o caráter subjetivo envolvido, sabermos quantos acharão que o quilo do feijão preto não vale $(x + x/5,)$ nem quantos concluirão que ainda vale o novo preço. Assim, alguns vão continuar comprando ao novo preço, mas muitos provavelmente passarão a consumir menos ou deixarão de consumir feijão preto, passando a consumir lentilhas, ou ervilhas, ou outro substituto do feijão preto.

Todas essas diferentes reações acontecem espontaneamente, em resposta à nova informação trazida pelo preço. Se ampliarmos esse simples raciocínio para todos os preços de todos os bens e serviços, teremos muitos milhões, talvez bilhões de ações individuais, em que o sistema de preços transmite informações aos mercados, levando a que eles sejam na verdade procedimentos de descobertas ao longo do tempo e em condições de incerteza genuína. Os mercados são, portanto, processos de ajustes à abundância ou à escassez dos recursos, que funcionam como elementos coordenadores, mas não de maneira planejada ou deliberada, porque as ações variam de indivíduo para indivíduo e acontecem espontaneamente.

A competição, a liberdade de escolher de acordo com os nossos desejos, posses, valorações e planos, o uso individual das informações disponíveis e o sistema de preços que caracteriza a economia de mercado são essenciais para que os indivíduos convivam pacificamente, ao passo que a centralização, a imposição de escolhas e o planejamento por parte de uma autoridade central são o caminho certo para o totalitarismo e a supressão da liberdade.

"Aprender" e "descobrir" são os eixos das explicações de Hayek sobre o que traz a "ordem" social. Na ausência de ordem (ou seja, instituições), não haveria progresso social, porque as pessoas seriam incapazes de satisfazer as suas necessidades básicas, cuja satisfação serve como pré-requisito para que possam lidar com a "novidade" necessária para o progresso social.

Os argumentos de Hayek contra o socialismo não são muito claros, pois surgiram como uma extensão dos argumentos de Mises e depois foram desenvolvidos em muitos anos.

Em resposta direta aos argumentos de economistas mainstream de que os preços não precisam ser os fornecidos pelo mercado, mas também podem ser preços (non market prices) anunciados pelas autoridades centrais, ele demonstrou que, mesmo se fosse possível coletar todos os dados relevantes, o problema do socialismo ainda não seria resolvido, devido à *natureza e quantidade de informações concretas necessárias para tentar uma solução numérica e a magnitude da tarefa que essa solução numérica deve envolver em qualquer comunidade moderna*. A quantidade de informação necessária para tornar o resultado pelo menos comparável com o que o sistema competitivo fornece excederá o poder da análise algébrica.

O conhecimento fornece os dados a partir dos quais o cálculo econômico começa, mas esses dados não podem ser capturados por uma autoridade central de planejamento porque não estão prontamente disponíveis e estão dispersos ao longo do tempo e de lugar; trata-se de conhecimento privado e que depende de contextos particulares. Hayek escreve:

> (...) o conhecimento das circunstâncias de que devemos fazer uso [para calcular] nunca existe de forma concentrada ou integrada, mas apenas como fragmentos dispersos de conhecimento incompleto e frequentemente contraditório que todos os indivíduos separados têm.

Para Hayek, então, o problema do socialismo está principalmente enraizado na ignorância ou falta de conhecimento da autoridade central de planejamento[13].

Filosofia política

Nas décadas seguintes às suas disputas com Keynes e com os *fabianos*, Hayek, embora não tenha se afastado completamente da Economia, concentrou-se em estudar as condições institucionais que permitiriam o tipo de aprendizagem mútua necessária para a cooperação social característica da divisão do trabalho e o complexo mecanismo de coordenação de uma economia moderna.

Os mecanismos de aprendizagem da política e da economia são totalmente diferentes e, para estudar a política a partir da perspectiva do problema do conhecimento, é necessário que o teórico examine, em contextos diferentes de propriedade, não os preços, lucros e perdas, mas, em vez disso, problemas como votação, campanhas, burocracia, orçamentos etc. O aprendizado sem dúvida ocorre, mas o que é aprendido, como é aprendido e quem está aprendendo é bem diferente da política para a economia.

O desafio que Hayek apresentou para a política econômica é que, para que a intervenção política seja "racional", deve alcançar o que o mercado alcançaria se operasse de forma ideal. Devemos ver algum tipo de processo de "mão invisível" na política, que transforma as preferências dos eleitores em resultados políticos que atendam ao melhor interesse da sociedade como um todo. Mas, se o que é aprendido não é o que seria necessário para tal exercício de alquimia social, o processo não tem sucesso.

Lista Hayek uma história trágica de fracassos dos governos, com consequências indesejáveis na política pública. É claro que, nos anos 1950 e 1960, a teoria do fracasso do governo, desenvolvida pela Escola da Escolha Pública, enfatizaria os incentivos enfrentados pelos eleitores, políticos, burocracias etc. Mas Hayek manteve-se firme com a presunção de interesse público e procurou demonstrar que ele não pode ser alcançado, porque os atores econômicos não têm o

---

[13] Para Mises, como se sabe, o problema do socialismo devia-se à impossibilidade de cálculo econômico nesse regime.

conhecimento necessário para persegui-lo, mesmo que queiram fazê-lo.

O liberalismo para Hayek deve fornecer um ambiente institucional que desencadeie os poderes criativos dos indivíduos e isso exige que suas iniciativas e ambições sejam organizadas, para que minimizem eventuais conflitos. Seu desafio era demonstrar que as instituições de governança em uma ordem liberal poderiam fornecer um quadro estável e previsível no qual a atividade econômica se desenvolva e permitir a adaptabilidade às constantes mudanças circunstâncias.

É esse ambiente de aprendizado constante que é a fonte de melhorias. Adam Smith já argumentava que os avanços na capacidade produtiva da humanidade foram decorrentes da expansão e aprimoramentos da divisão do trabalho. Hayek, simplesmente, mostrou que divisão do trabalho implica também em divisão do conhecimento.

Hayek nunca abandonou a Economia, mas simplesmente retornou às suas raízes, já que sua educação econômica foi dentro da Faculdade de Direito em Viena, onde teve a fortuna de poder estudar teoria econômica em um dos principais centros de seu tempo. Naqueles dias, além das facetas técnicas, a Economia se preocupava com o quadro institucional, seja no Direito, Política ou costumes sociais. Infelizmente, à medida que a economia evoluiu na primeira metade do século XX, esse cenário institucional foi esquecido e os economistas passaram a postular crescentemente mundos teóricos que reduziram à irrelevância o contexto institucional do comportamento econômico.

O *institucionalismo epistemológico* de Hayek, como articulado nas décadas de 1930 e 1940, proporcionou as bases para sua própria reconstrução e reafirmação da economia. Reconhecer esse aspecto de seu pensamento é um primeiro passo, e um passo bastante necessário, para reconhecer suas contribuições mais amplas para a ciência econômica e para a economia política.

Perante as limitações da razão humana, precisamos de regras espontâneas, gerais e abstratas, resultado da ação humana não propositada, para atingir uma ordem social, o que não significa que tenhamos que deixar de lado a razão e é por isso que o seu racionalismo é chamado *Racionalismo crítico* ou *Evolucionista*.

Sua crítica é em relação à fé cega na razão, mas sem deixar de reconhecer que ela tem um papel importante em alguns casos: por vezes, a razão, através da legislação, é a única forma de corrigir um caminho errado que a lei possa estar seguindo, isto é, uma senda diferente das regras gerais de justiça que a maioria aceita, ou a única forma de acelerar uma mudança jurídica quando é necessária uma adaptação rápida a novas condições.

Opõe-se aos anarquistas modernos, quando afirma que a Lei não pode ser deixada totalmente ao sabor da evolução natural, visto que é razoável esperar que qualquer pessoa dentro do mesmo território obedeça ao mesmo primado da lei, pois em caso contrário estaria condenada a relacionar-se apenas com pessoas conhecidas.

Segundo Hayek, para evitar cair no planejamento central e no intervencionismo desmedido, as regras de organização (legislação) devem estar sujeitas ao controle de normas de justa conduta (lei). O governo deve ser então limitado e estar subordinado à lei, sendo a sua principal tarefa proteger a *ordem espontânea* usando sua prerrogativa de monopolista da força.

Vê ele a democracia – a regra da maioria, inspirada no liberalismo, entendido como a limitação de poder – como subordinada aos mecanismos da separação de poderes e à Constituição (ou a vários textos como no Reino Unido), como um meio e não um fim, para atingir o primado da lei, que deve condensar valores gerais e abstratos, em que a predominância é um governo de leis e não de homens.

Defendia um Estado pequeno (não mínimo) e limitado a campos que acreditava justificáveis, a saber: renda mínima, ruas, estradas, parques, monumentos, instituições públicas como centros de pesquisa, teatros e centros desportivos, certificados de qualidade e restrições na venda de produtos perigosos, regulamentações na construção civil, alimentação e saúde etc.

Mas estava ciente de que quando a intervenção estatal começa é muito difícil contê-la e aí se inicia um caminho para a servidão, e por isso tentou arranjar mecanismos para limitar o Estado. Contudo, esse fato de ser difícil limitar o Estado, combinado com o grande número das situações por ele enumeradas em que se justificaria a atuação do Estado, são as principais críticas feitas a Hayek pelo ramo da Escola Austríaca que segue Rothbard, também um ex-aluno de Mises.

Na trilogia *Law, Legislation and Liberty*, Hayek tenta demonstrar a superioridade de uma sociedade em que todos sejam livres para usar o seu conhecimento tendo em vista seus objetivos e em que sejam limitados tão somente por normas gerais, abstratas e universais de justa conduta. Ao mesmo tempo, esse atributo só será conquistado e mantido se todo o poder, inclusive o exercido pela maioria do povo, for limitado por mecanismos adequados que garantam o respeito aos princípios gerais com que a sociedade se tenha comprometido.

O socialismo, como demonstrou em *The Fatal Conceit: The Errors of Socialism* é um *erro intelectual*, porque é impossível uma entidade central organizar eficazmente a sociedade, dado que não consegue utilizar o conhecimento, sempre disperso, para "melhorar" a vida social (os socialistas acham que há sempre quem "sabe" o que é melhor para nós e se não concordarmos com a sua visão é porque ainda não percebemos que o que eles acham que é o melhor para nós é mesmo o melhor para nós e, por isso, nós é que estamos errados).

Acredita que a sociedade, que é uma ordem e de cooperação entre indivíduos e organizações, funciona da mesma forma que os pequenos grupos primários, mas o fato é que a sociedade não pode funcionar como uma grande família, nem pode ter características próprias de grupos primários, como a solidariedade, a lealdade e a bondade. Se aquele vendedor de sorvetes bonzinho que oferece um sorvete a uma criança que esteja passando na porta de sua loja fizer isso com todas as crianças, ele em dias irá à falência.

Mas, apesar da sua defesa da *liberdade negativa* (ausência de coerção) e dos *direitos negativos* (temos direito a que os outros não interfiram, mas não temos direito a obrigar os mesmos a agir para nosso benefício), Hayek defende que um mínimo de coerção seja necessário para proteger a liberdade individual, garantir a manutenção das normas espontâneas, assegurar o quadro jurídico do livre mercado (a *cataláxia*), garantir que os contratos voluntários sejam respeitados, garantir a defesa do país contra inimigos, garantir bens que o livre mercado não produz da forma que parece adequada e um mínimo de segurança social (uma *safety net*). Defende que a liberdade para todos sem limites levaria ao fim da liberdade e propõe que o Estado garanta esse respeito pelas liberdades individuais de modo a que se consiga garantir o máximo de liberdade possível.

Via, assim como Milton Friedman, o Estado como uma espécie de árbitro do jogo ou como um jardineiro, mas defendia que esse personagem deve também estar sujeito a regras abstratas e ao controle de outros mecanismos independentes, para não cairmos no intervencionismo estatal construtivista que, depois de começar em nome da "justiça social", é sempre muito difícil de conter.

Um desses mecanismos é a Constituição; outro, a separação de poderes. Hayek defende a existência de uma democracia limitada, a que chamou *demarquia*, assentada em: 1. uma assembleia governamental ligada à Legislação, às regras de organização, parecida com as nossas assembleias atuais, 2. uma assembleia ligada à lei, às normas de justa conduta e, logo, oposta à legislação e que seria independente da vontade popular, e de 3. um tribunal constitucional que deve regular as duas e garantir que se mantenham separadas.

Para o Estado pequeno liberal de Hayek funcionar, para além do aspecto formal da *Rule of Law*, com a Constituição e a divisão de poderes, ele sabia da necessidade de cultivo de uma cultura liberal e, por essa razão, preferia disseminar as ideias liberais a ter políticos liberais, até porque as primeiras fariam os segundos, mas dificilmente o oposto se verificaria. Este foi o motivo pelo qual convenceu Antony Fisher a criar o *Institute of Economic Affairs* e a *Atlas Network*.

A Constituição, por ser um documento centralizador que não se pode mudar com frequência e de onde emana toda a lei, vai contra a competição entre normas sociais para apurar as mais eficazes e que Hayek também defendia, o que revela alguma contradição.

Outro problema, do qual Hayek também se apercebeu, é o fato de que ordens espontâneas podem assumir várias formas e, portanto, podem ter valores liberais ou não. O fato de uma ordem ser espontânea não significa que não deva ser criticada e algum construtivismo pode ser necessário.

Outra crítica importante a Hayek é que o primado da lei (*Rule of Law*) é imposto por pessoas, mas ele desejava que fôssemos governados pela lei e não por decisões arbitrárias de políticos (legislação) com interesses próprios. Porém, assim sendo, quem impõe essa Lei? Podemos criar várias assembleias para que umas limitem outras, mas, no final, a lei será imposta sempre por pessoas, indivíduos.

Mais uma objeção importante é o conceito confuso de coerção de Hayek, que se chega a revelar por vezes contraditório, como escrito por Rothbard.

E, por fim, alguns anarcocapitalistas sustentam que Hayek é incoerente, quando refere algumas áreas onde o governo deve intervir, depois de dizer que nenhuma entidade central pode planejar uma sociedade, visto que o conhecimento está disperso.

Direito

Em seus últimos trabalhos, Hayek estendeu o conceito de *ordem espontânea* ao desenvolvimento de regras legais e morais. O Estado de Direito (*Rule of Law*) é, segundo Hayek, o fundamento necessário para a coexistência pacífica. Para Hayek, a lei não é o mesmo que a legislação. Isso o distingue de positivistas como Hume. A lei de Hayek consiste em regras gerais de boa conduta que são o produto da evolução cultural e do conhecimento (ou informação) que os indivíduos adquirem através de tentativas e erros (tentativa e erro). Como o mercado – para Hayek – a lei surge espontaneamente, produto de ações humanas, mas não de desígnio humano.

Resumindo a vida e o trabalho de Hayek, Boettke aponta que um grande estudioso é definido não tanto pelas respostas que ele fornece, mas pelas perguntas que faz. Para Boettke, Hayek fez as perguntas certas. Se eu tivesse que descrever Hayek em poucas palavras, eu diria que ele era um defensor do individualismo, liberdade total e livre iniciativa.

Esse livro, que consiste em três volumes, basicamente propõe a mesma tese que já discutimos. Tem, porém, em minha opinião, três diferenças significativas. Em primeiro lugar, na década de 1970, Hayek não estava "obcecado" com a questão do socialismo. Ele estava mais preocupado com o que ele chamou de socialismo indireto, isto é, a redistribuição da riqueza através de impostos e programas de bem-estar público. Em segundo lugar, ele não acreditava mais no conceito de *justiça social*, tanto que dedicou a esse tema todo o segundo volume e chamando-a de *Miragem*. Ele "quebrou" a Declaração sobre os Direitos Humanos das Nações Unidas. Finalmente, ele mudou sua opinião sobre o papel do governo, ao defender uma participação ainda mais limitada.

No primeiro volume, Hayek começa afirmando que a preservação de uma sociedade de homens livres repousa em três crenças fundamentais:

- Uma ordem (no terceiro volume chamado *Sistema*) espontânea é diferente de uma organização e é governada por regras diferentes. Essa *ordem espontânea* é o resultado da liberdade dos indivíduos de planejar e agir. Também representa o mercado. É governado pelas regras da conduta justa.

A justiça social não é outra coisa senão justiça distributiva e só tem significado dentro de uma organização. É incompatível com o sistema espontâneo.

- O modelo em que se baseiam as instituições democráticas contemporâneas, no qual um órgão representativo procura legislar as regras de conduta justa, leva a uma transformação gradual do sistema espontâneo de uma sociedade livre para um sistema totalitário a serviço de interesses particulares. Isso porque as democracias atuais foram identificadas com um conceito de governo ilimitado.

Hayek vê que esse problema no sistema democrático é complicado de resolver e que, portanto, é necessário estudá-lo em todas as suas dimensões e que a especialização que prevalece hoje impede o estudo integral e abrangente. Como exemplo, apresenta a relação entre lei e economia. Hayek diz que o advogado não sabe qual sistema as regras de conduta justa devem servir. Já o economista conhece o sistema, mas não quais são as regras de conduta nas quais ele se assenta. Outra complicação que Hayek vê é a obsessão dos estudiosos em provar tudo "cientificamente", uma vez que a civilização repousa sobre um sistema de valores que não pode ser comprovado cientificamente.

A tese do livro é que o melhor sistema para os indivíduos atingirem suas metas ou objetivos é a liberdade, no qual todos podem usar as informações que têm para tentar alcançar seus propósitos, restritos apenas pelas regras de comportamento justo, que são universalmente aplicáveis. É mais provável que esse sistema seja alcançado e mantido se a autoridade, incluindo aquela baseada na maioria, estiver limitada no uso de seu poder de coerção pelos princípios gerais com os quais a comunidade se comprometeu. Sem essa tradição de liberdade, regras de conduta justa e princípios gerais de boa governança, a mera transferência de instituições democráticas para uma comunidade será inadequada e frustrante.

Para Hayek, a liberdade é um princípio supremo que não deve ser sacrificado para obter vantagens particulares. Quando as questões são decididas "por seus méritos", ao invés de baseadas em princípios gerais de aceitação universal, a liberdade está sendo sacrificada. Adverte que acreditar que um sistema coerente pode ser construído através da experimentação aleatória de soluções particulares para problemas individuais e sem ser guiado por princípios gerais, é uma mera ilusão. Um sistema coerente que funciona em uma sociedade moderna e complexa apenas é factível se consistentemente aplicarmos certos princípios por meio de um processo de evolução.

Esses princípios não precisam ser explícitos e, de acordo com Hayek, tentar expressá-los em palavras pode ser contraproducente. É melhor observá-los intuitivamente. Isso tem grande relevância para o processo de legislar, já que a legislação é o principal instrumento de mudança deliberada na sociedade moderna. Tentar articular as regras de conduta por meio da legislação pode alterar irremediavelmente a ordem ou sistema espontâneo.

Os princípios também têm implicações para o advogado, em qualquer área em que atue. Seu trabalho, segundo Hayek, é aplicar esses princípios gerais, não questioná-los. Pelo contrário, se uma regra legislada não estiver de acordo com os princípios gerais, o advogado deve se esforçar para adequá-la ao sistema, mesmo que isso implique a anulação da ação do legislador. Permitir a transformação da lei de tal forma que os princípios gerais vão além de sua sequência lógica, diz Hayek, resultará no desaparecimento da lei como principal instrumento de proteção da liberdade.

Hayek lamenta que os advogados tenham se transformado em ferramentas, não dos princípios da justiça, mas dos governos, com suas intenções de colocar o indivíduo ao serviço de seus propósitos. Teme que o sistema de regras de conduta individual seja transformado em um sistema de regras organizacionais, que considera como nefastas.

Mas Hayek não limita suas críticas aos advogados. Acusa os economistas de terem contribuído – sem querer – tanto quanto os advogados, para a transformação do sistema social. Descreve a falsa economia que orientou o desenvolvimento moderno do Direito. Por exemplo, é falso dizer que o capitalismo e a concorrência fizeram com que o padrão de vida dos trabalhadores se deteriorasse. Esse erro levou à promulgação de leis ditas "trabalhistas" que alteraram o sistema. A lei, segundo Hayek, deve consistir em regras abstratas que possibilitem a formação de um sistema espontâneo por meio da livre ação dos indivíduos. Quando isso não é entendido, o resultado é um sistema em que o indivíduo atende o sistema em vez de o sistema servir ao indivíduo.

Segundo Hayek, a lei precede a legislação e nunca foi inventada. A legislação, que foi inventada, deu ao homem um grande poder que ainda não aprendeu a controlar. A lei existe desde antes que o homem desenvolveu a linguagem e não foi concebida como algo que o homem poderia criar, mas sim que deveria tentar descobrir, mas sem alterá-la. O homem moderno, ao contrário, confunde lei com legislação. Isso é conhecido como positivismo jurídico, que critica fortemente.

Embora ninguém tenha o poder de alterar o Direito, ele evolui e se desenvolve. Cresce independentemente do propósito e é assim que produz o sistema espontâneo. As regras gerais de conduta foram desenvolvidas (o comércio ajudou muito nesse desenvolvimento), mas não como produto de decisões de autoridades. Às vezes, diz Hayek, a lei é desviada por caminhos indesejáveis; outras vezes, é muito vagarosa para se adaptar a novas circunstâncias e então precisa ser corrigida. A legislação é uma maneira de corrigi-la, mas não é a única. Pode-se inferir, talvez, que a jurisprudência seja outra forma.

A origem da legislação baseia-se na necessidade de regular a organização dos governos, que gradualmente aumentaram o poder de mudar também as regras de conduta justa. No terceiro volume, capítulo 17, Hayek propõe que essa tarefa seja atribuída a um corpo legislativo diferente que ele propõe.

Critica severamente Bacon, Hobbes e Austin, responsáveis pelo que ele chama de construtivismo errado (falácias). A crença de que existe uma autoridade suprema, monarca ou assembleia democrática, com poder ilimitado e que tudo que esse supremo "legislador" decreta é lei e que só ele pode promulgar e isso converte a lei em um instrumento de uso do poder, ao invés do que ela deve ser, que é um limite para ao abuso desse poder.

Para Hayek, um sistema social espontâneo proporciona um bem-estar geral muito mais valioso do que qualquer serviço que o governo possa oferecer, exceto a segurança fornecida pela aplicação das regras de conduta justa.

Atacou ele, também severamente, o conceito de "direitos" que é usado nos tempos modernos, ao observar que esse conceito foi deturpado e que o grupo dominante, seja um ditador ou um governo majoritário, sempre o define de acordo com seus interesses.

Justiça, para Hayek, significa que o que cada grupo recebe dos bens comuns administrados pelo governo deve ser proporcional à contribuição de cada grupo. Justiça não pode ser definida de acordo com os desejos da maioria, por ser um atributo do comportamento humano e, assim sendo, apenas o comportamento humano pode ser descrito como justo ou injusto.

Faz questão de frisar que o conceito de justiça social não tem sentido porque, em um sistema espontâneo, a posição de cada indivíduo é o resultado das ações de muitos outros indivíduos e ninguém tem a responsabilidade ou o poder de assegurar a uma pessoa um resultado particular. Essa posição de cada indivíduo não pode ser classificada como justa ou injusta. Submeter as ações dos indivíduos ao controle do governo destruiria a sociedade livre.

Ao contrário de Hume e Kant, Hayek acredita que as regras de conduta não conferem direitos às pessoas, mas que, em vez disso, que estabelecem condições nas quais as pessoas podem adquirir esses direitos. O que importa não são os resultados, mas sim que haja competição e que seja justa, diz Hayek, citando John Locke.

Hayek critica os positivistas (Hobbes, Bentham, Austin e Kelsen) e sua crença de que a lei emana da vontade humana, entendida como legislação. O positivismo, diz Hayek, tentou eliminar a distinção entre as regras do comportamento justo e as regras de uma organização. Estes últimos são o produto da legislação e só devem vincular os membros da organização (governo). As primeiras obrigam todos os indivíduos em suas ações. O positivismo jurídico é para Hayek simplesmente a ideologia do socialismo e a onipotência do poder legislativo, uma ideologia que surge do desejo de alcançar o controle total sobre o sistema social e da crença de que está em nossas mãos determinar, da maneira que mais nos agradar, todos os aspectos do sistema social. Sob essa ideologia, a liberdade é exclusivamente coletiva.

No apêndice do capítulo 9, Hayek discute o conceito de direitos. Aponta que um direito não pode existir no abstrato; para alguém ter um direito, deve haver uma obrigação relacionada por parte de outra pessoa. A justiça não impõe aos indivíduos o dever geral de prover outras pessoas. Não faz sentido falar de um direito a uma condição particular que ninguém tem a obrigação ou o poder de fornecer. Para Hayek, a Declaração de Direitos (a Constituição dos Estados Unidos) não representa uma obrigação do governo para fornecer uma condição (estado de coisas) individual, mas a exigência de que quando o governo age, não precisa observar as regras de conduta justa.

Hayek aponta suas armas com grande força para a Declaração Universal dos Direitos Humanos das Nações Unidas, que considera um produto do coletivismo, uma mistura da Declaração de Direitos da Constituição dos Estados Unidos com o pensamento marxista. A Declaração reconhece o direito de cada indivíduo a certos benefícios específicos, mas não impõe a ninguém a obrigação ou o dever de fornecer tais benefícios. Em sua opinião, a única maneira de tentar alcançar esses direitos é convertendo a sociedade em sua totalidade em um único sistema totalitário.

A democracia deve operar para proteger a liberdade individual, mas, diz Hayek, tornou-se um sistema em que as questões são resolvidas de acordo com as crenças da maioria. Esse poder ilimitado é para Hayek a *falha fatal* do estilo democrático que prevalece hoje. Pior ainda, diz ele, a ilusão de que um sistema legislativo democrático seja suficiente para controlar ou limitar as ações do governo, substituindo as limitações tradicionais do sistema espontâneo, introduziu maior arbitrariedade e parcialidade nas ações do governo. A maioria, para continuar sendo maioria, tem que comprar o apoio dos diferentes grupos de interesse, concedendo benefícios especiais.

Observemos que ele não é contra a democracia e o consenso majoritário. Pelo contrário, diz que a democracia é o único método de mudança pacífica que foi descoberto. Ao que se opõe é à ditadura da maioria, que a maioria deveria se limitar a aprovar os princípios gerais ou regras de conduta justa e nunca ter o poder sobre todas as ações que ocorrem na sociedade. Concorda com o filósofo australiano John Burheim de que o termo "democracia" foi usado abusivamente e que um novo termo, *demarquia*, precisa ser forjado: no capítulo 17, propõe uma constituição modelo em que o poder legislativo teria dois órgãos representativos com diferentes funções. Um deles seria o órgão representativo tradicional e seria exclusivamente encarregado de regular, por meio de legislação, a estrutura do governo e as tarefas que ele deve executar. O segundo representa um conceito novo – que o próprio Hayek reconhece que tem ainda poucas chances de adoção –, mas que ele quer propor quando a sociedade decidir abandonar o estilo democrático falido hoje existente.

Tal órgão representativo teria a responsabilidade exclusiva de determinar quais serão os princípios ou regras gerais de conduta justa que os indivíduos devem observar. Hayek propõe que esse corpo seja formado por pessoas entre 45 e 60 anos de idade, eleitas por fases. Esses legisladores serviriam a um único mandato de 15 anos e ao cabo do qual teriam garantido um padrão de vida adequado para que não precisassem do apoio de grupos com interesses particulares.

Hayek queria salvar a democracia de seu estado atual que a transformou em um jogo, um processo de negociação, onde grupos de interesse – como afirmou textualmente – "jogam bola".

Críticas

Uma das principais críticas a Hayek, a qual ele próprio reconheceu, é que a *Rule of Law* pode levar a uma sociedade não liberal. Dado que as regras gerais e abstratas que nos devem governar mudam de contexto para contexto, isto é, são essencialmente culturais, e caso a cultura local seja não liberal, isso levará a uma sociedade não liberal. Essas regras gerais devem proteger os indivíduos da coerção de outros, mas imaginemos que uma sociedade tem um conceito de coerção diferente do nosso, por exemplo.

Hayek sabia que o paradigma do primado da lei não é o perfeito, até porque isso para ele não existe em estado puro, mas na forma de o "melhor nas circunstâncias"; não garante todas as liberdades individuais, mas minimiza o ataque a essas liberdades individuais; sabia ainda que a diversidade numa sociedade é boa para evitar políticas de opressão da maioria, mas considerava necessário um mínimo de consenso sobre a limitação da autoridade do Estado e a defesa da responsabilidade individual.

Era a favor da democracia, porém sempre como um mal menor, um método de prevenção contra o totalitarismo, baseado na liberdade; jamais foi a favor de uma democracia não liberal ou socialista, porque sabia que era meio caminho andado para começar o fim de todas as liberdades. O melhor exemplo é o de Hitler, o qual foi eleito democraticamente com os seus discursos anticapitalistas e de luta entre classes (neste caso, classes definidas pela raça), o que acabou levando à Segunda Guerra Mundial.

Conclusão

Friedrich A. Hayek era um homem extraordinariamente culto e versátil, capaz de investigar problemas complexos em vários campos do conhecimento humano. Ele publicou seus escritos em uma época em que suas posições não eram populares entre os intelectuais. Era também, sem dúvida, um homem controverso: atacou o socialismo quando muitos o consideraram a tendência inevitável do futuro; criticou o positivismo e o utilitarismo quando estavam no auge; censurou um conceito que muitos consideravam sagrado, o de justiça social, numa época em que programas de bem-estar social e redistribuição de riqueza ganhavam força; ousou dizer que a democracia, tal como a conhecemos hoje, é uma experiência malsucedida; e enfrentou Keynes quando quase todo mundo era *keynesiano*.

Alguns acham as posições de Hayek impraticáveis e "elitistas", mas o fato é que suas visões da Economia e do Direito são peculiares, interessantes e desafiadoras. Os textos básicos de economia mencionam muito Keynes, mas de Hayek nada dizem.

Porém, não há dúvida de que estudar o seu pensamento multidisciplinar permitirá ao leitor ter uma visão mais equilibrada, não apenas da economia e da lei, mas do próprio mundo.

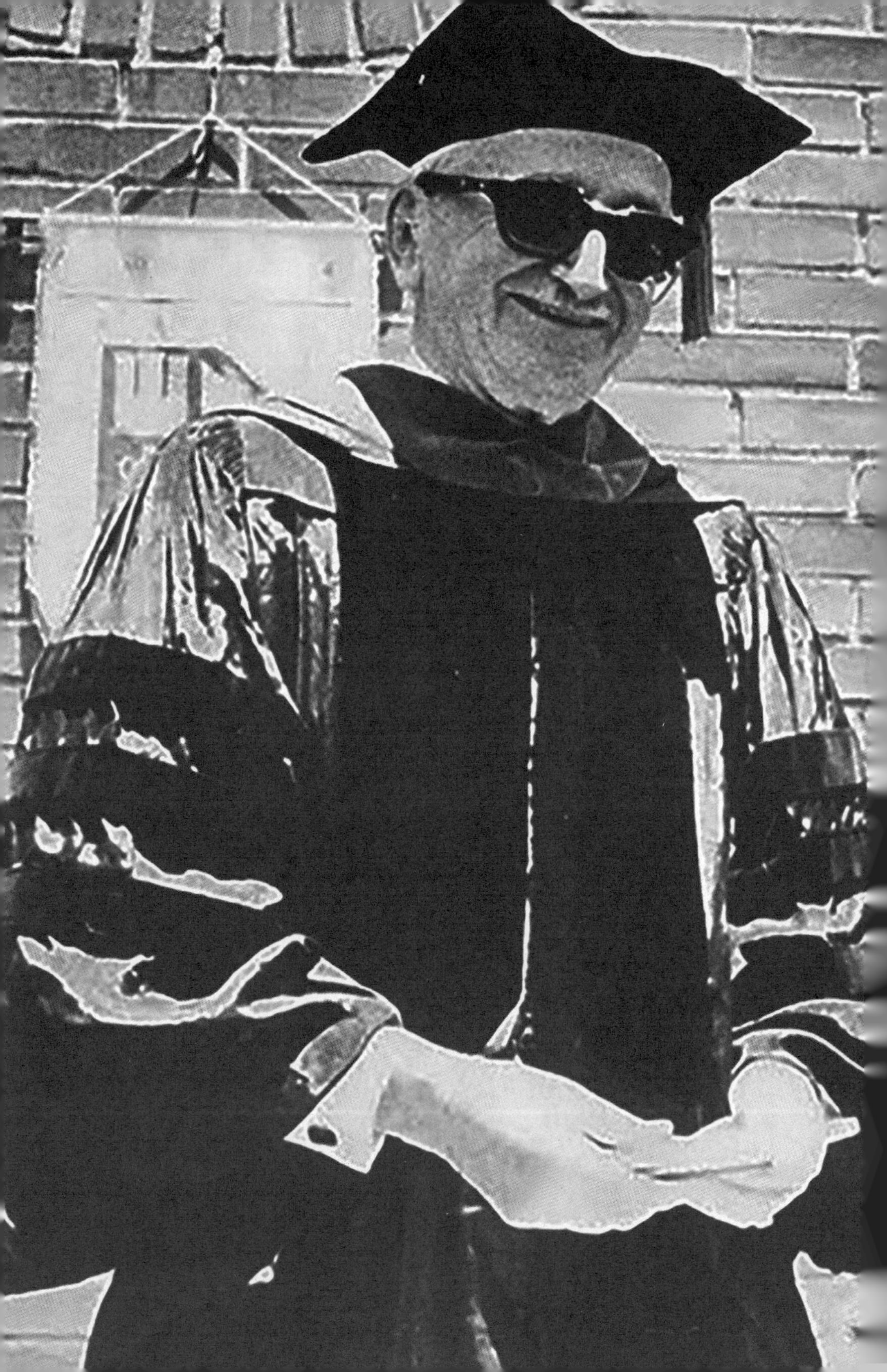

SOBRE OS AUTORES

DENNYS GARCIA XAVIER (Coordenador/Autor)
Autor e tradutor de dezenas de livros, artigos e capítulos científicos, é Professor Associado de Filosofia Antiga, Política e Ética da Universidade Federal de Uberlândia (UFU). Professor do Programa de Pós-graduação em Direito da UFU. Tem graduação em Filosofia pela UFU e mestrado em Filosofia pela Universidade Estadual de Campinas (UNICAMP – Bolsista FAPESP). Pós-graduando em Administração Pública pela Universidade UNICESUMAR. Doutor em Storia della Filosofia pela Università degli Studi di Macerata (Bolsista de Doutorado Pleno no Exterior, CAPES, Itália). Tem Pós-doutorado em História da Filosofia Antiga pela Universidade de Coimbra (Bolsista CAPES, Portugal) e Pós-doutorado em Filosofia pela Pontifícia Universidade Católica de São Paulo (PUC-SP). É Pós-doutorando em Filosofia pela Università La Sapienza di Roma e pela Cambridge University. Tem passagens de pesquisa pela Universidad Carlos III de Madrid, Universidad de Buenos Aires, Trinity College Dublin, Università La Sapienza di Roma, Università di Cagliari e Université Paris Sorbonne. Membro da Sociedade Brasileira de Estudos Clássicos (SBEC). Membro do GT Platão e Platonismo da ANPOF. Membro do Centro do Pensamento Antigo (CPA-UNICAMP). Ex-presidente (2015-2016) da Sociedade Brasileira de Platonistas (SBP). Ex-coordenador do GT Platão e Platonismo da ANPOF (2015-2016). Ex-Assessor Especial – Nível 1 – Diretor da Diretoria de Processos Seletivos da Universidade Federal de Uberlândia. Coordenou o Programa de Pós-graduação em Filosofia da UFU (2015-2016). Diretor de Pesquisa da UniLivres. Coordenador do Students for Liberty Brasil. Coordenador do Projeto Pragmata, no qual são pesquisados problemas e soluções liberais (operadas pelos países mais bem

colocados em *rankings* internacionais de qualidade escolar) para a educação brasileira. Condecorado com o Prêmio Embaixador de Uberlândia pelos serviços prestados no âmbito científico (Uberlândia Convention & Visitors Bureau, 2017). Coordenador/autor da série "Breves Lições", que divulga o pensamento de autores liberais/conservadores não contemplados pelos currículos de universidades do país. Na condição de esportista, foi também membro das Seleções Mineira e Brasileira de Natação e venceu diversos campeonatos nos âmbitos estadual, nacional e internacional (1993-1998).

ALEX CATHARINO

Cursou a graduação em História na Universidade Federal do Rio de Janeiro (UFRJ) e realizou estudos nas áreas de História, Arqueologia, Paleografia, Filosofia, Teologia, Literatura, Economia e Ciência Política em diferentes instituições de ensino e pesquisa no Brasil e no exterior. É membro da Edmund Burke Society, da T. S. Eliot Society e da Philadelphia Society, entre outras instituições de pesquisa. Foi pesquisador do Laboratório de História Antiga (LHIA) da UFRJ, assistente editorial do periódico acadêmico *PHOÎNIX*, gerente assistente de programas acadêmicos e culturais do Instituto Liberal (IL), pesquisador da Atlas Economic Research Foundation, representante internacional para o Brasil do Acton Institute for the Study of Religion and Liberty, editor assistente da edição brasileira da *Chesterton Review* e gerente editorial da *MISES: Revista Interdisciplinar de Filosofia, Direito e Economia*. Atualmente é o editor responsável pela LVM Editora, além de vice-presidente executivo do Centro Interdisciplinar de Ética e Economia Personalista (CIEEP), conselheiro e especialista do Instituto Mises Brasil (IMB), gerente editorial do periódico *COMMUNIO: Revista Internacional de Teologia*, e pesquisador do Russell Kirk Center for Cultural Renewal. Como editor tem se dedicado principalmente à edição de obras de autores liberais e conservadores, dentre os quais se destacam Ludwig von Mises, Russell Kirk, Christopher Dawson e Antonio Paim, dentre outros. É autor de inúmeros artigos publicados em diferentes periódicos acadêmicos, de capítulos de livros, de prefácios ou posfácios, de verbetes de obras de referência e do livro *Russell Kirk: O Peregrino na Terra Desolada* (É Realizações, 2015).

ANAMARIA CAMARGO

Mestre em educação com foco em *E-learning*, pela Universidade de Hull, Inglaterra, onde atuou como professora EaD de 2006 a 2014. Pesquisadora da área de Educação, seja como professora, coordenadora acadêmica, desenvolvedora de materiais didáticos, tutora e colunista de jornais. Coordenadora do movimento Educação sem Estado, é coorganizadora e autora de capítulos nos livros *Educar é Libertar* e *A Liberdade Decifrada: Desconstruindo Mitos do Estatismo Brasileiro*. Diretora de Políticas Educacionais do Instituto Liberdade e Justiça.

DJALMA PIZARRO

Doutorando em Direito Civil pela Universidad del Museo Social Argentino (UMSA), Buenos Aires. Mestre em Direitos Coletivos pela Universidade de Ribeirão Preto (UNAERP). Mestrando pelo Programa de Pós-graduação em Filosofia da Universidade Federal de Uberlândia (UFU). Especialista em Direito Registral e Notarial pela Pontifícia Universidade Católica de Minas Gerais (PUC-MG). Graduado em Letras, Direito e Filosofia. Pesquisador do Projeto Pragmata, dedicado às áreas do Direito e da Linguagem.

FABIO BARBIERI

Cursou o bacharelado em Administração Pública na Fundação Getúlio Vargas de São Paulo (FGV-SP) e o mestrado e o doutorado em Economia pela Universidade de São Paulo (USP). É professor da Faculdade de Economia, Administração e Contabilidade de Ribeirão Preto (FEA-RP) da USP, editor adjunto e membro do Conselho Editorial do periódico acadêmico MISES: *Revista Interdisciplinar de Filosofia, Direito e Economia*, especialista do Instituto Mises Brasil (IMB) e professor da Pós-Graduação em Escola Austríaca (PGEA). Foi professor da Universidade Presbiteriana Mackenzie e do Centro Universitário FECAP. É autor de diversos artigos acadêmicos publicados em diferentes periódicos e dos livros *História do Debate do Cálculo Econômico Socialista* (Instituto Mises Brasil, 2013) e *A Economia do Intervencionismo* (Instituto Mises Brasil, 2013), bem como, coautor das obras *Manual de Microeconomia* (Atlas, 2011) e *Metodologia do Pensamento Econômico: O Modo de Fazer Ciência dos Economistas* (Atlas, 2013).

GABRIEL MENDES

Formado em Ciências Sociais com pós-graduação em Docência da Educação Superior. É Assessor Estratégico da Secretaria Estadual da Educação de Minas Gerais. Foi presidente do Instituto Liberal do Triângulo Mineiro e Coordenador Estadual do Livres. Trabalhou como Analista de Gestão Educacional da Prefeitura Municipal de Uberaba e como Professor na Faculdade de Ciências Econômicas do Triângulo Mineiro e na Rede Estadual de Ensino de Minas Gerais.

GABRIEL OLIVEIRA DE AGUIAR BORGES

Bacharel em Direito pela Universidade Federal de Uberlândia (UFU). Especialista em Direito Processual Civil pela Faculdade Damásio. Mestre em Direito pela UFU. Pesquisador do Projeto Pragmata. Professor convidado do Programa de Pós-graduação em Direito Societário e Contratos Empresariais da UFU. Professor na área de Direito Privado na Faculdade Santa Rita de Cássia (UNIFASC) em Goiás, e na área de Direito Público na Universidade Presidente Antônio Carlos (UNIPAC) em Minas Gerais. Professor na instituição Luciano Rosa Cursos Jurídicos. Presidente da Liga de Direito dos Negócios de Uberlândia. Advogado sócio na banca Carvalho Caixeta Borges Advogados e advogado voluntário no Escritório de Assessoria Jurídica Popular da UFU (Esajup/UFU).

GILDA RIBEIRO QUINTELA

Graduada em Direito pela Universidade de Uberaba (UNIUBE). Advogada OAB/Minas Gerais. Graduanda em Letras – espanhol – pela Universidade Federal de Uberlândia (UFU). Pesquisadora do Projeto Pragmata nas áreas de Linguística e Direito.

GUSTAVO HENRIQUE DE FREITAS COELHO

É graduado em Análise e Desenvolvimento de Sistemas pela Universidade de Franca (UNIFRAN). É graduando em Filosofia pela Universidade Federal de Uberlândia (UFU), onde vem atuando como monitor em diversas disciplinas do curso. Corresponsável pela elaboração de material didático em Filosofia para a Futuro Associação Educacional (2017). Concluiu projeto de pesquisa em Iniciação Científica Voluntária na área de Bioética e Biotecnologia (2018). Tem diversas participações em eventos científicos, na condição de autor de trabalhos e também como organizador. É membro do Projeto Pragmata, conduzido pelo Prof. Dennys Garcia Xavier.

JOSÉ CARLOS MARRA

Graduado em Engenharia elétrica pela Universidade Federal de Uberlândia (UFU). Especialista em Gestão Empresarial e em Agronegócios pela UFU. Graduação em Filosofia pela UFU. Educador Corporativo pela Universidade

Corporativa do Banco do Brasil (UniBB). Membro do Projeto Pragmata, pesquisador de assuntos econômicos.

JOSÉ LUIZ DE MOURA FALEIROS JÚNIOR
Mestre em Direito pela Universidade Federal de Uberlândia (UFU). Especialista em Direito Processual Civil, Direito Civil e Empresarial, Direito Digital e *Compliance* pela Faculdade de Direito Prof. Damásio de Jesus. Graduado em Direito pela UFU. Palestrante e autor de artigos e capítulos de livros dedicados ao estudo do Direito. Advogado.

LUCAS BERLANZA CORRÊA
Formado em Comunicação Social/Jornalismo pela Universidade Federal do Rio de Janeiro (UFRJ). Diretor-presidente do Instituto Liberal (IL) para o biênio 2018/2020. Autor do livro *Guia Bibliográfico da Nova Direita: 39 livros para compreender o fenômeno brasileiro*, mencionado por Antonio Paim na obra *História do Liberalismo Brasileiro* como um dos destaques do liberalismo contemporâneo. Fez os cursos de extensão "Estratégia de Mídias Sociais e Marketing de Conteúdo" pela Escola Superior de Propaganda e Marketing (ESPM) e "Religiões no Brasil" pelo Museu Nacional. É um dos articulistas da obra *Lanterna na Proa: Roberto Campos Ano 100*, em homenagem ao centenário de Roberto Campos, e um dos palestrantes recorrentes dos documentários produzidos pela empresa "Brasil Paralelo". Trabalhou como jornalista na *Revista Agito Rio* e é editor dos *sites Boletim da Liberdade* e *Sentinela Lacerdista*.

LUCAS GUERREZI
Graduado em Filosofia pela Universidade Federal de Uberlândia. Bolsista de Iniciação Científica pela FAPEMIG (Fundação de Amparo à Pesquisa de MG). Tem estudos voltados para a Filosofia Moderna. Pesquisador do Projeto Pragmata dedicado à compreensão do pensamento liberal na modernidade.

LUCIENE GOMES DOS SANTOS
Ex-executiva na empresa Uptime. Graduada em Letras pela Universidade Federal de Uberlândia (UFU). Pesquisadora do Projeto Pragmata, no qual se dedica às questões linguísticas derivadas da crítica estabelecida pelos autores que compõem a assim denominada "Escola Austríaca".

MARCO FELIPE DOS SANTOS
Bacharel em História pela Universidade Federal de Uberlândia (UFU). Fundador do Grupo de Estudos Cascavéis do Triângulo. Pesquisador do Projeto Pragmata, no qual se dedica ao estudo de autores da Escola Austríaca de Economia. Professor de História.

NILCE ALVES GOMES
Graduada em Filosofia pela Universidade Federal de Uberlândia (UFU). Administradora de Empresas. Pesquisadora do Núcleo de Estudos em Filosofia Antiga e Humanidades (NEFAH-UFU). Membro do Projeto Pragmata, autora de pesquisas sobre aspectos econômicos da doutrina de autores clássicos da Escola Austríaca.

REGINALDO JACINTO ALVES
É graduado em Pedagogia, Teologia e em Filosofia pela Universidade Federal de Uberlândia (UFU). Estudioso do fenômeno religioso nas doutrinas de autores liberais, é membro do Projeto Pragmata.

RODRIGO DO PRADO ZAGO
É engenheiro civil, graduado pela Universidade Federal de Minas Gerais (UFMG), Mestre em Transportes pela *École Nationale des Ponts et Chaussées* (França). Autor de diversos trabalhos científicos e de consultoria, é atualmente graduado em Filosofia pela Universidade Federal de Uberlândia (UFU).

ROSANE ROCHA VIOLA SIQUIEROLI
Graduada em Direito pela Universidade Federal de Uberlândia (UFU). Especialista em Ciências Criminais também pela UFU. Mestre em Filosofia pela mesma Universidade. Tem vasta experiência na área de Comunicação Social e telejornalismo, com ênfase em Jornalismo Especializado (Empresarial e Científico). Pesquisadora do Projeto Pragmata/UFU.

SILVIA CAROLINA LEBRÓN
Iniciou seus estudos no Instituto Militar de Engenharia (IME), com posterior transferência para a Faculdade de Matemática (FAMAT) da Universidade Federal de Uberlândia (UFU), onde se graduou (Licenciatura

e Bacharelado) em Matemática. Mestre em Engenharia Mecânica pela Faculdade de Engenharia Mecânica (FEMEC) da UFU. Professora titular de Matemática na Universidade Presidente Antônio Carlos (UNIPAC) e na Universidade Luterana do Brasil (ULBRA), onde foi coordenadora de pesquisas e orientadora de alunos de graduação. Autora de diversos artigos em congressos nacionais e internacionais.

TAYNÁ SANTIAGO

É redatora e professora de Língua Portuguesa, Redação e Ciências Humanas. Aluna do curso de Filosofia da Universidade Federal de Minas Gerais (UFMG). É autora de textos científicos em Filosofia.

UBIRATAN JORGE IORIO

Cursou a graduação em Economia na Faculdade de Economia e Administração (FEA) da Universidade Federal do Rio de Janeiro (UFRJ). Obteve os títulos de Mestre e de Doutor em Economia pela Escola de Pós-Graduação em Economia (EPGE) da Fundação Getúlio Vargas do Rio de Janeiro (FGV-RJ). É presidente executivo do Centro Interdisciplinar de Ética e Economia Personalista (CIEEP), diretor acadêmico e membro honorário do Instituto Mises Brasil (IMB), editor-chefe do periódico *MISES: Revista Interdisciplinar de Filosofia, Direito e Economia* e coordenador da Pós-Graduação em Escola Austríaca (PGEA). Laureado com a Comenda Medalha Legislativa Municipal do Mérito José Cândido de Carvalho, pela Câmara Municipal de Niterói (RJ), em 10 de agosto de 2018. Laureado com o Premio Intenazionale Liber@mente 2013, em Catanzaro, na região da Calábria, na Itália. Professor Visitante da Scuola di Liberalismo e Membro do Corpo Editorial da Rivista Liber@mente, da Fondazione Vincenzo Scoppa, de Catanzaro, Itália. Membro do Scientific Board da Book Chain Il Liberalismo delle Regole, com Dario Antisseri, Flavio Felice e Francesco Forte, em Roma, na Itália. Sócio honorário da Associazione Culturale Ludwig von Mises Italia. Sócio Honorário da Associazione Onda d'Urto, de San Lucido (Cz, Itália). Membro del Comitato Scientifico e Senior Fellow del Centro Tocqueville-Acton (Italia). Presidente da *COMMUNIO: Revista Internacional de Teologia e Cultura*. Foi professor associado do Departamento de Análise Econômica, vice-diretor e diretor da Faculdade de Ciências Econômicas (FCE) da Universidade do Estado do Rio de Janeiro (UERJ), professor e coordenador da Faculdade de Economia e Finanças do Instituto Brasileiro de Mercados e Capitais (IBMEC), e professor dos cursos especiais de MBA da FGV. Foi pesquisador do IBMEC e economista do Instituto

Brasileiro de Economia (IBRE) da FGV. É autor de diversos livros e artigos, dentre os quais se destacam *Dos Protoaustríacos a Menger: Uma Breve História das Origens da Escola Austríaca de Economia* (1ª ed. Instituto Ludwig von Mises, 2015 / 2ª ed. LVM, 2017); *Dez Lições Fundamentais de Economia Austríaca* (Instituto Ludwig von Mises, 2013); *Ação, Tempo e Conhecimento: A Escola Austríaca de Economia* (Instituto Ludwig von Mises, 2011).

ÍNDICE REMISSIVO E ONOMÁSTICO

A

Abolição do Homem, A, de C. S. Lewis, 30

Abuse and Decline of Reason, The, de F. A. Hayek, 65-66

Academia Britânica, 64

Academia Internacional de Direito e Economia, 101

Academia Real Sueca de Ciências, 82

Acadêmico *egghead*, 11

Acton, John Emerich Edward Dalberg-Acton (1834-1902), 1º Barão Acton, o Lorde, 26, 121, 127-28, 209

Ação Humana, A, de Ludwig von Mises, 116

África do Sul, 91-93

Afrodite, 241

Agnósticos, 239-42

Agostinho (354-430), Santo, 126

Albert-Ludwigs-Universität Freiburg, 302

Alemanha, 23, 26, 55, 64-65, 73-74, 80, 94, 99, 103-05, 128, 170, 219, 284, 293, 296, 302

Allais, Maurice Felix Charles (1911-2010), 70

Almeida, Paulo Roberto de (1949-), 10-12

Alpes suíços, 67

América do Norte, 50

América do Sul, 74, 96

American Dilemma, An: The Negro Problem and Modern Democracy, de Karl Gunnar Myrdal, 83-84

American Economic Review, The, 62, 67

Anarcocapitalismo, 86, 117

Anatomia do Estado, de Murray N. Rothbard, 116

Anticomunista, 24

Antigo Regime, 119, 121

Antoni, Carlo (1896-1959), 68

Aristóteles (384-322 a.C.), 41, 125, 168, 206, 281
Arkansas, 76
Aron, Raymond Claude Ferdinand (1905-1983), 11, 234
Arthur, Rei, 171
Asinaria, de Plauto, 243
Atenas, 241
Atienza, Manuel (1951-), 276
Atlas Network, 313
Austrália, 74
Áustria, 35-36, 43, 46, 51-52, 54-56, 76, 80, 90, 103-04, 293, 297
Austrian Institute for Business Research (Das Oesterreichische Konjunkturinstitut), 52
Azevedo, José Carlos de Almeida (1932-2010), 100

B

Bacon, Francis (1561-1626), 122, 317
Bad Ischl, 43
Bagus, Philipp, 248-49
Balmes, Jaime (1810-1848), 299
Banco Nacional da Áustria, 81
Banco Nacional do Egito, 79
Barbieri, Fabio (1970-), 22, 175
Barone, Enrico (1859-1924), 59
Barros, Benedicto Ferri de (1920-2008), 101
Barros, Roque Spencer Maciel de (1927-1999), 22

Barth, Hans (1897-1956), 69
Bartley III, William Warren (1934-1990), 104-05, 108, 183
Bastiat, Claude Frédéric (1801-1850), 299
Bateson, William (1861-1926), 279
Beethoven, Ludwig van (1770-1827), 264
Bentham, Jeremy (1748-1832), 123, 127, 147, 211-12, 178, 318
Bento XVI, Joseph Aloisius Ratzinger (1927-), 265º Papa da Igreja Católica, 236-37
Bernardo de Chartres (fl. 1114-1130), 30
Bitterlich, Helene (1900-1996), 51, 76-77, 301
Blockbuster, 153, 157
Boettke, Peter (1960-), 294, 314
Bogomilos, 208
Böhm-Bawerk, Eugen von (1851-1914), 114
Bolsa de Nova York, 54
Book Review, 66
Bopp, Franz (1791-1867), 279
Born, Max (1882-1970), 210
Boudreaux, Donald J. (1958-), 22
Brandt, Karl (1904-1948), 70
Brasil, 21-22, 25, 65, 79, 98-00, 107, 114, 120, 158, 245, 296
Brasília, 98, 296
Braudel, Fernand (1902-1985), 218
Bright, John (1811-1889), 133

Brisgóvia, *ver* Freiburg im Breisgau
Brooklyn College, 69
Brünn, 36
Buchanan, James M. (1791-1868), 292
Bullshit, 15-16
Burheim, John (1927-), 319
Burke, Edmund (1729-1797), 26, 28-30, 117, 121-23, 125, 127, 209
Bush, George Herbert Walker (1924-2018), 104

C

Caldwell, Bruce J. (1952-), 58, 95, 105, 109, 183-84
Califórnia, 80, 106, 302
Calvino, João (1509-1564), 240
Câmara de Comércio de Viena, 46
Camargo, Orson, 223
Cambridge, 43-44, 57-58, 63-64, 70, 298
Campos, Roberto de Oliveira (1917-2001), 22, 114
Cantillon, Richard (1680-1734), 187, 299
Capes (Coordenação de Aperfeiçoamento de Pessoal de Nível Superior), 10
Carl Gustaf XVI (1946-), rei da Suécia, 87
Carlyle, Thomas (1795-1881), 279
Cátaros, 208

Ceilão, 81
Chamberlain, John (1903-1995), 24
Chambers, Whittaker (1901-1961), 24
Chesterton, Gilbert Keith [G. K. Chesterton] (1874-1936), 30
Chile, 95-96, 98
China, 160, 169
Churchill, Winston (1874-1965), 23
Cícero, Marco Túlio (103-43 a.C.), 133, 242-43
Cientificismo, 148, 150, 162, 195-96, 206, 211, 295
Citizen's Research Council, 70
CNPq (Conselho Nacional de Desenvolvimento Científico e Tecnológico), 10
Cobden, Richard (1804-1865), 133
Colapso da bolsa de valores de Nova York, 54
Coleridge, Samuel Taylor (1772-1834), 30
Coletivismo, 24, 64, 132-33, 135, 137-41, 195, 292, 294, 319
Collected Works of F. A. Hayek, The, 58, 105, 109
Collectivist Economic Planning, 59-60
Comitê de Pensamento Social, 77-78
Comte, Auguste (1798-1857), 124, 146, 196, 218

Condorcet, Marie Jean Antoine Nicolas de Caritat (1743-1794), Marquês de, 123

Confúcio (551 -479 a.C.), 219, 228

Congresso Nacional Brasileiro, 98

Conservadorismo, conservadores, 21, 23-31, 39, 78, 117, 121, 125, 324

Conservatism: A Contribution to the Sociology of Knowledge, [*Conservadorismo: Uma Constant* de Rebecque, Benjamin (1767-1830), 26

Contribuição para a Sociologia do Conhecimento], de Karl Mannheim, 26

Conservative Intellectual Movement in America: Since 1945, The [*O Movimento Intelectual Conservador nos Estados Unidos: Desde 1945*], de George H. Nash, 23

Conservative Mind, The [*A Mentalidade Conservadora*], de Russell Kirk, 24, 29

Constitution of Liberty [no Brasil, traduzida com o título de *Os Fundamentos da Liberdade*], de F. A. Hayek, 79-81, 107, 302

Construtivismo, construtivistas, 48, 120, 122-2, 146-47, 149, 162, 181, 195, 201, 206, 208, 211, 277, 305, 313, 317

Construtores do Império: Ideais e Lutas do Partido Conservador Brasileiro, Os, de João Camilo de Oliveira Torres, 27

Contexto Histórico da Escola Austríaca de Economia, O, de Ludwig von Mises, 119

Contribuição de Hayek às Ideias Políticas de Nosso Tempo, A, de Eamonn Butler, 22

Corinto, 241

Cornuelle, Herbert C. (1920-1996), 69

Cortina de Ferro, 74

Curran, Michael, 226-27

D

Dahrendorf, Ralf Gustav (1929-2009), 94

Darwin, Charles Robert (1809-1882), 41, 127, 218, 278-79

Davenport, John A. (1904-1987), 69

De Bonald, Louis Gabriel Ambroise (1754-1840), Visconde, 25, 121

Declaração de Direitos (a Constituição dos Estados Unidos), 319

Declaração de Objetivos (da sociedade Mont Pélerin), 70-71, 75

Declaração sobre os Direitos Humanos das Nações Unidas, 314

Decline of Reason, The, de F. A. Hayek, 66

De Maistre, Joseph (1753-1821), 25, 121

Democracia e Estado, palestra de F. A. Hayek, 99

Denationalization of Money [*Desnacionalização do Dinheiro*], de F. A. Hayek, 89, 107, 245

Dennison, Stanley Raymond (1912-1992), 70, 90

Departamento *Oxford Dictionaries*, 16

Descartes, René (1596-1650), 123, 146, 207, 209, 305

Detroit, 70

Dewey, John (1859-1902), 123

Diário Oficial da Casa Branca, 102

Diego de Estella, O.F.M. (1524-1578), 30

Dinheiro e o Estado, O, palestra de F. A. Hayek, 99

Director, Aaron (1901-2004), 68

Direito, Legislação e Liberdade, de F. A. Hayek, 22, 29, 31, 200, 256

Discurso ideologizante, 15

Disraeli, Benjamin (1804-1881), 126, 128

Donoso Cortés, Juan (1809-1853), 25

Dostoiévski, Fiódor Mikhailovitch (1821-1881), 126

Duguit, Léon (1859-1928), 124

Durkheim, David Émile (1858-1917), 223

E

École Nationale Supérieure des Mines, 70

Economic Calculation In the Socialist Commonwealth, de Ludwig von Mises, 59

Economic Journal, 58-59, 62

Economics and Knowledge [*Economia e Conhecimento*], de F. A. Hayek, 59, 61, 67, 293

Eddington, *sir* Arthur Stanley (1882-1944), 210

Edmund Burke: Redescobrindo um Gênio, de Russell Kirk, 25

Egito, 169

Einstein, Albert (1879-1955), 210

Elementos de Economia Política Pura, de Leon Walras, 281

Eliot, T. S. [Thomas Stearns] (1888-1965), 28-30

Encíclica *Centesimus Annus*, do Papa João Paulo II, 242

Era de T. S. Eliot: A Imaginação Moral do Século XX, A, de Russell Kirk, 28

Erasmo de Rotterdam (Roterodamus, Desiderius Erasmus) (1466-1536), 133

Erros Fatais do Socialismo, Os, de F. A. Hayek, 22, 146, 158, 215, 227-28, 275, 280

Escola Austríaca, 25, 28, 78, 86, 89, 99, 106, 109, 114-16, 122, 128, 176, 246-47, 251, 281, 292-93, 301-02, 307, 311

Escola da Escolha Pública, 309
Escola de Administração de Empresas, 99
Esparta, 241, 287
Esperanto, 160
Estado, 10-11, 23, 28, 55, 64, 68, 72, 75, 116-17, 119-20, 127, 131, 134, 139, 142, 158, 160, 162, 167, 169, 201, 218, 224, 235, 245-47, 249, 269, 285, 287, 292, 297, 306, 311-13, 320
Estado de Direito, 72, 120, 131-32, 141, 143, 260, 314
Estado de São Paulo, O, 101
Estados Unidos da América, 11, 25, 45-47, 49-50, 66-67, 71, 74-75, 78, 88-89, 121, 125, 302, 319
Evola, Julius (1898-1974), 25
Estocolmo, 43
Estoicos, 168, 257
Eucken, Walter (1891-1950), 70
Euclides (c. 325-265 a.C.), 170
Europa, 25, 27, 36, 49-50, 71, 74-75, 80, 122, 208, 296, 302
Excalibur, 171
Eyck, Erich (1878-1964), 68

F

Fascismo italiano, 118
Fatal Conceit, The, de F. A. Hayek, 30, 105, 107, 154, 158, 312
Fédération des Associations de Fabricants d'Horlogerie, 68
Feijó, Ricardo Luis Chaves, 280-81
Ferguson, Adam (1723-1816), 31, 127, 167, 209, 278
Feser, Edward C. (1968-), 28
Feuerbach, Ludwig Andreas von (1804-1872), 42, 240
Fiji, 80
Fisher, *sir* Antony George Anson (1915-1988), 295, 313
Floresta Negra, 302
Fortune Magazine, 69
Foucault, Michel (1926-1984), 212
Foundation for Economic Education (FEE), 24, 68-70, 88
França, 123, 297
Francisco, Jorge Mario Bergoglio (1936-), Papa, 237
Frankfurt, Harry Gordon (1929-), 15
Frazer, James George (1854-1941), 237-38
Freeman: Ideas on Liberty, The, 24
Frege, Friedrich Ludwig Gottlob (1848-1925), 216, 229
Freiburg im Breisgau, 302
Friedman, Milton (1912-2006), 22, 70, 90, 292, 294, 313
Friedrich Hayek and His Visits to Chile, de Bruce Caldwell e Leonidas Montes, 95
Fritsch, Helen Berta Maria von (1901-1960), 51, 75, 301
Fundação Hanns Martin Schleyer, 104

Fundação Instituto de Pesquisas Econômicas (FIPE), 99
Fundação Rockefeller, 49
Fundamentos da Liberdade, Os, de F. A. Hayek, 22, 25, 79, 200

G

Galbraith, John Kenneth (1908-2006), 45
Galiani, Ferdinando (1728-1787), 299
Gandil, Johan Christian (1865-1915), 90
Gasset, José Ortega y (1883-1955), 128
Gemeinwirtschaft, Die: Untersuchungen über den Sozialismus [*Socialismo: Uma Análise Econômica e Sociológica*], de Ludwig von Mises, 46, 297
Genebra, 47
George V (1865-1936), rei da Inglaterra, 103
George Mason University (GMU), 294
Geração da Riqueza, A, palestra de F. A. Hayek, 99
Gideonse, Harry D. (1901-1985), 69
Gladstone, William Ewart (1809-1898), 121, 128
Gnósticos, 208

Goethe, Johann Wolfgang von (1749-1832), 217
Gold Standard Corp, 102-03
Gonville & Caius College, 70
Górgias (485-370 a.C.), 126
Gossen, Hermann Heinrich (1810-1858), 281
Grã-Bretanha, 23, 62, 297
Graham, Frank Duncan (1875-1965), 68
Grande crise de 1873, 36
Grande Depressão, 24, 62, 300
Grécia, 168
Großes Goldenes Ehrenzeichen mit dem Stern [*Grande Medalha de Ouro de Honra e Estrela*], 104
Growth, Increase and Multiplication of Mankind, The [*O Crescimento, o Aumento e a Multiplicação da Espécie Humana*], de William Petty, 286
Grundsätze, a *Teoria da Economia Política*, de Carl Menger, 281
Gudin, Eugênio (1886-1986), 21, 99, 114
Guénon, René (1886-1951), 25
Guerra Fria, 24, 292, 295
Guerreiro, Mário A. L. (1944-), 22
Guicciardini, Francesco (1483-1540), 128
Guizot, François (1787-1874), 26
Gymnasium, 41

H

Haberler, Gottfried von (1900-1995), 44
Habermas, Jürgen (1929-), 213
Halm, Georg Nikolaus (1901-1984), 59
Hamilton, Alexander (1757-1804), 125
Hanns Martin Schleyer-Preis (Prêmio Hanns Martin Schleyer), 103-04
Harper, Floyd Arthur (1905-1973), 68, 90
Hayek, August Gustav Joseph von (1871-1928), 37, 40
Hayek, Christine Maria Felicitas von, 41, 51-52
Hayek, Erich Beatus Gustav von (1904-1986), 40
Hayek, Felicitas Johanna Valerie von (1875-1967), 39
Hayek, Friedrich August von (1899-1902), 13-15, 17-18, 21-32, 35-49, 51-55, 57-67, 69-71, 73-109, 113-29, 131-43, 145-62, 165-202, 205-13, 215-23, 225-31, 233-43, 245-46, 249-53, 255-88, 291-321
Hayek, Gustav Wenzeslaus Vincentius von (1836-1911), 36
Hayek, Heinrich Franz Felix von (1900-1969), 39-40
Hayek, Heinrich Franz Xaver von (1799-1808), 36
Hayek, Josef Longinus Laurentius (1750-1803), 35-36
Hayek, Lorenz Josef Heinrich von (1934-2004), 41, 51
Hayek na UNB, transcrição de palestras de F. A. Hayek, 100
Hayek no Brasil, organizada por Cândido Mendes Prunes, 22, 98
Hayek on Hayek: An Autobiographafical Dialogue, editada por S. Kresge e Leif Wenar, 108, 292
Hazlett, Thomas W. (1952-), 108
Hazlitt, Henry (1894-1993), 24, 66, 69, 90
Hawkes, David (1822-1858), 219, 228
Hegel, Georg Wilhelm Friedrich (1770-1831), 123-24, 218
Herder, Johann Gottfried von (1744-1803), 279
História do Liberalismo Brasileiro, de Antonio Paim, 21
Hobbes, Thomas (1588-1609), 122-23, 243, 305, 317-18
Hochschule für Bodenkultur (Universidade de Recursos Naturais e Ciências da Vida), 38
Hoff, Trygve Henrik (1938-1987), 70
Holanda, 170
Hoover Institution, 106
Humboldt, Whilhelm Christian Karl Ferdinand von (1767-1835), 128
Hume, David (1711-1776), 31, 123, 127, 133, 148, 151, 170, 201, 209, 277, 305, 314, 318
Hunold, Albert, 68

Huntington, Samuel P. (1927-2008), 26-27
Hutchins, Robert Maynard (1899-1977), 77-78, 301

I

Igreja Católica, 206, 236
Illinois, 301
Iluminismo escocês, 31, 123, 129
Imobilismo, 27
Império Austro-Húngaro, 39, 41, 296
Império Romano, 168-69
Individualism and Economic Order [*Individualismo e Ordem Econômica*], de F. A. Hayek, 107
Individualist, The, 92-93
Indonésia, 80
Inglaterra, 43, 55-56, 58-59, 63-67, 70, 76-77, 89, 125, 137, 170, 278, 301
Innsbruck, 41, 43
Institucionalismo epistemológico, 310
Instituições Públicas de Ensino Superior (IPES), 9
Institute of Economic Affairs, 89, 295, 313
Instituto Austríaco de Pesquisas Econômicas, 51-52
Instituto Liberal (IL), 22, 65, 98, 114
Instituto Mises Brasil (IMB), 22
Institut Univeritaire des Hautes Études Internationales, 70

Intellectuals and Socialism, The [*Os Intelectuais e o Socialismo*], de F. A. Hayek, 76
Iorio, Ubiratan Jorge (1946-), 22, 291
Istituto Nazionale per le Relazioni Culturale com l'Estero, 68
Itália, 43, 46, 73, 108, 248, 296
Iugoslávia, 160
Iversen, Carl (1889-1978), 68

J

Jaeger, Werner (1888-1961), 31
Japão, 74, 80, 99
Jenks, Jeremiah Whipple (1856-1929), 49-50, 297
Jevons, William Stanley (1835-1882), 281
Jewkes, John (1902-1988), 70
João Paulo II, Karol Józef Wojtyła (1920-2005), 264º Papa da Igreja Católica, 241
John de Salisbury (1120-1180), 30
Johnson, Paul Bede (1928-), 293
Jones, William, *sir* (1746-1794), 279
Jornal da Tarde, 101
José II (1741-1790), Kaiser do Império Austro-Húngaro, 36
Jouvenel, Bertrand de (1903-1987), 68, 294
Jung, Carl Gustav (1875-1961), 242

Juraschek, Franz Ritter von (1849-1910), 39

Justiça – O que é Fazer a Coisa Certa, de Michael J. Sandel, 278

K

Kansas, 102
Kansas City, 78
Kant, Immanuel (1724-1804), 128, 318
Kelsen, Hans (1881-1973), 124, 318
Keynes, John Maynard (1883-1946), 58-59, 62-65, 81, 117, 124, 292, 298-00, 309, 321
Keynes x Hayek, de Nicholas Wapshott, 22
Keynesianismo, 55, 132, 294, 298-99
King's College, 63
Kirk, Russell (1918-1994), 24-31
Klaus, Vacláv (1941-), 294-300
Knight, Frank Hyneman (1885-1972), 68, 294
Kodak, 153, 157
Konservative Denken, Das [*O Pensamento Conservador*], de Karl Mannheim, 26
Kósmos (κόσμος), 31

L

Lachmann, Ludwig Maurits (1906-1990), 75
La Follette, Suzanne (1893-1983), 24
Lago de Como, 90
Laissez-faire, 119
Law, Legislation and Liberty [*Lei, Legislação e Liberdade*], de F. A. Hayek, 81, 89-90, 107, 256, 312
Leme, Og Francisco (1922-2004), 22
Lewis, C. S. [Clive Staples] (1898-1963), 30
Liberalismo, de Ludwig von Mises, 28
Liberalismo Antigo e Moderno, O, de José Guilherme Merquior, 123
Libertário, 24, 28-29, 74, 78, 86, 120-23, 125-28
Lincoln, Abraham (1809-1865), 126
Lippmann, Walter (1889-1974), 128
Lindau Nobel Laureate Meetings, 94
Locke, John (1632-1704), 127, 133, 170, 207, 209, 258, 305, 318
London Economic Club, 59
London School of Economics and Political Science, 55-58, 63-64, 69-70, 77, 79, 94, 103, 298
Londres, 51-52, 56-58, 62-63, 67, 76, 89, 95, 286, 292, 295-97, 300-01

Lovinfosse, Henri Dieudonne Leopold de (1897-1977), 69

Luhnow, Harold W. (1895-1978), 78-79

M

Macaulay, Thomas Babington (1800-1859), 26, 121

Macedo, Ubiratan Borges de (1937-2007), 22

Mach, Ernst Waldfried Josef Wenzel (1838-1916), 44

Machlup, Fritz (1902-1983), 44, 69, 90, 115-16

Manifesto Comunista, de Karl Marx e Friedrich Engels, 172-73

Mannheim, Karl (1893-1947), 26-27, 125

Maksoud, Henry (1929-2014), 22, 63, 98, 114, 120, 125-27, 296

Malthus, Thomas Robert (1766-1834), 125

Mandeville, Bernard (1670-1733), 127, 209, 233, 287

Mannheim, Karl (1893-1947), 26-27, 125

Maniqueístas, 208

Maquiavel, Nicolau (1469-1527), 126

Marques, Cláudia Lima, 284

Marx, Karl (1818-1883), 124, 172-73, 185-86, 218-20, 223, 281-82, 296

Maurras, Charles (1868-1952), 25

Meira Penna, José Osvaldo de (1917-2017), 22

Mendel, Gregor Johann (1822-1884), 41

Menger, Carl (1840-1921), 54, 114, 195, 247, 279, 281, 297, 299

Menos Estado Mais Liberdade: O Essencial do Pensamento de F. A. Hayek, de Donald J. Boudreaux, 22

Mercurio, El, 95-96

Merleau-Ponty, Maurice (1908-1961), 18

Merquior, José Guilherme (1941-1991), 22, 123

Metáfora da "mão invisível", 154-55, 280, 309

Método da Democracia, O, palestra de F. A. Hayek, 99

Mill, John Stuart (1806-1873), 126, 272, 305

Miller, Loren B. (1903-1967), 70

Milton, John (1608-1674), 126, 133

Ministério da Educação e Cultura (MEC), 10-11

Miragem, Bruno, 284

Mises, Ludwig von (1881-1973), 22, 24-25, 28-29, 46-49, 51-54, 59-60, 67, 70, 73-74, 87, 102, 114-16, 119, 128, 186, 190, 194-95, 246, 250-52, 254, 294-99, 303, 308-09, 311

Mises, Margit Serény von (1890-1993), 52, 74

MISES: Revista Interdisciplinar de Filosofia, Direito e Economia, 22, 25, 192

Missouri, 78

Monod, Jacques Lucien (1910-1976), 210

Montagne, Pierre de la (1755-1825), 133

Mont Pèlerin, 67, 73, 294

Mont Pèlerin Society, 25, 67-70, 73-75, 90, 114, 120, 294

Montesquieu, Charles-Louis de Secondat (1689-1755), Barão de La Brède e de, 127

Moralidade como produto da evolução, 148-51, 156, 165, 170, 205, 209, 233

Moralidade inata, 150

Moravia, 36

Morgenstern, Oskar (1902-1977), 44, 52

Morin, Edgar (1921-), 16-17

Morley, Felix M. (1894-1982), 68

Möser, Justus (1720-1794), 25

Muddlehead, 120, 125-26

Müller, Adam (1779-1829), 25

Muro de Berlim, 295, 302

Myrdal, Karl Gunnar (1898-1987), 82-84, 295

N

Nacional-socialismo alemão, 23, 65, 118, 292

Nash, George H. (1945-), 23-24

Neoconservador, 24

Neustift am Walde, 105-06

New Deal [Novo Acordo], 24, 74, 121

New York Times, The, 66, 104

Newsweek, 69

Newton, *sir* Isaac (1643-1727), 30, 286

Nicarágua, 160

Nobel Prize, The, de Murray Rothbard, 86

Nock, Albert Jay (1870-1945), 24

Nova Caledônia, 80

Nova Direita, 25

Nova York, 54-55

Nova Zelândia, 70

Novak, Michael (1933-2017), 241

O

Objetivismo, 118, 195

Old Right [Velha Direita], 24

Oliva, Alberto (1950-), 22

Open Society and Its Enemies, The, de Karl Popper, 70

Oral History Program [*Programa de História Oral*], 108

Ordem ampliada, 145, 147-56, 158-62, 165-67, 170-74, 205-07, 210-11, 213, 217, 219-20, 226-27, 229-30, 233-35, 238, 285

Ordem espontânea, 21, 28-29, 31, 52, 114, 120, 124, 148, 153-54,

157-60, 166, 172, 174, 193, 303, 305-06, 311, 314-15
Order of the Companions of Honour [Ordem dos Companheiros de Honra], 103
Oslo, 70
Österreichisches Institut für Konjunkturforschung [Instituto Austríaco para a Pesquisa dos Ciclos de Negócios], 297
Oststeiermarkt, 38
Ostwald, Friedrich Wilhelm (1853-1932), 210
Oxford, 68, 95, 219, 228
Oxford Hayek Society, 95
Oxford Libertarian Society, 95

P

Paim, Antonio (1927-), 21-22
Países Baixos, 170
Paleoconservador, 24
Palo Alto, 70
Paris, 68-70, 386
Partido Democrata, 121, 208
Partido Republicano, 89
Paterson, Isabel (1886-1961), 24
Péricles (429-495 a.C.), 126, 133
Peru, 99, 105
Petro, Sylvester (1917-2007), 128
Petty, *sir* William (1623-1687), 286
Piaget, Jean William Fritz (1896-1980), 217-18

Pierson, Nicolaas Gerard (1839-1909), 59
Pinochet Ugarte, Augusto José Ramón (1915-2006), 95-96, 98
Planejamento centralizado, 64, 84, 160
Platão (427- 347 a.C.), 122, 126, 168
Plauto, Tito Mácio (c. 254-184 a.C.), 243
Polanyi, Michael (1891-1976), 70, 134
Política da Prudência, A, de Russell Kirk, 24, 28-30
Political Ideal of the Rule of Law, The, de F. A. Hayek, 79
Politische Studien, 95
Polônia, 46, 297
Popper, Karl Raimund (1902-1994), 57, 70-71, 108, 120, 122-24, 128, 183, 294, 305
Por que Não Sou um Conservador, de F. A. Hayek, 25, 27, 121
Por uma Nova Liberdade: O Manifesto Libertário, de Murray N. Rothbard, 116
"Pós-verdade" (*post-truth*), 15-17
Positivismo moderno, 150
Possenti, Sírio, 227
Preise und Produktion, de F. A. Hayek, 58
Prêmio Nobel, 75, 82, 86-89, 94, 98, 113
Presidential Medal of Freedom [Medalha Presidencial da Liberdade], 104

Pretence of Knowledge, The [*A Pretensão do Conhecimento*], de F. A. Hayek, 85, 295

Prices and Production [*Preços e Produção*], de F. A. Hayek, 58, 107, 298

Primeira Guerra Mundial, 41-43, 45, 133

Privatseminar, 47

Program for Conservatives, A [*Um Programa para Conservadores*], de Russell Kirk, 29

Progressismo, progressista, 23, 27, 29, 74, 87, 123, 135, 137

Protágoras (490-420 a.C.), 126

Providence, 69

Pure Theory of Capital, The [*A Teoria Pura do Capital*], de F. A. Hayek, 63, 107, 299

R

Racionalismo cartesiano, 125, 150, 208-09

Raeder, Linda C. (1951-), 28

Rand, Ayn [Alisa Zinovyevna Rosenbaum (1905-1982)], 118

Rappard, William Emmanuel (1883-1958), 70

Read, Leonard (1898-1983), 24, 70, 88

Reader's Digest, 67, 69

Reagan, Ronald (1911-2004), 23, 89, 102, 295

Reason, 108

Reig, Joachim, 281

Reino Unido, 23, 25, 67, 97-98, 103, 123, 295, 311

Reinos croatas, 46, 297

Reinos eslovenos, 46, 297

Reinos sérvios, 46, 297

Revolução Francesa, 26, 117, 121, 123-24, 135

Reacionarismo, 27

Reflections on the Pure Theory of Money of Mr. J. M. Keynes, parte 1, de F. A. Hayek, 58

Reflections on the Pure Theory of Money of Mr. J. M. Keynes, parte 2, de F. A. Hayek, 58

Renascença *ver* Renascimento

Renascimento, 118, 133

República, A, de Platão, 122, 126

Révay, George, 69

Revolução Francesa, 26, 117, 122, 123-24, 135

Revolução Industrial, 134

Revolução Marginalista, 280-81

Revolucionarismo, 27

Ricardo, David (1772-1823), 128, 189

Rio de Janeiro, 296

Rio Piave, 42-43

Riqueza das Nações, A, de Adam Smith, 207, 278

Riscos à liberdade, 64

Road to Serfdom, The [*O Caminho da Servidão*], de F. A. Hayek, 63-67, 73-74, 76, 79-80, 107, 300

Robespierre, Maximilien François Marie Isidore de (1758-1794), 124

Robbins, Lionel Charles (1898-1984), 55, 70, 298, 301

Robinson, Joan Violet (1903-1983), 125

Roma, 169, 286-87

Romênia, 46

Roosevelt, Franklin Delano (1882-1945), 24, 121

Röpke, Wilhelm (1899-1966), 70

Rosa, Frederico Delgado (1969-), 221

Rösler, Hannes (1973-), 284

Rothbard, Murray Newton (1926-1995), 86, 88, 91, 116-17, 246, 311

Rousseau, Jean Jacques (1712-1778), 124, 127, 207-08, 212, 283, 305

Rouvroy, Claude-Henri de (1760-1825), Conde de Saint-Simon, 196

Routledge, 66, 108

Royal Air Force (RAF), 295

Royal Society, 286

Rules and Order ver *Law, Legislation and Liberty*

Rule of Law, 313-14, 320

Russell Kirk: O Peregrino na Terra Desolada, de Alex Catharino, 29, 31

S

Santos, Francisco de Araújo, 22

Saint-Simon, Claude-Henri de Rouvroy (1760-1825), Conde de, 125, 146, 196

Saltério, 291

Sandel, Michael J. (1953-), 278

São Paulo, 99, 296

Saussure, Ferdinand de (1857-1913), 216, 219, 222, 225, 228-29

Say, Jean-Baptiste (1767-1832), 299

Schiller, Johann Christoph Friedrich von (1759-1805), 128, 279

Schmitt, Carl (1888-1985), 25

Schumpeter, Joseph Aloïs (1883-1950), 50, 125

Scientism (?) and the Study of Society, de F. A. Hayek, 65

Scruton, Roger (1944-), 28

Segunda Guerra Mundial, 23, 45, 63-64, 68, 75-76, 132, 321

Seis Lições, As, de Ludwig von Mises, 25

Sensory Order, The, de F. A. Hayek, 45, 79

Shakespeare, William (1564-1616), 225, 264

Shenfield, Arthur (1909-1990), 91

Smith, Adam (1723-1790), 31, 60, 108, 123, 127, 133, 154-55, 207, 209, 233, 253, 257, 278-80, 287, 310

Socialismo, 12, 26, 46-48, 55, 59-60, 65-66, 69, 80, 84, 119, 126, 128, 131-33, 135-36, 138, 143, 146-47, 158-62, 173, 190-91, 210, 215, 218-19, 223, 228-30, 236-37,

243, 255-256, 261, 273, 285, 288, 294, 297, 300-01, 308-09, 312, 314, 318, 321

Socialismo fabiano, 45, 126, 297

Socialist Calculation: The Competitive "Solution", de F. A. Hayek, 62, 64

Sociedade Mont Pèlerin, *ver* Mont Pèlerin Society

Sócrates (470-399 a.C.), 126

Sowell, Thomas (1930-), 255

Spooner, Lysander (1808-1887), 116

Sraffa, Piero (1898-1983), 58, 298

Stalinismo soviético, 118

Stewart Jr., Donald (1931-1999), 22, 114

Stigler, George Joseph (1911-1991), 69, 294

St. Moritz, 25

Suécia, 43

Suíça, 25, 71, 73, 294

Surda, Peter, 248

Sydney, 80

T

Tácito, Públio Cornélio (56-120), 133

Taiti, 80

Taiwan, 80

Tanzânia, 160

Táxis (τάξις), 31, 201

Tchecoslováquia, 46, 294, 297

Tempos Modernos: O Mundo dos Anos Vinte aos Oitenta, de Paul Johnson, 293

Teoria da Moeda e a Teoria da Economia e da Sociedade, A, 55

Teoria Geral da Moeda [*General Theory of Money*], de John Maynard Keynes, 62

Teorias dos ciclos de tempo, 51

Tesich, Steve, 16

Tesouro dos EUA, 102

Thatcher, Margaret (1925-2013), 23, 87, 89, 97-98, 295

Theorie des Geldes und der Umlaufsmittel [*Teoria da Moeda e dos Meios Fiduciários*], de Ludwig von Mises. 46

Theory Monetary and the Trade Cycle, de F. A. Hayek, 53

Thoreau, Henry David (1817-1862), 116

Time and Tide, 70

Times, The, 95

Tingsten, Herbert Lars Gustaf (1896-1973), 69

Tocqueville, Alexis de (1805-1859), 127, 309

Tomás de Aquino (1225-1274), Santo, 125, 206

Torres, João Camilo de Oliveira (1916-1973), 27

Tóquio, 103

Tractatus, 43

Tratado de Saint-Germain-en-Laye, 46, 297

Tradição, 28-31

Tradicionalismo, 24, 25, 27, 30
Treatise on Money, A [*Um Tratado sobre a Moeda*], de F. A. Hayek, 58, 298
Trévoux, François, 68
Tucídides (472-400 a.C.), 133
Tucker, Josiah (1713-1799), 209
Turgot, Anne Robert Jacques (1727-1781), 299
Tylor, Edward Burnett (1832-1917), 220-21

U

União Nacional dos Estudantes (UNE), 10
União Soviética, 64, 160, 293
Universidade de Brasília, 100
Universidade de Brown, 69
Universidade de Buffalo, 69
Universidade de Cambridge, 57-58, 298
Universidade de Chicago, 74, 77-78, 80, 105, 292, 301-02
Universidade de Columbia, 67
Universidade de Copenhagen, 68
Universidade da Costa Rica, 89
Universidade de Estocolmo, 43
Universidade de Freiburg, 74, 80, 103
Universidade de Londres, 56
Universidade de Lyon, 68
Universidade de Manchester, 70
Universidade de Nova York, 49-50

Universidade de Oklahoma, 67
Universidade de Oxford, 95
Universidade de Praga, 300
Universidade de Princeton, 68
Universidade de Salzburgo, 80, 103, 302
Universidade de Stanford, 67, 106
Universidade de Viena, 37-38, 43-46, 54, 103, 296-97
Universidade de Virginia, 292
Universidade de Wisconsin, 67
Universidade de Zurich, 69
Universidade Rikkyo, 103
University of Chicago Press, 66
Use of Knowledge in Society, The [*O Uso do Conhecimento na Sociedade*], de F. A. Hayek, 62, 67, 107, 293, 295

V

Vaticano, 236
Vélez Rodríguez, Ricardo (1943-), 22
Ventura di Raulica, Gioacchino (1792-1861), 25
Veja, 99
Vetenskap och politik i nationalekonomien [*Os Elementos Políticos no Desenvolvimento da Teoria Econômica*], de Karl Gunnar Myrdal, 83
Vevey, 73

Vico, Giambattista (1668-1744), 128

Viena, 35-39, 41, 43-47, 51-52, 54, 56, 61, 80, 103, 105-06, 109, 296-98, 310

Vietnã, 160

Vinci, Leonardo da (1452-1519), 264

Virginia, 294

Visão, 98

Volker, William (1859-1947), 78

Voltaire, François-Marie Arouet (1694-1778), conhecido como, 125, 211

W

Waasmunster, 69

Wallace, DeWitt, 66

Walras, Marie-Esprit Leon (1834-1910), 281

Washington, 76

Washington DC, 68

Watts, V. Orval (1898-1993), 70

Webb, Martha Beatrice (1858-1943), Baronesa de Passfield, 125

Webb, Sidney James (1859-1947), 1º Barão de Passfield, 125

Weber, Max (1864-1920), 55, 125, 224, 280

Wedgwood, Veronica (1910-1997), 70

Welfare State, 292

West, Morris Langlo (1916-1999), 242-43

Whig, 122, 125, 129

WHU – Otto Beisheim School of Management [Escola de Administração WHU – Otto Beisheim], 104

Wieland, Christoph Martin (1733-1813), 279

Wieser, Friedrich von (1851-1926), 46-47, 114, 296-97

William Volker Fund, 78, 80

Wirtschaftsrechnung im sozialistichen Gemeneinwesen [*Cálculo Econômico em uma Comunidade Socialista*], de Ludwig von Mises, 46

Witness [*Testemunha*] de Whittaker Chambers, 24

Wittgenstein, Ludwig (1889-1951), 43-44

Wolf-Thieberger, 52

X

Xavier, Dennys Garcia (1978-), 9, 23, 145, 205, 275

Z

Zamenhof, Ludwik Lejzer (1859-1917), 160

A trajetória pessoal e o vasto conhecimento teórico que acumulou sobre as diferentes vertentes do liberalismo e de outras correntes políticas, bem como os estudos que realizou sobre o pensamento brasileiro e sobre a história pátria, colocam Antonio Paim na posição de ser o estudioso mais qualificado para escrever a presente obra. O livro *História do Liberalismo Brasileiro* é um relato completo do desenvolvimento desta corrente política e econômica em nosso país, desde o século XVIII até o presente. Nesta edição foram publicados, também, um prefácio de Alex Catharino, sobre a biografia intelectual de Antonio Paim, e um posfácio de Marcel van Hattem, no qual se discute a influência do pensamento liberal nos mais recentes acontecimentos políticos do Brasil.

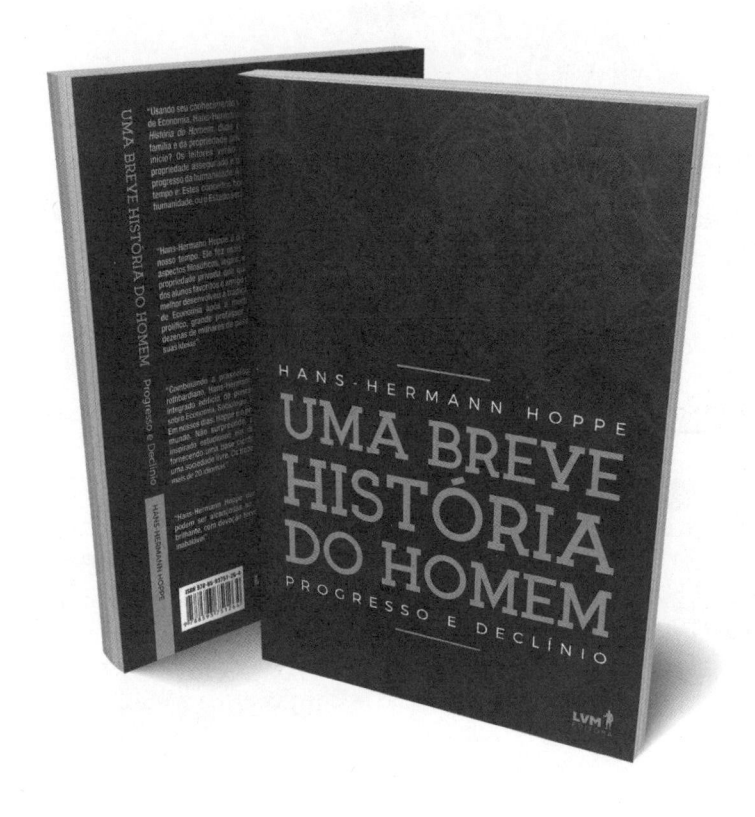

Uma Breve História do Homem: Progresso e Declínio de Hans-Hermann Hoppe, em um primeiro momento, narra as origens e os desenvolvimentos da propriedade privada e da família, desde o início da Revolução Agrícola, há aproximadamente onze mil anos, até o final do século XIX. O surgimento da Revolução Industrial há duzentos anos e análise de como esta libertou a humanidade ao possibilitar que o crescimento populacional não ameaçasse mais os meios de subsistência disponíveis são os objetos da segunda parte. Por fim, no terceiro e último capítulo, o autor desvenda a gênese e a evolução do Estado moderno como uma instituição com o poder monopolístico de legislar e de cobrar impostos em determinado território, relatando a transformação do Estado monárquico, com os reis "absolutos", no Estado democrático, com o povo "absoluto".

Liberdade, Valores e Mercado são os princípios que orientam a LVM Editora na missão de publicar obras de renomados autores brasileiros e estrangeiros nas áreas de Filosofia, História, Ciências Sociais e Economia. Merecem destaque especial em nosso catálogo os títulos da Coleção von Mises, que será composta pelas obras completas, em língua portuguesa, do economista austríaco Ludwig von Mises (1881-1973) em edições críticas, acrescidas de apresentações, prefácios e posfácios escritos por grandes especialistas brasileiros e estrangeiros no pensamento misesiano, além de notas do editor. Tratam-se de livros indispensáveis para todos que desejam compreender melhor o pensamento liberal.

Acompanhe a LVM Editora nas redes sociais

⬤ https://www.facebook.com/LVMeditora/
⬤ https://www.instagram.com/lvmeditora/

Esta obra foi composta pela BR75
na família tipográfica Sabon e impressa
pela Rettec para a LVM Editora em junho de 2021